ख़्वाजा मुईनुद्दीन चिश्ती र.अ.: जीवन, चरित्र एवं कार्य

(ऐतिहासिक, आर्थिक, सामाजिक एवं सांस्कृतिक अध्ययन)

लेखक

डॉ. सैयद सादिक़ अली

एसोसिएट प्रो.फ़ेसर (उर्दू)

राजकीय स्नातकोत्तर महाविद्यालय, टोंक (राज.)

साहित्यागार

ख़्वाजा मुईनुद्दीन चिश्ती र.अ. : जीवन, चरित्र एवं कार्य

लेखक

डॉ. सैयद सादिक़ अली

प्रकाशक

साहित्यागार

धामाणी मार्केट की गली, चौड़ा रास्ता, जयपुर–302003
Mob.: 9468943311
☎ : 0141-2310785, 4022382, 2322382
e-mail: sahityagar@gmail.com
website : sahityagar.com
webmail : mail@sahityagar.com

Available on : Amazon.in

लेजर टाइपसेटिंग : सआदत रईस मुद्रक : शीतल ऑफसैट, जयपुर
संस्करण : **2020** ISBN : **978-81-947727-8-1** मूल्य : ₹ **350.00/-**

दो शब्द

भारतीय इतिहास केवल विशेषकर मध्ययुगीन इतिहास मात्र राजनैतिक उथल–पुथल, शासकों द्वारा युद्ध हारने और जीतने और प्रशासनिक नीतियों के निर्माण का ही नाम नहीं है, वह लेखा–जोखा है धार्मिक सद्भाव, सांप्रदायिक समरसता और सांस्कृतिक समन्वय का। भारत में मुस्लिम आक्रमण के साथ ही सांस्कृतिक और धार्मिक आदान–प्रदान के एक नवीन युग का सूत्रपात भी हुआ और परंपरागत भारतीय रूहानी और नैतिक आदर्शों की ज़मीन पर सूफ़ी धर्म पुष्पित और पल्लवित हुआ। भारतीय रहस्यवाद आत्मा और परमात्मा के संबंधों को इस्लामी वहदत उल वजूद के सिद्धांतों ने अपने क़रीब माना और सूफ़ी मारेफ़त और वस्ल के जज़्बे को भारतीयों ने खुले दिल से स्वीकारा। धार्मिक और सांस्कृतिक आदान–प्रदान के इस दौर का आग़ाज़ सूफ़ी सिलसिला के साथ हुआ। ख्वाजा मोइनुद्दीन चिश्ती, भारत में आरंभिक सूफ़ी प्रवर्तकों में से थे, जिन्होंने भारत में इस्लाम और सूफ़ीवाद के प्रचार–प्रसार में महती भूमिका निभाई। आरंभिक सूफ़ी सिलसिला और उनके योगदान के बारे में ऐतिहासिक अनुसंधान की कमी सदैव से ही महसूस की जाती रही है। **डॉ. सादिक़ अली,** जो राजकीय महाविद्यालय, टोंक में उर्दू साहित्य के सह–आचार्य हैं, की यह नवीन कृति **'ख्वाजा मोइनुद्दीन चिश्ती र.अ. जीवन, चरित्र एवं कार्य'** इतिहास के गहन तिमिर को भेदकर तत्कालीन धार्मिक, राजनैतिक और साहित्यिक परिदृश्य को उजागर करने वाली एक प्रखर ज्योति है।

भारत की गंगा जमुनी तहज़ीब और मज़हबी समन्वय के आकर्षण का केंद्र टोंक सदैव से ही रहा है और इसी सरज़मीं को डॉक्टर सादिक़ अली ने अपनी कर्मस्थली बनाया है। साहित्य और इतिहास के अंतरसंबंधों पर कार्य उनके कृतित्व का उल्लेखनीय पक्ष रहा है। वे एक ऐसे साहित्यकार हैं जो भाषा की विद्वत्ता से ही अपनी बात को कह देना पर्याप्त नहीं मानते बल्कि तथ्य की सच्चाई को गहराई से नाप लेना भी उतना ही आवश्यक मानते हैं। सादिक़ अली जी के

गहन शोध और भाषा पर उनके अधिकार और निरंतर परिवर्धित परिशोधन और परिष्कृत होने वाले दृष्टिकोण के कारण यह पुस्तक ना सिर्फ साहित्य अपितु इतिहास के विद्यार्थियों और शोधार्थियों के लिए भी अत्यंत उपादेय सिद्ध होगी।

डॉ. अनन्ता माथुर
सह–आचार्य
सेठ आर.एल. सहरिया
राजकीय स्नातकोत्तर महाविद्यालय
कालाडेरा, जयपुर (राज.)

ज़फर उल्लाह खाँ,
सेवानिवृत्त अधीक्षक, उत्खनन एव वृत्त अधीक्षक, अजमेर
पुरातत्त्व एवं संग्रहालय विभाग,
जयपुर राजस्थान, भारत।
मोबाईल नं.: 09829200227

शेखावाटी रेजीड़ेन्सी,
प्लॉट नं. 42–43, फलेट नं. 7 व 8,
स्टार हाईट के सम्मुख वाली गली,
100 फीट रोड़, जागृति स्कूल चौराहा,
उद्योगनगर, झोटवाड़ा, जयपुर, राजस्थान, भारत।

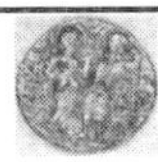

भूमिका

अजमेर राजस्थान का हृदय है। यह 25.38 डिग्री से 26.58 डिग्री उत्तरी अक्षांशों तथा 73.54 डिग्री से 75.22 डिग्री पूर्वी देशान्तरों के मध्य स्थित है। इसके पश्चिम–उत्तर में नागौर जिला, उत्तर–पूरब में जयपुर, पूरब–दक्षिण में टोंक, दक्षिण में भीलवाड़ा और दक्षिण–पश्चिम में पाली जिला है। अजमेर शहर के चारों ओर पहाड़ियाँ हैं। तारागढ़ की पहाड़ियाँ अरावली पर्वतमाला का हिस्सा हैं। तारागढ़ की इन पहाड़ियों के नीचे सूफी सन्त ख्वाजा मुईनउद्दीन चिश्ती की दरगाह है। भारतीय समाज के सभी वर्गों हिन्दू, मुसलमान, सिख ईसाई आदि द्वारा श्रद्धापूर्वक इस दरगाह में फूल चढ़ाये जाते हैं।

मुईनउद्दीन चिश्ती का जन्म 1143 ईसवी (539 हिजरी) में ग्राम सिजीज, गोर के निकट, अफगानिस्तान में हुआ था। इनके पिता का नाम गयासुद्दीन एवं माता का नाम बीबी माहेनूर था। बचपन में माता–पिता के देहान्त ने इन्हें भावुक बना दिया था। तत्कालीन राजनीतिक उथल–पुथल, निरन्तर युद्धों के नरसंहार ने ख्वाजा साहब के मन को दुःखी कर दिया था। इसलिए वह जन्मभूमि त्याग कर सूफी सन्त होकर भारत की ओर 1195 ईसवी में आ गये थे। इनका रहन–सहन सादा था। इनकी मान्यताएँ जन–कल्याणकारी थीं। उनकी दृष्टि में सभी समान थे। ख्वाजा मोइनउद्दीन चिश्ती का 1235 ईसवी में 97 साल की आयु में हिजरी माह रजब के महीने में इनका देहावसान हुआ था। उनके निवास स्थान पर ही इनका मज़ार बनाया गया था, जिस पर प्रारम्भिक 250 वर्षों तक कोई गुम्बद, छतरी या स्तूप नहीं बन पाया था। माण्डू के सुल्तान महमूद खिलजी ने ख्वाजा साहब की दरगाह का बुलन्द दरवाज़ा बनवाया था और उनके पुत्र गयासुद्दीन खिलजी ने 1464 ईसवी में ख्वाजा

साहब की मज़ार पर पक्की छतरी एवं गुम्बद का निर्माण करवाया था। परवर्ती सुलतानों एवं मुग़ल बादशाहों ने अन्य प्रमुख इमारतों का निर्माण करवाया था। इस प्रकार दरगाह में 1570 ईसवी में अक़बरी मस्जिद बनाई गई। शाहजहाँ ने गद्दी पर बैठने पर 1637 ईसवी में संगमरमर की शाहजहानी मस्जिद का निर्माण करवाया था। सन् 1912 ईसवी में निजाम हैदराबाद ने सदर दरवाज़ा बनवाना शुरू किया था जिसका काम 1915 ईसवी में पूरा हुआ था। इसी दजवाज़े के ऊपर नौबतखाना है।

भारतवर्ष में इस्लाम ख़्वाजा मोईनुद्दीन चिश्ती की शिक्षाओं एवं सामान्य उपदेश से फैला है। अपने आप में आत्मविश्वास पैदा करो। यह ऐसा प्रकाश है जिससे इन्सानी जिन्दगी रोशन हो जाती है। सत्य बोलने, बे–सहारे लोगों को सहारा देने, बीमारों की सेवा करने, सब्र और सन्तुष्टि बहुत बड़ी नैयतें बताईं। आत्मा की शान्ति और दिल का चैन अल्लाह पर विश्वास रखने और आमजन की सेवा करने से ही प्राप्त होता है। मूर्खो से दूर रहो, बहस करने वालों से बचो, ज्ञानियों से आत्मिक ज्ञान प्राप्त करो। दुनिया नश्वर है। केवल अच्छे काम ही आपको अमर रखेंगे। दया, प्रार्थना एवं शुद्धता स्वर्ग की चाबी है। ख्वाजा मोईनुद्दीन चिश्ती के इन उद्देश्यों के कारण ही आज दरगाह विश्व विख्यात है। इसमें प्रत्येक धर्मावलम्बी आते हैं और ख्वाजा साहब को आध्यात्मिक गुरु मानते हैं। वर्ममान दुनिया की अशांति को दृष्टिगत रखते हुये, ख्वाजा साहब जैसे गुरुओं की परम आवश्यकता है, ताकि मानव सभ्यता का विकास बहतर हो सकें। दुनिया के मनुष्य में शान्ति, स्वच्छता, स्वस्थता एवं सन्तुष्टि का भाव पैदा हो सके।

मुईनउद्दीन चिश्ती की दरगाह में अक़बरी मस्जिद, शाहजहाँनी मस्जिद एवं सन्दली मस्जिद हैं। इन तीन प्रमुख मस्जिदों में प्रत्येक ज़ायरीन द्वारा प्रतिदिन पाँच वक्त की नमाज़ के दौरान 48 रअक्त नमाज अदा करतें हैं। नमाज़ के दौरान 48 बार खड़े होकर, 48 बार रूकूअ किया जाता है, रूकुअ के बाद सीधा खड़ा हुआ जाता है, इसके बाद 48 बार बैठा जाता है। इस दौरान 96 बार सज्दा किया जाता है। नमाज़ के दौरान आदमी के शरीर में खून का संचरण बराबर होता रहता है, लेकिन सज्दे के समय आदमी के सिर एवं पैर की उंगलियाँ समान्तर रहती हैं जिससे खून का संचरन मस्तिष्क तक पहुँचता है। इससे आपका मस्तिष्क अधिक कार्य करता है। इस मस्तिष्क से नमाज़ के बाद आपके द्वारा प्रार्थना की जाती है, जिससे आपको एक लक्ष्य प्राप्त होता है। आपके द्वारा पाँच वक्त अपने लक्ष्य की प्राप्ति के लिए दुआ की

जाती है, इससे लक्ष्य की प्राप्ति के लिए प्रयास किया जाता है। इससे आपको सफलता मिलती है। मानव संरचना के अनुसार नमाज़ पढ़ना आवश्यक है। नमाज़ की तैयारी से मनुष्य स्वच्छ एवं नमाज पढ़ने पर शारीरिक व्यायाम होने पर मनुष्य स्वस्थ/तन्दुरुस्त रहता है।

डॉ. सैयद सादिक़ अली द्वारा लिखित पुस्तक ''ख़्वाजा मोईनुद्दीन चिश्ती र0अ0 जीवन, चरित्र एवं कार्य'' अजमेर, राजस्थान ही नहीं बल्कि पूरे देश में सामाजिक समरसता, आर्थिक उन्नति, सामाजिक गठबन्धन, सांस्कृतिक मेल–मिलाप और मानव जाति के कल्याणकारी कार्यों का उल्लेख है। डॉ. सादिक़ ने अजमेर के अधिकांश दर्शनीय स्थलों की जानकारी भी उपलब्ध कराई है, इससे भारतीय पर्यटन उद्योग को बढ़ावा मिलेगा।

यह पुस्तक शोधार्थियों और इतिहासविदों को बहुत से नये पहलुओं पर चिन्तन मनन करने के लिए प्रेरित करेगी। डॉ0 अली ने अध्ययन की सतत् धारा को गतिशील रखा है। इस पुस्तक के प्रस्तुतीकरण पर मैं लेखक को सादर बधाई देता हूँ।

प्रकाशित पुस्तकें:–

(1) ''राजस्थान के प्राचीन सिक्के'' (संस्करण वर्ष 2005)।

(2) ''ऐतिहासिक मुद्राएँ'' (संस्करण वर्ष 2013)।

(3) ''दी आम्बेर पैलेस'' (संस्करण वर्ष 2010)।

(4) ''प्राचीन भारत की चिह्नित मुद्राएँ'' (संस्करण वर्ष 2016)।

(5) ''बीकानेर वृत्त के संरक्षित स्मारक, प्राचीन पुरावशेष स्थान एवं प्रमुख कला पुरासामग्री'' (संस्करण वर्ष 2016)।

(6) ''अजमेर वृत्त के संरक्षित स्मारक एवं प्रमुख कला पुरासामग्री'' (संस्करण वर्ष 2017)।

(7) ''ब्रिटिशकालीन मुद्राएँ'' (संस्करण वर्ष 2018)।

(8) ''गुप्तकालीन मुद्राएँ'' (संस्करण वर्ष 2018)।

(9) विभागीय पुरासामग्री, पुरासम्पदा एवं पुरास्थलों पर नवीन तथ्यों एवं साक्ष्यों सहित अन्तर्राष्ट्रीय स्तर पर–1, राष्ट्रीय स्तर पर–35, विभागीय शोध पत्रिका में–7 एवं राज्य स्तर पर–18 कुल–61 शोध–पत्र प्रकाशित।

E-mail : zafarullahkhan227@gmail.com

अपनी बात

हिन्दुस्तान की तारीख़ (इतिहास) में ख़्वाजा सैयद मुईनुद्दीन हसन चिश्ती र.अ. की शख़्सियत धर्म, जाति, सम्प्रदाय, भाषा एवं सरहदों की बाधाओं को तोड़कर इन्सानी समाज में इन्क़िलाबे अज़ीम (महाक्रांति) लाने वाली शख़्सियतों में नुमायाँ नज़र आती है।

ख़्वाजा साहब ने ऊँच–नीच, छुआछूत, भेदभाव की दीवारें गिराकर इन्सानों को बराबरी (समानता), पाकबाज़ी (स्वच्छता, पवित्रता), खुद एतेमादी (आत्मविश्वास), दृढ़ता, ईश्वर की पहचान और कायनात में इन्सान का मक़ाम (Status) आदि की जानकारी देकर हिन्दुस्तान में एक सांस्कृतिक क्रांति का सूत्रपात किया।

उन्होंने ग़रीबों, कमज़ोरों, मज़लूमों और समाज के सताए हुए तबक़ों को गले लगाया। उनके किरदार की अज़मत ने बड़े बड़े शहंशाहों, राजा–महाराजाओं, नवाबों, अमीरों और दौलत व शौहरत की बुलन्दियों पर विराजमान हस्तियों को नतमस्तक किया। उनके पैग़ाम में कुछ ऐसा खुलूस था कि हिन्दू, मुस्लिम, सिक्ख, ईसाई सभी को उसमें अपने धर्म का सार दिखाई देता। उनका व्यवहार सरल, स्वभाव मधुर, हृदय स्वच्छ, नज़र दिल नवाज़, बोली दिलों में घर करने वाली और बातें दीन और दुनिया को संवारने वाली थीं। उनके सम्पर्क में जो भी आया माटी से कंचन बन गया।

ऐसे अज़ीम सूफ़ी के जीवन, चरित्र, व्यक्तित्व, शिक्षाओं एवं कार्यों पर रोशनी डालने के लिए मैंने यू.जी.सी. फ़ील्ड वर्क के रूप में ख़्वाजा मुईनुद्दीन चिश्ती एवं उनकी दरगाह का ऐतिहासिक एवं आर्थिक सर्वेक्षण किया तो कई मामलात में आश्चर्य हुआ कि हिन्दुस्तान के इतने बड़े सूफ़ी, दुरवेश और सिद्ध पुरूष पर ऐतिहासिक सामग्री का अभाव है। जो कुछ साहित्य मौजूद है वह मलफ़ूज़ात (उपदेशों) और तज़करों के रूप में है। ऐतिहासिक

पुस्तकों में नाममात्र का वर्णन है जिससे कुछ भी स्पष्ट नहीं होता। सूफ़ी साहित्य की मूल पुस्तकें अरबी व फ़ारसी भाषा में हैं। जिनकी उपलब्धता भी सुलभ नहीं है।

ख़्वाजा साहब पर मौजूद साहित्य अधिकांशतः करामाती साहित्य की श्रेणी में आता है जिससे ऐतिहासिक कड़ियों को मिलाना बहुत मुश्किल होता है। विभिन्न सम्प्रदायों, मान्यताओं एवं विचारों के लेखकों की जो पुस्तकें और लेख इस सम्बन्ध में उपलब्ध हैं वो ख़्वाजा साहब की रूहानी और नूरानी शख़्सियत का पूर्णतः अहाता नहीं करते इसलिए मैंने ख़्वाजा साहब के समकालीन एवं निकट समकालीन ग्रन्थों को अपने अध्ययन का आधार बनाया है। उनके ख़लीफ़ाओं (आध्यात्मिक उत्तराधिकारियों) के जीवन वृत्तान्त, व्यक्तित्व, व्यवहार, वक्तव्यों एवं शिक्षाओं के आधार पर ख़्वाजा मुईनुद्दीन चिश्ती के व्यक्तित्व का आंकलन किया है तथा हिन्दुस्तानी समाज में उनके सांस्कृतिक, आर्थिक, राजनीतिक, धार्मिक, बौद्धिक एवं वैचारिक महत्त्व पर रोशनी डालने की कोशिश की है।

मेरे इस अध्ययन में कुछ नई बातें भी सामने आईं जिन पर लेखकों ने अब तक प्रकाश नहीं डाला था। उदाहरणार्थ मक्का से रवाना होकर अजमेर पहुँचने की यात्रा में ख़्वाजा साहब ने जहाँ जहाँ रुक कर विशेष प्रकार की इबादतें (कश्फ़, मुराक़ेबा, चिल्लाकशी, तज़कीर) कीं, उन स्थानों को संसार के मानचित्र पर चिन्हित कर जब मिलाया गया तो अरबी भाषा में लिखे गये "मुहम्मद" शब्द की आकृति बनती है। इसे हम इत्तेफ़ाक़ कहें, हुस्ने इत्तेफ़ाक़ कहें या करिश्मा व करामत का इसे नाम दें। यह अपनी अपनी श्रद्धा पर निर्भर है।

एक और बात जो बिल्कुल सत्य एवं स्पष्ट है, यह है कि हिन्दुस्तान में छुआछूत, ऊँच–नीच, भेदभाव आदि पर कथन, किरदार (चरित्र) एवं व्यवहार से बाक़ायदा संघर्ष करने वाले सबसे पहले व्यक्ति ख़्वाजा मुईनुद्दीन चिश्ती र.अ. ही थे, जिन्होंने अमीर–ग़रीब, मुस्लिम व ग़ैर मुस्लिम, उच्च वर्ग व निम्न वर्ग में भेदभाव नहीं किया और मात्र ईश्वर की मख़लूक़ समस्त इन्सानी बिरादरी को समान मानते हुए सच्चाई का रास्ता बताया। ख़्वाजा साहब ने एक अजनबी देश में, अजनबी लोगों को जिस तरह अपनी गुफ़्तार (उपदेश) और किरदार (चरित्र,व्यवहार) से अपना गरवीदा (प्रशंसक, श्रद्धालु) बनाया उसकी मिसाल हमें तारीख़ में कहीं नहीं मिलती। उनकी शिक्षाओं से प्रेरणा

पाकर ही हिन्दुस्तान में भक्ति आंदोलन का श्री गणेश हुआ। भक्ति आन्दोलन के सूत्रधारों, कवियों, सूफ़ी शायरों, विचारकों, उपदेशकों, धर्म गुरूओं, सामाजिक चिन्तकों ने उनका असर कुबूल किया। हिन्दुस्तान में गंगा जमनी (मिली जुली, समन्वयात्मक) संस्कृति की बुनियाद भी ख़्वाजा मुईनुद्दीन चिश्ती र. अ. ने ही रखी। यही मिली जुली संस्कृति हिन्दुस्तान की आत्मा है जो ख़्वाजा साहब की शिक्षाओं में समाहित है। उन्होंने इस्लाम का वो सच्चा रूप हमारे सामने रखा जो हमें हज़रत मुहम्मद सल्लल्लाहु अलैहि वसल्लम के जीवन एवं चरित्र में दिखाई देता है।

ख़्वाजा साहब की लोकप्रियता धर्म, समाज, देश की बाधाओं को तोड़कर आलमगीर (विश्वव्यापी) हो गई है जो सिर्फ़ और सिर्फ़ ईश्वर की देन है। इस लोकप्रियता से यह बात तो स्पष्ट हो जाती है कि जब हम सत्यमार्ग पर आत्मविश्वास के साथ चलते रहते हैं तो ईश्वर की मदद भी मिलती है, कामयाबी भी और लोकप्रियता भी। इसके लिए न धन की आवश्यकता है, न हथियारों की और न सांसारिक संसाधनों की। ऐसा प्रतीत होता है कि अल्लामा इक़बाल का यह शैर ख़्वाजा साहब के जीवन एवं चरित्र को बड़े ख़ूबसूरत अन्दाज़ में पेश कर रहा है।

यक़ीं मुहकम, अमल पैहम, मुहब्बत फ़ातहे आलम
जिहादे ज़िन्दगानी में हैं ये मर्दों की शमशीरें

इस पुस्तक में वर्णित प्रेरणास्पद प्रसंग, कथन, वचन एवं शिक्षाएँ हिन्दुस्तानी समाज में भाईचारे, एकता, शान्ति एवं सम्पन्नता के लिए अत्यन्त आवश्यक हैं। एक दुरवेश ने इन्सानियत का जो पाठ पढ़ाया है वह हमारे लिए, हमारे देश के लिए और सभी इन्सानों के लिए कामयाबी और ख़ुशहाली की ज़मानत है।

ख़्वाजा मुईनुद्दीन चिश्ती र.अ. पर अपने बिखरे ख़यालात को लिपिबद्ध करने तक के मरहलों में मोहम्मद अहमद ख़ाँ, सैयद साबिर हसन रईस, डॉ. मोहम्मद हुसैन, डॉ. अनन्ता माथुर, डॉ. शुएब अहमद, सूफ़ी इफ़्तेख़ारुद्दीन, मोहम्मद हुसैन (ए.पी.आर.आई.) और सलीमुद्दीन ख़ान साहब ने मेरी बहुत हौसला अफ़ज़ाई की जिसके लिये मैं इन तमाम हज़रात को दिल की गहराइयों से धन्यवाद देता हूँ।

इस किताब की तैयारी में मेरी वालिदा मरहूमा कुलसुम बी, भाई मरहूम सैयद साजिद अली, वालिदे मोहतरम सैयद साबिर अली साहब, भाइयों :

सैयद शाहिद अली, सैयद ख़ालिद अली, सैयद राशिद अली, बहिनों : सैयदा साजिदा बी, सैयदा आबिदा बी, सैयदा शाहिदा परवीन, सैयदा ख़ालिदा परवीन, सैयदा राशिदा परवीन, पत्नी यासमीन फ़ातमा और पुत्रों : सैयद अरीब अली तथा सैयद समीर अली का नाक़ाबिले फ़रामोश सहयोग एवं ख़ुलूस शामिले हाल रहा है, जिसके लिए मैं सरापा सिपास हूँ।

डॉ. सैयद सादिक़ अली

ऐसासिएट प्रोफेसर (उर्दू)

राजकीय स्नातकोत्तर महाविद्यालय

टोंक (राजस्थान)

मोबाइल नं. 9413381080

अनुक्रमणिका

अध्याय–1

ख़्वाजा मुईनुद्दीन चिश्ती र.अ. के समय में मध्य एशिया के हालात

ख़्वाजा मुईनुद्दीन चिश्ती र.अ. ने जिस माहौल में आँख खोली वह समय मध्य एशिया के लिए बड़ी उथल पुथल का ज़माना था। मंगोलों और तुर्कों के लगातार हमलों ने बड़े बड़े शानदार एंव बसे बसाए शहरों को खण्डहरों में तब्दील कर दिया था। बड़े बड़े शिक्षा एंव संस्कृति के केन्द्रों को इन बर्बर जातियों ने नेस्तोनाबूद कर डाला। बच्चे, बूढ़े, स्त्रियों को भी नहीं बख़्शा गया बल्कि इन्सान तो क्या कुत्ते बिल्लियों तक को उन्होंने काट डाला था। इन बर्बर क़ौमों के तूफ़ाने बलाख़ेज़ की ज़द में आकर मध्य एशिया की सल्तनतें, ख़ानदानी राजवंश, ज्ञानी, विज्ञानी, धर्मपरायण सूफ़ी, व्यापारी आदि अपने वतन से परागमन के लिए मजबूर हो रहे थे। मंगोलों एवं अधर्मी तुर्कों की जिहालत और बर्बरता के क़िस्से इतिहास में भरे पड़े हैं जिन में से उदाहरणार्थ कुछ पेश किए जाते हैं –

ख़ुरासान और इराक़ की तबाही– "ख़ुरासान और इराक़ की स्थिति भिन्न है जो अभी तक क्षयरोग और चिरकालीन ज्वर से पीड़ित है। प्रत्येक नगर और गाँव बारम्बार लूटमार और नरसंहार का शिकार हुआ है और वर्षों तक अराजकता के गर्त में कराहता रहा है यहाँ तक कि यदि प्रलयकाल तक उत्पत्ति होती रहे और जनसंख्या बढ़ती रहे तो भी पहले के दशमांश तक भी आबादी नहीं हो सकती। उसका इतिहास विध्वंस और हानि के उन चिन्हों से जाना जा सकता है जो भाग्य ने उनके महलों की दीवारों पर अंकित किए हैं।" **(दिल्ली सुल्तनत, भाग प्रथम, पृ. 58–59)**

बुख़ारा एंव समरक़न्द का विनाश– "कोक ने अंततः युद्ध करने का निश्चय किया किंतु नागरिकों ने आत्मसमर्पण करना अधिक उचित समझा

और अपने धार्मिक प्रतिनिधि द्वारा चंगेज़ को नगर में प्रवेश करने के लिए आमंत्रित किया। जामा मस्जिद के प्रवचन मंच पर चंगेज़ खड़ा हुआ और यह मांग की– "प्रदेश में रातिब शेष नहीं रहा है। हमारे घोड़ों का पेट भरो।" उस समय बड़े बड़े धार्मिक नेता मंगोलों के घोड़ों की देखभाल कर रहे थे जबकि वे संदूक़ जिनमें क़ुरान रखी जाया करती थी घोड़ों को चारा खिलाने की नांद बनाने के लिए एकत्र किए जा रहे थे। तत्पश्चात उसने 280 सर्वाधिक धनी नागरिक अपने शिविर में बुलाए और उस समय भी उसका भाषण बहुत संक्षिप्त था– "मैं ईश्वर का दंड हूँ। यदि तुमने भयंकर पाप न किए होते तो ईश्वर ने मेरे समान दंड तुम्हारे विरूद्ध न भेजा होता..। भूमि के ऊपर तुम्हारे पास जो सम्पत्ति है उसे बताने की आवश्यकता नहीं है, जो कुछ भूमि के नीचे (गड़ा) है वह मुझे बता दो।" उन 280 व्यक्तियों में से प्रत्येक पर एक मंगोल या तुर्क 'बस्क़ाक़' नियुक्त किया गया ताकि वह जितना धन संभव हो सके वसूल करे।

किंतु नगरकोट की रक्षक सेना और कोक खां की समस्या बनी रही। वे किसी भी मूल्य पर अपने प्राणों की आहुति देने के लिए कटिबद्ध थे और उन्होंने रात–दिन मंगोलों का बढ़कर सामना किया। जामा मस्जिद और कुछ राजमहलों के अतिरिक्त बुख़ारा के मकान संपूर्ण लकड़ियों के बने थे। अस्तु जब चंगेज़ ने 'अर्क' के निकट स्थित मकानों में आग लगाने की आज्ञा दे दी तो समस्त नगर आग की लपटों से भस्मसात् हो गया। अंत में 'अर्क' पर अधिकार कर लिया गया और समस्त सैनिक मार डाले गए। इसके अतिरिक्त जहां तक क़नक़ली तुर्कों का संबंध था, समस्त बालक जो कोड़े के दस्तों की लंबाई से ऊंचे थे मार डाले गए और तीस हज़ार से अधिक शवों की गणना की गई "जबकि उनके छोटे बच्चों और विशिष्ट व्यक्तियों के बच्चों तथा महिलाओं को जो सरों के पेड़ के समान कोमल थीं दास बना लिया गया। बुख़ारा के समस्त नगरवासी स्त्री पुरूष मुसल्ला नामक मैदान में लाए गए। युवक तथा अधेड़ आयु के लोग जो समरक़ंद के विरूद्ध अनिवार्य सैनिक सेवा के लिए उपयुक्त थे, चुन लिए गए और शेष छोड़ दिए गए। जब चंगेज़ ने वहाँ से प्रस्थान किया तो बुख़ारा एक समतल मैदान बन गया था।" **(दिल्ली सल्तनत, पृ. 61–62)**

समरक़न्द की तबाही– "तीसरे और चौथे दिन कुछ लड़ाईयाँ हुई। पांचवें दिन नगरवासियों ने अपने क़ाज़ी तथा शेखुल इस्लाम को आत्मसमर्पण

के लिए भेजा। नगर के परकोटे की दीवार गिरा दी गई। और दूसरे दिन प्रातःकाल और मध्यान्ह की नमाज़ों के बीच उस पर अधिकार कर लिया गया। सुल्तान के लगभग बीस वरिष्ठ अमीरों सहित लगभग तीस हज़ार क़नक़ली तथा तुर्क मार डाले गए लेकिन क़रीब पचास हज़ार वे लोग जिन्हें क़ाज़ी तथा शेखुल इस्लाम ने अपने संरक्षण में ले लिया था यातनाओं से मुक्त छोड़ दिए गए। शेष जनता बाहर निकाल कर लाई गई और उनकी गणना की गई। उनके मकान लूटे गए। दस्तकारी के आधार पर तीस हज़ार नागरिक चुन लिए गए और इतने ही अनिवार्य सैनिक सेवा के लिए। शेष अपने उजड़े मकानों में वापस जाने के लिए मुक्त कर दिए ाए। समरक़ंद से ऐसी अनिवार्य सैनिक सेवा के लिए बारंबार मांग की गई और इस कारण नगर बिल्कुल नष्ट हो गया।"

(दिल्ली सल्तनत, पृ.62)

ख़्वारज़्म का विनाश– "नागरिकों ने आत्मसमर्पण करना अस्वीकार कर दिया। उन्होंने सभी सड़कों और स्थानों पर मंगोलों का विरोध किया। प्रत्येक गली में उन्होंने लड़ाइयां लड़ीं और प्रत्येक कोने पर उन्होंने डटकर सामना किया....नगर का अधिकांश क्षेत्र बरबाद हो गया। मकान अपनी संपत्ति और सामग्री सहित मिट्टी के ढेर में बदल गए और मंगोलों को उन भंडारों और संपत्ति से लाभ उठाने में निराशा मिली। जब मंगोलों ने नगर पर अधिकार कर लिया जो अब नष्ट भ्रष्ट हो चुका था तो वे नागरिकों को खुले मैदान में लाए। एक लाख से अधिक दस्तकार चुन कर पूर्वी देशों में भेज दिए गए। बच्चों और नवयुवकों को बंदी बना लिया गया। शेष की हत्या के आदेश दे दिए गए। प्रत्येक मंगोल सैनिक को चौबीस व्यक्तियों का वध करना था। कोई नागरिक शेष नहीं बचा।"

(दिल्ली सल्तनत पृ. 62–63)

ख़ुरासान व मर्व की तबाही– "चंगेज़ ने अपने सबसे छोटे पुत्र तुलूई को अपने साथ रखा था। किंतु बल्ख़ के नरसंहार के पश्चात् उसने प्रत्येक दस सैनिकों की टुकड़ी से एक सैनिक उसे देकर ख़ुरासान की विजय ख़ास तौर से मर्व, नैशापुर और हिरात नगरों को नष्ट भ्रष्ट करने के लिए भेजा। तुलूई जो अपना जीवन एक अभागे और अपाहिज शराबी की भांति समाप्त करने के लिए अभिशप्त था, और जो उन लोगों की आत्माओं के भयानक डर से पीड़ित रहता था जिनकी उसने हत्याएं की थीं अपने जीवन

के इस स्तर पर असाधारण रूप से निर्दयी और कार्यकुशल था। खुरासान में उन लोगों के बीच बड़ा मतभेद था जो आत्मसमर्पण करना चाहते थे और जो अंतिम दम तक प्रतिरोध करना चाहते थे। इसके अतिरिक्त मंगोलों के भय से बड़ी संख्या में लोग भाग कर मर्व की घाटी में चले आए थे जिनमें 70,000 तुर्कमान भी सम्मिलित थे। तुलूई ने समस्त तुर्कमानों की हत्या कर दी और नगर को आत्मसमर्पण करने के लिए विवश कर दिया। तत्पश्चात् एक भयंकर बर्बरतापूर्ण हरकत द्वारा उसने सारा विरोध कुचल दिया। मर्व के सभी निवासियों ,स्त्रियों तथा पुरूषों को नगर के बाहर लाया गया और एक मैदान में चार दिन रात तक रखे जाने के बाद उनकी हत्या के आदेश दे दिए गए। प्रत्येक मंगोल सैनिक ने तीन से चार सौ व्यक्तियों की हत्या की। सैयद ईज़ुद्दीन नसीब नामक एक व्यक्ति ने जो अपने कुछ मित्रों सहित इस नरसंहार से बच निकला था, तेरह दिन रात तक उन शवों की गणना की जिन्हें वे सरलता से पा सके। वह तेरह लाख शवों की गिनती कर सका।" **(दिल्ली सल्तनत, पृ. 63–64)**

नैशापुर की तबाही– "जिस समय तुलूई मर्व पर आक्रमण कर रहा था उसी समय चंगेज़ खां का तोग़ाचार कुर्गेन नामक एक जमाता नैशापुर के समक्ष 10,000 सैनिकों की एक सेना सहित प्रकट हुआ। उसे अचानक एक बाण लगा और वह मारा गया और मंगोल कुकृत्यों के पक्षपोषकों को इस घटना से नैशापुर के संपूर्ण विनाश के लिए औचित्य मिल गया। तुलूई के आगमन की प्रतीक्षा में तोग़ाचार की सेना छोटे–छोटे नगरों पर आक्रमण करने के लिए पीछे हट गई। सब्ज़वार (जिसे बैहाक़ भी कहते हैं) पर तीन दिन के भीषण युद्ध के पश्चात् विजय प्राप्त कर ली गई। क़त्लेआम का आदेश दे दिया गया और 70,000 लाशें गिनी गईं। दो अन्य नगरों नुक़ान तथा क़ार पर भी विजय प्राप्त कर ली गई और उनके निवासियों का भी क़त्लेआम कर दिया गया। आगमन के पश्चात् तुलूई ने नैशापुर का आत्मसमर्पण ठुकरा दिया। अस्तु बुधवार (7 अप्रैल 1221 ई.) को युद्ध आरंभ हो गया और शनिवार तक नगर का परकोटा मंगोलों के अधिकार में आ गया। समस्त निवासी बाहर निकाल लाए गए और उनका वध कर दिया गया। तत्पश्चात् तोग़ाचार की पत्नी ने अपने अंगरक्षकों सहित नगर में प्रवेश किया और जो नागरिक शेष रह गए थे उनका वध कर दिया यहाँ तक कि कुत्ते और बिल्लियां भी नहीं छोड़े गए।

नैशापुर में जीवित बचे निवासी केवल चालीस कारीगर थे जिन्हें उनके कला कौशल के आधार पर तुर्किस्तान ले जाया गया। सात दिन और रात तक नगर में पानी बहाया गया ताकि वहां जौ बोया जा सके। कुछ इतिहासों में ऐसा कहा गया है कि शवों की बारह दिन तक गणना की गई और बच्चों तथा स्त्रियों के शव छोड़ कर दस लाख चालीस हज़ार शव पाए गए।'' **(दिल्ली सल्तनत, पृ. 64)**

हिरात की तबाही– ''मलिक शम्सुद्दीन जुर्जानी ने जिसे अलाउद्दीन ख्वारज़्म शाह ने लगभग एक लाख सैनिकों सहित हिरात में नियुक्त किया था, यह शपथ ली थी कि वह किसी भी परिस्थिति में मंगोलों और तातारियों के समक्ष आत्मसमर्पण नहीं करेगा। अस्तु तुलूई के आगमन पर भीषण संघर्ष आरंभ हुआ। किंतु जब मलिक की मृत्यु हो गई तो दुर्ग के भीतर रक्षक सेना में मतभेद उत्पन्न हो गया। अंत में जब तुलूई ने स्वयं दुर्ग के चारों ओर की खाई की कगार पर खड़े होकर उनसे बात की और उन्हें भयंकर क़स्में खा कर आश्वस्त किया कि वह ख्वारज़्म शाह को दिए जाने वाले कर का केवल आधा भाग लेकर संतुष्ट हो जाएगा तो उन्होंने आत्मसमर्पण करने का निश्चय कर लिया। तुलूई ने लगभग 12,000 सैनिकों की जो जलालुद्दीन मंगबरनी की सेवा में थे हत्या कर दी और राजकुमार मलिक अबू बक्र मंतकातई नामक एक मंगोल 'शहना' (प्रतिनिधि) के नियंत्रण में शासन का अधिकारी बनाया गया। तत्पश्चात् वह अपने पिता से मिलने के लिए तालिक़ान लौट पड़ा।

किंतु जब जलालुद्दीन मंगबरनी ने ग़ज़नी पहुंचने के पश्चात् अपनी सेना पुनर्गठित कर परवाना नामक स्थान पर एक मंगोल सेना पराजित कर दी तो अफ़वाहों और ख़ुशफ़हमी के कारण इस बहुत अल्पकालिक उपलब्धि को मंगोलों का संपूर्ण विनाश समझ लिया गया। 'तबक़ाते नासिरी' जो इस प्रदेश के इतिहास का प्राथमिक स्रोत है, तथा ''रौज़तुस्सफ़ा'' से हमें ज्ञात होता है कि ख़ुरासान के अनेक नगरों के मुसलमानों ने विद्रोह कर दिया और मंगोल 'शहनाओं' (कोतवालों) का वध कर दिया। चंगेज़ ने इन आकस्मिक विद्रोह से आश्चर्य चकित होकर तुलूई को अपनी तलवार और भाले का प्रभावक इस्तेमाल न करने के लिए दोषी ठहराया और इल्चिकदई को 80,000 सैनिकों सहित यह स्पष्ट आदेश देकर भेजा कि वह हिरात की समस्त आबादी का सफ़ाया कर दे। छःमास सत्रह दिनों की घेरेबंदी के पश्चात् इल्चिकदई एक

शुक्रवार के दिन प्रातःकाल (1222 ई.) हिरात में बलपूर्वक प्रवेश करने में सफल हो गया। 'सात दिन तक मंगोल केवल क़त्लेआम, आग लगाने और इमारतों के विध्वंस में व्यस्त रहे। सोलह लाख से कुछ ही कम निवासियों ने वीरगति प्राप्त की।' तत्पश्चात् इल्चिकदई ने कालीवयान दुर्ग की ओर कूच किया, किंतु उसने 10,000 सैनिकों की एक मंगोल सेना वापस भेज दी जिसने लगभग एक लाख मुसलमानों की, जो हिरात में फिर से एकत्र हो गए थे, हत्या कर दी।

अंत में केवल मौलाना शरफुद्दीन 'ख़तीब' तथा पंद्रह अन्य व्यक्ति जिनके नाम 'तारीख़े हिरात' में लिखे हैं शेष रह गए। इन पंद्रह में से एक व्यक्ति तातारियों के चले जाने के पश्चात् अपने छिपने के स्थान से बाहर निकल कर आया। वह एक हलवाई की सूनी दुकान के पास बैठ गया और अपने चारों ओर किसी को न देखकर अपना हाथ मुंह पर फेरते हुए कहा 'ख़ुदा का शुक्र है कि मैं एक क्षण के लिए चैन की सांस ले पाया हूं। हिरात के निकटवर्ती प्रदेश से चौबीस व्यक्ति आकर उनसे मिल गए और पंद्रह वर्ष तक हिरात नगर में इन चालीस व्यक्तियों के अतिरिक्त अन्य कोई व्यक्ति न था। वे मलिक ग़यासुद्दीन के मक़बरे के गुंबद में रहते थे जिसे मुग़लों ने नष्ट नहीं किया था। कुछ समय तक यदि कोई व्यक्ति आक्सस नदी से अस्तराबाद (माज़ंदरान) के बीच के किसी गुप्त प्रदेश या कोने में बच सकने में सफल हो गया तो उसे सूखी रोटियों और सड़े गले मांस पर जीवन निर्वाह करना पड़ता था।'' **(दिल्ली सल्तनत पृ. 64–65)**

अफ़ग़ानिस्तान के विभिन्न शहरों की तबाही– ''1221 ई. की ग्रीष्म ऋतु के अंत में चंगेज़ ने दक्षिण दिशा में आक्सस नदी के उत्तरी तट पर स्थित तिर्मिज़ नगर की ओर कूच किया। जनता ने आत्मसमर्पण से इनकार कर दिया। ग्यारहवें दिन धावा बोलकर मंगोलों ने नगर पर अधिकार कर लिया। चंगेज़ ने समस्त नगर वासियों की हत्या करने के लिए उन्हें अपने सैनिकों में वितरित कर दिया और नगर के भवन नष्ट कर मिटटी में मिला दिए गए। तत्पश्चात् उसने शीतकालीन विश्राम के लिए तुर्किस्तान के दो स्थानों कंकुर्त और शुमान में अपने शिविर लगाए और फिर आक्सस नदी के उस पार बदख़्शां प्रदेश का दमन करने के लिए अपने सैनिक भेजे। 1222 ई. की शरद ऋतु में उसने स्वयं आक्सस नदी पार की। उस समय आक्सस नदी के दक्षिण में स्थित बल्ख़ एक संपन्न नगर था और उसके विशिष्ट नागरिकों की ही संख्या लगभग 50,000 थी। नगरवासियों

ने अपने प्रतिनिधि चंगेज़ के पास भेजे और आत्मसमर्पण किया किंतु अंतिम परिणाम ने यह सिद्ध कर दिया कि जैसा हिरात के साथ बाद में किया गया था बल्ख़ में भी चंगेज़ निवासियों को जिंदा नहीं छोड़ना चाहता था। नागरिकों की गणना करने के बहाने समस्त निवासी नगर की चारदीवारी सें बाहर निकाल कर लाए गए और वहाँ उनकी हत्या के लिए उन्हें सैनिकों में वितरित कर दिया गया।

चंगेज़ के समर्थक उसका अपराध इस तर्क के आधार पर न्यायोचित बतलाते हैं कि सुल्तान जलालुद्दीन ने ग़ज़नी में अपना राज्य स्थापित कर लिया था। जहाँ तक ख़ुरासान और अफ़ग़ानिस्तान के नगरों का संबंध है वहां के निवासियों के लिए वही परिणाम निश्चित था चाहे वे चंगेज़ की मांग पर आत्मसमर्पण करते या युद्ध करने का निश्चय करते। तालिक़ान दुर्ग की रक्षक सेना ने चंगेज़ खां के इन झूठे आश्वासनों में फंसना अस्वीकार कर दिया कि आत्मसमर्पण करने पर उन्हें प्राणदान मिल जाएगा। वे छःमास तक रात दिन युद्ध करते रहे और उन्होंने वह प्रदर्शित कर दिया जो उचित नेतृत्व से अपेक्षित था। चंगेज़ उस समय तक विवश रहा जब तक कि तुलूई के आगमन पर वह दुर्ग पर अधिकार न कर सका। जैसा अपेक्षित था दुर्ग और निवासियों का कोई चिन्ह तक शेष न रहा। बामियान में चुग़ताई का बड़ा पुत्र एक आकस्मिक बाण द्वारा मारा गया। 'चंगेज़' ने प्रतिकार में अपने सैनिकों को आदेश दिए कि वे शीघ्रातिशीघ्र उस दुर्ग पर विजय प्राप्त कर लें और किसी प्राणी को यहां तक कि कुत्ते ,बिल्लियों को भी न छोड़ें। गर्भवती महिलाओं के पेट फाड़ डाले गए। बच्चों के सर काट डाले गए और परकोटे, राजप्रासाद तथा भवन मिटटी में मिला दिए गए।"

(दिल्ली सल्तनत पृ. 65–66)

हमदान और बग़दाद की तबाही– "जब मंगोलों ने दुर्ग के परकोटों पर अधिकार कर लिया तो ख़लीफ़ा ने आशा त्याग दी और समझौते के लिए वार्तालाप आरंभ किया। 7 फ़रवरी 1258 ई. को दवातदार और सुलैमान शाह नगर से बाहर निकल कर आए किंतु उन्हें अपनी सेना लाने के लिए वापस भेज दिया गया ताकि उन्हें मिस्र या सीरिया जाने की अनुमति दी जा सके। बग़दाद के सैनिकों ने उनके साथ बाहर आने का निश्चय कर लिया और उनके साथ अन्य बहुतेरे लोगों ने भी जो यह आशा करते थे कि वे बच जाएंगे यही तय किया। किंतु उन्हें दस हज़ार और एक हज़ार

के दलों में बांट दिया गया और उन सबकी हत्या कर दी गई। नगर में जो लोग शेष बच रहे उन्होंने कोठरियों और नालों में शरण ली। दवातदार 8 फ़रवरी को मार डाला गया। और इसके बाद सुलैमान शाह की उसके सात सौ संबंधियों सहित हत्या कर दी गई।

11 फ़रवरी को ख़लीफ़ा अपने तीन पुत्रों और तीन सौ विशिष्ट व्यक्तियों सहित बाहर आया और हलाकू के समक्ष उपस्थित हुआ। हलाकू ने उससे शिष्टतापूर्वक वार्तालाप किया और किसी प्रकार का क्रोध प्रकट नहीं किया। उसने आदेश दिया बग़दाद के नागरिकों को आज्ञा दो कि वे अपने हथियार त्याग दें और बाहर निकल आएं ताकि मैं उन्हें गिन सकूं। समस्त नागरिक झुंड के झुंड बाहर निकल आए और मंगोलों ने उन्हें मार डाला। 14 फ़रवरी को नगर की आम लूटपाट आरंभ हुई। मंगोल सेना ने नगर में प्रवेश किया और ग्वालों तथा दरिद्रों के कुछ मकान छोड़ कर उसने समस्त वस्तुएं गीली या सूखी जला डालीं।'' **(दिल्ली सल्तनत पृ. 75–76)**

सीरिया तथा मिश्र के विभिन्न इलाक़ों की तबाही– ''सीरिया तथा मिश्र की विजय हलाकू की योजना का अभिन्न अंग थी और उसने 12 सितंबर 1259 ई. को सीरिया की ओर कूच किया। मिश्र का राज्य ममलूकों अर्थात दास अधिकारियों के अधिकार में आ गया था। किंतु सीरिया के नगरों और ज़िलों पर प्रथम क्रुसेड (जिहाद) के योद्धा सलाहुद्दीन अय्यूबी के वंशज शासन कर रहे थे। सीरिया के शासकों ने मंगोल हमलावर के विरूद्ध कोई दलबंदी नहीं की यद्यपि उनमें अधिकांश बड़ी वीरता से लड़े। इसलिए सीरिया में मंगोलों का कार्य सरल हो गया। उसका अर्थ यह था कि बिना किसी मैदानी सेना के भय के वहां के नगरों और दुर्गों पर पृथक–पृथक विजय। अलेप्पो नगर ने मंगोलों का चालीस दिन तक सामना किया किंतु 3 दिसंबर 1259 ई. में उस पर अधिकार कर लिया गया और सात दिन तक उसे लूटा गया। मकरीज़ी का कथन है कि 'शवों से मार्ग बंद हो गए और मंगोलों ने उन पर होकर कूच किया। वह दास बनाई गई स्त्रियों की संख्या 100,000 बतलाता है। हरीम नामक दुर्ग के निवासियों ने मंगोलों का लंबे समय तक सामना किया। हलाकू ने उन्हें सुरक्षा का आश्वासन दिया किंतु जब वे नीचे उतर कर आए तो उसने उन सबकी हत्या के आदेश दे दिए। दियारबक्र में मियांफ़रीक़ैन के शासक मलिक कामिल ने हलाकू के पुत्र येशमूथ के पास यह संदेश भेजा कि उसका

पिता झूठा है और वह उसके जाल में नहीं फंसेगा। उसके नेतृत्व में मियांफ़रीक़ैन के निवासियों ने मंगोलों का पूरे एक वर्ष तक सामना किया किंतु अंत में खाद्यान्न की कमी के कारण वे नरभक्षी हो गए और आत्मसमर्पण के लिए विवश हो गए। मलिक कामिल हलाकू के पास ले जाया गया। जिसने यह आदेश दिए कि उसका मांस काट काट कर उसे खिलाया जाए जब तक कि उसकी मृत्यु न हो जाए।" **(दिल्ली सल्तनत पृ. 76–77)**

अतरार की तबाही– "अतरार की पूरी आबादी के बेबस इंसानों को तलवारों और कुल्हाड़ियों से क़त्ल करने के बाद मंगोलों ने शहर की फ़सलों को पेवन्दे ज़मीन कर दिया और अनाज के ज़खाइर पर कब्ज़ा कर लिया। दरयाए सेहूँ के शिमाली हिस्सों की जानिब सुलतान ख़्वारज़्म शाह के मुनतशिर फ़ौजी फिर से जमा हुए तो चंगेज़ ख़ान ने जिबी नोयान के साथ मिलकर सल्तनत के मशरिक़ी और मग़रिबी हिस्से की तरफ़ पेश क़दमी करके समरक़न्द, बल्ख़ और बुख़ारा का मुहासरा (घेराव) कर लिया। ख़्वारज़्मी फ़ौज जब उन अज़ीमुश्शान शहरों का दिफ़ाअ करने में नाकाम रही और शहरों के क़ाज़ियों, बुज़ुर्गों और मज़हबी रहनुमाओं ने शहर की कुंजियां चंगेज़ ख़ान के सामने रख दीं तो मंगोल लश्कर एक तूफ़ान और सैलाब की तरह उन शहरों में दाख़िल हो गया। मंगोलों ने अशयाऐ ख़ुरदो नोश के ज़खाइर लूट लिये। मस्जिदों, ख़ानक़ाहों और कुतुबख़ानों को उन्होंने अपने घोड़ों का अस्तबल बना दिया और क़ुरआने पाक के सफ़हात की बेहुरमती करनी शुरू कर दी। मंगोल अफ़सर रक़्क़ासाओं को तलब करके उनका नाच देखते। उनके गीत सुनते। मसजिद में जाकर शराब पीते। मज़हब का तमस्ख़ुर उड़ाते और फिर इज़्ज़त मआब मुस्लिम ख़वातीन की उनके क़रीबी रिश्तेदारों के सामने इस्मत दरी भी करते थे ताकि हर तरफ़ मर्दों, औरतों और बच्चों के नाला व फ़रयाद से एक क़यामत का सा शोर बरपा रहे।" **(चंगेज़ खां से बाबर तक, पृ. 45)**

बामियान की तबाही– "मंगोलों ने यहां भी इमारात और मकानात को आग लगा दी। बाग़ात और खेत उजाड़ दिये और शहर के तमाम बाशिन्दों को घरों से बाहर निकाल कर उनको दो अलग अलग हिस्सों में तक़सीम कर दिया और हुक्म दिया कि तुम एक दूसरे की मशकें कसो। जब मशकें कसी जा चुकीं तो मंगोलों ने अपने तीरों, तलवारों, नेज़ों और कुल्हाड़ियों से मर्दों, औरतों, बच्चों और बूढ़ों को इस तरह क़त्ल किया कि

गलियों और बाज़ारों में घुटनों घुटनों तक ख़ून जमा हो गया। मंगोल वहशी आहो बुका करती हुई औरतों को उनके बाल पकड़ कर आगे झुका देते ताकि आसानी से उनकी रीढ़ की हड्डी पर कुल्हाड़ी से ज़र्ब लगा कर उसे तोड़ा जा सके। जो मर्द थोड़ी बहुत मुज़ाहमत करते मंगोल वहशी उसका सर तोड़ डालते और नारा ए तकबीर का मज़ाक़ भी उड़ाते। यह हालात कई साल तक रहे और इस तरह इस पुरआशोब ज़माने में जो मुसलमान ज़िन्दा बचे वो जंगलों में भाग गए। शहर सिर्फ़ कुत्तों और गधों के मस्कन बन गये जिन की ख़ुराक इंसान की लाशें थी।"

(चंगेज़ ख़ाँ से बाबर तक, पृ. 49)

उक्त वर्णित हालात के पेशे नज़र मध्य एशिया के अधिकांश बड़े बड़े शहर बस्तियां एंव इलाक़े उजड़ गऐ। ख़्वाजा मुईनुद्दीन चिश्ती र.अ. ने भी होश संभालने के बाद यह विनाश और राजनीतिक उथल पुथल को बज़ाते ख़ुद देखा और उनका झुकाव आध्यात्म की ओर होता चला गया, उन्होंने दुखी इन्सानों की सेवा और सच्चाई को आम जन तक पहुंचाने के लिए हज़रत मुहम्मद स.अ.व. के आचरण को आदर्श रूप में पेश किया और इस्लाम की वास्तविक शिक्षाओं की तब्लीग़ की हक़ीक़ी (वास्तविक) राह (मार्ग) दिखाई। उनके आचरण ने इस्लामी शिक्षाओं, विचारों एवं मान्यताओं को जिस तरह लोकप्रिय बनाया उस पर हमें न सिर्फ़ ग़ौर करना चाहिए बल्कि उस पर अमल भी करना चाहिए।

❖❖❖

अध्याय-2

ख़्वाजा मुईनुद्दीन चिश्ती र.अ. से पूर्व भारत में मुस्लिम व्यापारियों एवं सूफ़ियों का आगमन

आमतौर पर यह ख़याल किया जाता है कि हिन्दुस्तान में आने वाले सूफ़ियों में सर्वप्रथम ख़्वाजा मुईनुद्दीन चिश्ती र.अ. यहाँ आए लेकिन ऐतिहासिक प्रमाण स्पष्ट करते हैं कि ख़्वाजा साहब से बहुत पहले मुसलमान सूफ़ियों, व्यापारियों और आमजन ने तत्कालीन राजनीतिक उथल पुथल और अर्थ व्यवस्था की गड़बड़ी के चलते अपनी जान, माल और इज़्ज़त की हिफाज़त तथा धर्म प्रचार की भावना के तहत विभिन्न दूर दराज़ इलाक़ों की यात्राएँ कीं, वहाँ बसे और वहीं उनके मदफ़न (क़ब्रें) भी बने।

मुसलमानों की सिन्ध में आमद से पूर्व भी समुद्री इलाक़ों से अरब सम्पर्क क़ायम था और मालाबार, श्रीलंका आदि द्वीप समूहों में आज भी मुसलमानों की वो पुरानी जातियाँ और बस्तियाँ देखी जा सकती हैं। इन बस्तियों के जो लोग किन्हीं कारणों से समुद्री यात्रा करने में असमर्थ होते वो ज़मीनी रास्तों से गुज़र कर गुजरात, उत्तर प्रदेश, बिहार, राजस्थान, सिन्ध और पंजाब होते हुए अफ़ग़ानिस्तान, ईरान और अरब देशों में जाते थे। मुहम्मद बिन क़ासिम के हमले से पूर्व की एक घटना जो हमें इतिहास में मिलती है वह भी इस बात की पुष्टि करती है जो इस तरह है – "सिन्ध में राजा दाहिर हुक्मरान था। दाहिर ने इससे पहले ही उन अरबों को पनाह देकर जिन्होंने मकरान के गवर्नर सईद बिन असलम को क़त्ल किया था अरब हुकूमत से मुख़ालेफ़त (विरोध) की बुनियाद रख दी थी लेकिन ख़लीफ़ा-ए-वक़्त हिन्दुस्तान पर लश्कर कशी के ख़िलाफ़ था और उसने राजा के साथ लड़ाई ज़रूरी न समझी।

इस वाकिआ (घटना) के चन्द साल बाद लंका से कुछ जहाज़ उन तहाइफ़ (उपहार) से लदे हुए अरब आ रहे थे जो लंका के राजा ने हज्जाज को भेजे थे। उनके साथ कई मुसलमान थे जो हज को जा रहे थे और उन मुसलमानों की बीवियां और बच्चे भी थे जो लंका में वफ़ात (मृत्यु) पा गए थे। बादे मुख़ालिफ़ उन जहाज़ों को साहिले देबल पर ले गई जो (मौजूदा कराँची से थोड़ी दूर) ममलेकते सिन्ध की बड़ी बन्दरगाह थी। यहां देबल के मेद लोगों ने उन जहाज़ों का मालो असबाब लूट लिया और औरतों और मर्दों को गिरफ़्तार करके अन्दरूनी इलाक़ों में ले गए। हज्जाज को यह ख़बर मिली तो उसे बड़ा तैश (क्रोध) आया। उसने राजा दाहिर के पास एक सफ़ीर (राजदूत) भेजा ताकि वह गिरफ़्तार शुदा मर्दों और औरतों को रिहा कराए और तोहफ़े दारूल ख़िलाफ़ा पहुंचाए। राजा ने सफ़ीर को जवाब दिया कि यह सब काम बहरी (समुद्री) डाकुओं का है और मेरा उन पर कोई ज़ोर नहीं, हज्जाज इस जवाब से मुतमइन (सन्तुष्ट) नहीं हुआ और उसने राजा दाहिर को क़रार वाक़ई सबक़ सिखानें के लिए हिन्दुस्तान पर हमले का फ़ैसला किया। पहले अब्दुल्ला और बुदैल के ज़ेरे क़यादत मकरान से लश्कर भेजे गए लेकिन राजा दाहिर के बेटे जयसिंह ने उन्हें शिकस्त दी और दोनों सिपहसालार लड़ाई में शहीद हुए। हज्जाज को इन शिकस्तों का बड़ा रंज हुआ। बिलखुसूस बुदैल की मौत ने उसे बहुत मुतास्सिर किया चुनाँचे उसने खलीफ़ा–ए–वक़्त वलीद की मिन्नत समाजत करके हिन्दुस्तान में पूरे इन्तिज़ामात के साथ एक ख़ास इन्तिक़ामी लश्कर भेजने की इजाज़त ली और उसकी क़यादत के लिए अपने दामाद और चचाज़ाद भाई इमादुद्दीन मुहम्मद बिन क़ासिम को चुना जिसकी उम्र उस वक़्त सिर्फ़ सत्रह बरस की थी।

मुहम्मद बिन क़ासिम छः हज़ार सवार लेकर ख़ुश्की के रास्ते 711 ई. के मौसमे ख़िज़ाँ में देबल पहुंचा और शहर का मुहासरा शुरू किया कई रोज़ तक कामयाबी न हुई लेकिन बिल आख़िर अलअरूस नामी एक बड़ी मिन्जनीक़ की मदद से जिसे पांच सौ आदमी चलाते थे शहर फ़तह हो गया और मुहम्मद बिन क़ासिम ने क़िले पर क़ब्जा करके उन क़ैदियों को रिहा किया जो लंका के जहाज़ों से गिरफ़्तार हुए थे।"

(आबे कौसर : शेख़ मुहम्मद इकराम, पृ. 21, 22, 23)

राजनीतिक दृष्टिकोण से भी देखें तो ग़ज़नी के सुल्तानों विशेषकर महमूद ग़ज़नवी के पै दर पै (लगातार) हमलों और यहाँ के शासकों से कर वसूली इस ओर इशारा करती है कि महमूद की साम्राज्यवादी नीति के तहत भारत के विभिन्न राजवंश एंव साम्राज्य उसके लिए कोई बड़ा ख़तरा नहीं थे इसीलिए वह निर्भय होकर बार–बार आता और अपना मक़सद पूरा करके चला जाता था। उसके इस क़दर बेधड़क आने जाने से इस बात को भी बल मिलता है कि मध्य एशिया के बिगड़ते माहौल के मुक़ाबले में भारत में मुसलमानों के लिए अधिक उपयुक्त वातावरण मौजूद था। महमूद ग़ज़नवी के उत्तराधिकारियों और मुहम्मद ग़ौरी के दरम्यानी काल में भी भारत के विभिन्न इलाक़ों पर विभिन्न कारणों से मुसलमान शासकों और उनके प्रतिनिधियों के निरन्तर आगमन और कर वसूली के प्रमाण मिलते हैं उदाहरणार्थ–

"बैहाक़ी के अनुसार अहमद नियाल्तगीन बनारस तक गया था।[16] (2) मसूद के विषय में कहा जाता है कि उसने हांसी पर अधिकार कर लिया था।[17] (3) राहन के शिलालेख में मदनपाल यह उल्लेख करता है कि उसके पिता गोविंदचंद्र ने 'अपने असाधारण युद्धों से हम्मीर को अपनी शत्रुता त्याग देने के लिए विवश कर दिया था।[18] (4) बदायूं से लखनपाल के एक शिलालेख में उसके मदनपाल नामक एक पूर्वज के विषय में यह उल्लेख मिलता है कि वह एक ऐसा व्यक्ति था जिसने देवताओं की सरिता अर्थात गंगा नदी की ओर हम्मीर के आक्रमण असंभव बना दिए थे।[19] (5) कुमारदेवी के सारनाथ शिलालेख में गोविंदचंद्र (1114–55) की प्रशंसा है कि वह ऐसा व्यक्ति था जिसने दुष्ट तुरूष्क योद्धा से वाराणसी की रक्षा की थी।[20] (6) मसूद तृतीय के अंतर्गत पंजाब के राज्यपाल हाजिब तुग़तिगीन ने गंगा नदी पार कर एक ऐसे स्थान तक धावा मारा जहाँ मसूद के अतिरिक्त और कोई नहीं पहुंचा था।[21] (7) विजयचंद्र (1155–70) की भी उसके हम्मीर विरोधी कार्यों के लिए प्रशंसा की गई है।[22] (8) 1164 का विशालदेव का दिल्ली –शिवालिक का शिलास्तंभ राजा का वर्णन करते हुए कहता है कि वह एक ऐसा योद्धा था जिसने मलेच्छों का सर्वनाश कर दिया था।[23] (9) पृथ्वीराज प्रथम के 1167 के एक शिलालेख में हम्मीर की प्रगति रोकने के लिए हांसी दुर्ग सुदृढ़ बनाने का उल्लेख मिलता है।[24] (10) मसूद सअद सलमान के 'दीवान' (कविताओं के संकलन) से ऐसा प्रतीत होता है कि बदायूं, दहगान, क़न्नौज, मालवा और कालिंजर को

परवर्ती ग़ज़नवी शासकों के आक्रमणों का मुख्य आघात सहन करना पड़ा।[25] (11) किरादू (जोधपुर) के 1178 के एक शिलालेख में एक महिला द्वारा किसी देवी की प्रतिमा के पुनरूद्धार का उल्लेख मिलता है जिसे तुर्कों ने तोड़ डाला था।[26] (12) दभोई के शिलालेख में गुजरात के चालुक्य वघेला वंश (लगभग 1200) के लवणप्रसाद की एक तुर्क शासक के विरूद्ध उपलब्धियों का उल्लेख मिलता है।[27] (13) सुंधा पहाड़ी अभिलेख में किल्हण (लगभग 1164–94) के विषय में यह कहा गया है कि उसने तुरूष्क को पराजित किया था और स्वर्णद्वार का निर्माण कराया था।[28]

परवर्ती ग़ज़नवी काल के कवियों सैयद हसन, मसूद सअद सलमान, रूमी, सनाई तथा अन्य की कृतियों के अध्ययन से ज्ञात होता है कि उन प्रदेशों मे भारतवर्ष प्रायः चर्चा का विषय बना हुआ था और उत्तरकालीन ग़ज़नवी शासकों के लिए भारतवर्ष पर आक्रमण करना उनके जीवन का लगभग एक नियमित अंग था।

बारहवीं शताब्दी के अंतिम पच्चीस वर्षों और तेरहवीं शताब्दी के प्रथम पच्चीस वर्षों में बड़े पैमाने पर ग़ौरियों के आक्रमण न तो अकस्मात थे और न अप्रत्याशित। वास्तव में वे पिछले एक सौ पचास वर्षों से किए जाने वाले छुटपुट आक्रमणों का चरम बिन्दु थे जब कोई इलाक़ा कभी जीता जाता था तो कभी हारा जाता था, राजनीतिक प्रभाव का कभी प्रसार होता था तो कभी उसे पुनः पीछे धकेल दिया जाता था। इस प्रकार ग़ज़नवी साम्राज्य की सीमाएं निंरतर घटती–बढ़ती रहती थीं। "

(बहवाला दिल्ली सल्तनत–मो.हबीब/ के. ए. निज़ामी–1978 ई.–पृ. 120–121)

भारत के विभिन्न स्थानों पर आज भी मुस्लिम साम्राज्य की स्थापना से पूर्व के मज़ारात, दरगाहें, गंजे शहीदाँ, क़ब्रिस्तान व अन्य मुस्लिम निशानियाँ देखी जा सकती हैं। डिस्ट्रिक्ट गज़ेटियर हरदोई, डिस्ट्रिक्ट गज़ेटियर बदायूं, डिस्ट्रिक्ट गज़ेटियर उन्नाव, हसन अस्करी के लेख हिस्टोरिकल सिग्निफ़िकेन्स ऑफ़ इस्लामिक मिस्टीसिज़्म इन मेडिवल बिहार तथा हिस्टॉरिकल मिस्लेनी आदि के हवाले से प्रो.के.ए.निज़ामी ने लिखा है–

"बनारस के विषय में इब्ने असीर लिखता है– 'उस प्रदेश में महमूद पुत्र सुबुक्तगीन के समय से मुसलमान रहते हैं जो निरंतर इस्लाम धर्म के

नियमों के प्रति निष्ठावान रहे हैं और नमाज़ पढ़ने और धार्मिक कर्मों में दृढ़संकल्प रहे हैं।[29] बहराइच में 'सुल्तान महमूद की सेना के एक सैनिक सैयद सालार मसूद गाज़ी का मक़बरा था।[30] यह तथ्य कि उसका नाम और क़ब्र ग़ज़नवी आक्रमणों और ग़ौरियों की भारतीय विजय के बीच दीर्घकालीन युग में बने रहे यह सिद्ध करता है कि वहां कुछ मुस्लिम आबादी थी जो मक़बरे की देखभाल करती थी और जिन्होंने भविष्य के लिए सालार की वीरगति प्राप्त करने की परंपरा जीवित रखी।[31] तरायन की दूसरी लड़ाई के पूर्व शेख़ मुईनुद्दीन चिश्ती र.अ. अजमेर आए और उनके प्रगाढ़ मानववाद और पवित्र जीवनचर्या ने उनके चारों ओर निष्ठावान अनुयायियों का एक समुदाय एकत्र कर दिया। 'मशारिकुल अनवार' के प्रसिद्ध रचयिता मौलाना रज़ीउद्दीन हसन सग़ानी का जन्म ग़ौरियों की बदायूं विजय के बहुत पूर्व उसी नगर में हुआ था।[32] अरबों के पूर्वकालीन उल्लेखों से क़न्नौज में मुसलमानों की आबादी का प्रमाण मिलता है।

उत्तर प्रदेश और बिहार के कुछ नगरों मे मुस्लिम ख़ानकाहें हैं जो स्थानीय परंपरानुसार पूर्व ग़ौरी युग की बतलाई जाती हैं। बदायूं में मीरान मुलहिम की क़ब्र[33] और बिल्ग्राम में ख़्वाजा मुज्दुद्दीन की क़ब्र,[34] बिल्ग्राम के मल्लावां में ऊंचा टीला मोहल्ला की क़ब्र[35] गोपामऊ के अज़मत टोला में लालपीर की दरगाह[36] बदायूं में बिल्सी रोड पर स्थित क़ब्रिस्तान[37] असीवान ज़िला उन्नाव में गंजे शहीदाँ,[38] बिहार में हाजीपुर के पास जरूहा की क़ब्रें, मनेर की बड़ी दरगाह के पश्चिमी द्वार पर इमाम तक़ी फ़कीह की क़ब्र[39] आदि सभी पूर्व ग़ौरी युग की बताई जाती हैं और इन नगरों के कुछ परिवार यह दावा करते हैं कि उनके पूर्वज इसी समय वहाँ आकर बसे। उनका दावा सही हो या न हो किंतु इन क़ब्रों के विषय में स्थानीय परंपराओं की ऐतिहासिकता की सत्यता ठुकराना कठिन है। विशेष रूप से ऐसी स्थिति में जबकि इन क्षेत्रों में मुस्लिम आबादी का अस्तित्व अन्य स्त्रोतों में उपलब्ध प्रमाणों से भी सिद्ध होता है।"

(बहवाला दिल्ली सल्तनत, भाग प्रथम, पृ. 121–122)

राजस्थान में भी कई स्थानों पर पुराने मज़ारात, दरगाहें, गंजे शहीदाँ और क़ब्रिस्तान मौजूद हैं जिनके बारे में लिखित इतिहास मौन है लेकिन स्थानीय लोक मान्यताएँ एंव आन्तरिक प्रमाणों के आधार पर उन्हें महमूद ग़ज़नवी और मुहम्मद ग़ौरी के मध्य की कड़ियों में शुमार करना पड़ेगा।

ऐसे स्थानों में टोंक के गंज–ए–शहीदाँ, मज़ार नौगाज़ी बाबा बनास पुलिया*, मुख्य बाज़ार के आसपास की क़ब्रें, अमीरगढ़ और नज़र बाग़ के दरम्यान के मज़ारात आदि उस दौर के सूफ़ी सन्तों, व्यापारियों और मुहाजिरों के मालूम पड़ते हैं जो इन जगहों पर मृत्यु को प्राप्त हुए एंव दफ़नाए गए।

तारीख़े अजमेर मुरत्तबा (संकलित) महाराज किशन मतबूआ 1876 ई. में लिखा है– महमूद ग़ज़नवी के 1008 ई. में हमला–ए–अजमेर के बाद राजपूताना में सूफ़ियों की आमद का सिलसिला शुरू हुआ और सूफ़ियों की एक जमाअत 1093 ई. में अजमेर और मारवाड़ के इलाक़े में पहुँची। उनमें से सैयद रोशन अली अजमेर में ,सैयद ताहिर मुश्हदी ने खाटू (मारवाड़) में, सैयद अनस मुश्हदी ने डीडवाना (मारवाड़) और हमीदुद्दीन रेहानी ने नागौर (मारवाड़)में क़याम फ़रमाया।''

(बहवाला राजस्थान में उर्दू तराजिम–
डॉ. अज़ीज़ुल्लाह शीरानी, पृ.300)

❖❖❖

---

* तफ़सील के लिए पढ़िये : टोंक के दर्शनीय स्थल द्वारा डॉ. सैयद सादिक़ अली

अध्याय-3

तसव्वुफ़ (सूफ़ीवाद) क्या है?

ख़्वाजा मुईनुद्दीन चिश्ती र.अ. का व्यक्तित्व हिन्दुस्तान में आध्यात्मिक शक्तियों का सर्वोच्च स्तम्भ है। यद्यपि आध्यात्मिक शक्तियों (रूहानियत) को किसी पैमाने से नापा नहीं जा सकता लेकिन किसी व्यक्ति के जीवन में इन्सानियत का आदर्श, सबके लिए मुहब्बत की भावना, अम्नो अमान की कामना, भाईचारे और ईश्वर की इच्छानुरूप किए गए मर्मस्पर्शी कारनामों से उसकी अज़मत (बड़ाई) का अन्दाज़ा लगाया जा सकता है। किसी व्यक्तित्व से मानव जगत् कितना लाभान्वित हुआ यही उसको बुलन्दियों पर पहुँचाता है। इसी आधार पर हम किसी व्यक्तित्व को अज़मतों का ताज पहनाते हैं।

ख़्वाजा मुईनुद्दीन चिश्ती र.अ. ने हिन्दुस्तानी समाज, संस्कृति, राजनीति, इतिहास, धर्म, शिक्षा आदि सभी को प्रभावित किया है। उन्होंने तसव्वुफ़ (सूफ़िज़्म) के पौधे को हिन्दुस्तानी वातावरण में परवान चढ़ाकर कहाँ से कहाँ पहुँचा दिया यह हमारी आँखों के सामने है। हिन्दुस्तान के किसी कोने में चले जाइए ख़्वाजा सा. के चिश्तिया सिलसिले के बड़े बड़े वली, पीर, बुजुर्ग मिल जाएंगे जो दीन दुखियों की सेवा में ईश्वर के सम्मुख दुआओं के तौर पर इन्सानियत के दुख दर्द का इलाज करने में मशगूल हैं।

वास्तव में सूफ़िज़्म (तसव्वुफ़, सूफ़ीवाद) मन की शुद्धता के लिए की जाने वाली सिद्धियों और मानव जगत् को ईश्वर की इच्छानुरूप सीधे सच्चे रास्ते पर चलाने वाली कोशिशों का नाम है जो हम परोक्ष रूप में सूफ़ियों के जीवन वृत्तान्त में देख सकते हैं। ख़्वाजा साहब की ज़िन्दगी मुहम्मद स.अ.व. की ज़िन्दगी के तौर तरीक़ों को अपनाने और उसके मुताबिक़ दुनिया

भर के इन्सानों को फ़ायदा पहुँचाने के लिए दूर दराज़ की तकलीफ़ें बर्दाश्त करते हुए ईश्वर की कृपा प्राप्त करने की अभिलाषा है। हज़रत मुहम्मद स.अ.व. की सादगी और सरलता का वर्णन करते हुए गिबन लिखता है–

"हज़रत मुहम्मद का सत्य स्वभाव हर प्रकार के राजसी ठाठ–बाट से घृणा करता था। ईश्वर का दूत घर के निम्नतर कार्य करने में भी नहीं हिचकिचाता था। वे आग जलाते थे, भेड़ों को दुहते थे और स्वयं अपने हाथों से अपने फटे कपड़े और जूते सीते थे। आश्रमों के कठिन और कष्टमय जीवन को तिरस्कृत समझते थे। वे सरल तथा अंहकार शून्य भावना से एक संयमी अरब या सैनिक की भाँति भोजन करते थे। महत्त्वपूर्ण अवसरों पर वह अपने सहचरों को साधारण किन्तु प्रचुर मात्रा में दावत (भोज) दिया करते थे किन्तु घरेलू जीवन में कभी कभी लगातार कई सप्ताहों तक उनके रसोई घर में चूल्हे की आग तक नहीं जलती थी। कभी कभी प्राप्त होने वाली जौ की रोटी के टुकड़ों से ही उनका पेट भर जाता था। वह दूध और शहद बड़ी रूचि से खाते थे किन्तु साधारणतः उनका भोजन छुहारा और पानी होता था।"

(बहवाला दिल्ली सल्तनतःमोहम्मद हबीब/के.ए. निज़ामी पृ. 8)

ख़्वाजा मुईनुद्दीन चिश्ती र.अ. भी जब हिन्दुस्तान आए तो हज़रत मुहम्मद स. अ.ब.के यही तौर तरीक़े और आदर्श अपने साथ लाए। उनके पास एक लोटा वुजू करने के लिए, लाठी सहारे के लिए, जानमाज़ ईश्वर की आराधना के लिए और तीरकमान जंगलों से गुज़रते समय शिकार करके जीवन यापन के लिए था। एक गुदड़ी पोश अपने साथ कुछ अपने जैसे चन्द दरवेशों को लेकर सऊदी अरब, इराक़, सीरिया, ईरान, तुर्कमेनिस्तान, उज़्बेकिस्तान, तज़ाकिस्तान, अफ़ग़ानिस्तान, पाकिस्तान आदि के रेगिस्तानी, पहाड़ी, मैदानी और नदियों के ख़तरनाक रास्तों को लगभग आठ सौ साल पहले अपनी हिम्मत, हौसले, नैकी और ख़ुलूस के बल पर पार करते हुऐ एक अजनबी देश के अजनबी लोगों में अपने तौर तरीक़ों, रवैयों एवं आदर्शो से इन्सानियत का मसीहा और ग़रीब नवाज़ बन जाता है। यह किसी करामत, करिश्मे या चमत्कार से कम नहीं है।

ख़्वाजा साहब की ज़िन्दगी के वाक़ेआत बताते हैं कि तसव्वुफ़ (सूफ़िज़्म) बेअमली (अकर्मण्यता) का नाम नहीं बल्कि मुजाहेदाना हरारत का नाम है। अल्लाह की रज़ा के लिए हर तरह की मुसीबत बर्दाश्त करने और अल्लाह

की मख़लूक़ (कायनात) को संस्कारित करने का नाम है। जीवन की सम्भावनाओं की दरयाफ़्त का नाम है। हर व्यक्ति को ईश्वर ने कुछ गुण, योग्यताएँ और शक्तियाँ प्रदान की हैं, उनसे काम लेकर हम ईश्वर की कायनात को कितना फ़ायदा पहुँचा सकते हैं यह अनुभूति प्राप्त करके व्यक्ति निर्मल ह्रदय और सच्ची नियत से बस कार्य करता रहे यही तसव्वुफ़ है, यही मुहब्बत है, यही दुनिया में शान्ति स्थापित करने वाला मार्ग है और यही कायनात के लिए रहमत है। यही मानवीय मूल्यों को ज़िन्दा रखने और दानवी कृत्यों को समाप्त करने का मार्ग है। इसी को हम सभी धर्मों का सार कह सकते हैं। ख़्वाजा साहब की पूरी ज़िन्दगी इसी से इबारत है। तसव्वुफ़ की जब आलिमाना (पाण्डित्यात्मक) व्याख्या की जाती है तो वह तर्क वितर्क का एक अध्याय बन जाती है जहाँ दलीलों से अर्थ को अनर्थ और अनर्थ को अर्थ के रूप में पेश किया जाता है जिसमें कुछ भी साइन्टिफ़िक या फ़ितरी नहीं रहता और आस्था का प्रश्न बन जाता है जिस पर बहस दिलों को जोड़ने के बजाय तोड़ने का काम करती है। मुझे तसव्वुफ़ के ऐसे दर्शनात्मक तार्किक वाद विवादों में कोई दिलचस्पी नहीं है। हाँ मैं तसव्वुफ को शेख़ अब्दुल क़ादिर जीलानी र.अ., ख़्वाजा मुईनुद्दीन चिश्ती र.अ., ख़्वाजा बख़्तियार काकी र.अ., बाबा फ़रीद र.अ. शेख़ जलालुद्दीन सुहरवर्दी र.अ., शेख़ बहाउद्दीन ज़करिया र.अ. और हज़रत निज़ामुद्दीन औलिया जैसे बुज़ुर्गों की सच्चाई, शुद्वता, कर्त्तव्य परायणता और मानवीय मूल्यों में दक्षता की रोशनी में देखता हूँ जिनकी ज़िन्दगी का हर पल इन्सानियत के लिए सकारात्मक रवैयों का रहा है। जिन्होंने एक इन्सान को दूसरे इन्सान से जोड़ने के लिए नस्ल, जाति, सम्प्रदाय, तबक़े, धर्म, भाषा, सभ्यता और संस्कृति की रूकावटों को आड़े नहीं आने दिया। इन बुज़ुर्गों की जीवनशैली एवं आदर्शों की रोशनी में तसव्वुफ़ की व्याख्या इस तरह की जा सकती है कि तसव्वुफ़ अपने वास्तविक आकर्षण केन्द्र (ईश्वर) की अनुभूति में मसरूर (तल्लीन) रहने की एक प्रक्रिया है। जब कोई सच्चा प्रेमी (सूफ़ी) अपने महबूब की याद में लुत्फ़ हासिल करने लगता है तो उसके कथ्य, तथ्य और पथ्य महबूब (ईश्वर) की मर्ज़ी (इच्छा) के अनुरूप हो जाते हैं। उसका शरीर आम शरीर न रहकर लज़्ज़ाते रूहानी (Spiritual Ecstacy) का माध्यम बन जाता है। वह अपनी समस्त शारीरिक इच्छाओं को रूहानी मनाज़िल (Spiritual stages) में क़ुर्बान कर देता है फिर उसके व्यक्तित्व में वह नूर (आभा) पैदा होता है जो जलाल–व–जमाल के जल्वे

ज़ाहिर करता है जिसे लोग उसकी करामत (चमत्कार) से ताबीर करते है। यह सिलसिला अल्लाह के हुक्म से अबद (हमेशा) तक क़ायम रह सकता है क्योंकि महबूबे हक़ीक़ी (ईश्वर) अपने आशिक़े सादिक़ (सच्चे प्रेमी) की सच्ची लगन से ख़ुश होकर उसकी निशानियों को लोगों की नज़र में मोहतरम (सम्माननीय) कर देता है और लोग उनकी हर निशानी को आदर पूर्वक देखते हैं।

❖❖❖

अध्याय-4

ख़्वाजा मुईनुद्दीन चिश्ती र.अ. का जीवन एवं चरित्र

समकालीन एवं निकट समकालीन साहित्य की वस्तु स्थिति– सूफ़ियों के तज़करों और उपदेश संग्रहों (मलफूज़ात) में ख़्वाजा मुईनुद्दीन चिश्ती र.अ. के जीवन एवं कार्यों का जैसा विवरण मिलता है उसे तारीख़ी नहीं कहा जा सकता। ख़्वाजा साहब पर लिखा हुआ अधिकांश साहित्य करामाती साहित्य की श्रेणी में आता है। जन्म से लेकर मृत्यु तक के हालात किवदन्तियों और लोक मान्यताओं पर आधारित प्रतीत होते हैं। जन्म स्थान, जन्म तिथि, मृत्यु तिथि आदि के बारे में विभिन्न पुस्तकों में अलग–अलग मत हैं। इसी तरह उन्होंने अपने जीवन में जो यात्राएँ की वो कब और कैसे कीं इसका भी स्पष्ट उल्लेख नहीं मिलता। किन किन व्यक्तियों से उनकी मुलाकातें हुईं इस पर पुस्तकों में काफ़ी विरोधाभास देखने को मिलता है। खेद का विषय है कि हिन्दुस्तान के सबसे बड़े वली, इन्सानियत के मसीहा और शान्ति के दूत पर हमारे इतिहासकारों ने तवज्जो नहीं दी। छोटे–छोटे इलाक़ों के सरदारों और अमीरों पर ऐतिहासिक पुस्तकें लिखी गईं लेकिन रूहानियत के शहंशाह जिनके सामने मुहम्मद ग़ौरी, कुतुबुद्दीन ऐबक और इल्तुतमिश जैसे सुल्तानों ने सिर झुकाया हो महमूद ख़िल्जी, अकबर, जहाँगीर, शाहजहाँ, औरंगज़ेब जैसे बादशाहों ने अक़ीदत के नज़राने पेश किए हों, उनके पवित्र जीवन एंव कार्यों पर ऐतिहासिक दृष्टिकोण से नज़र डालने की संजीदा कोशिश इतिहासकारों में नज़र नहीं आई। कुछ पुस्तकें हैं जिनमें से कोई ख़्वाजा मुईनुद्दीन चिश्ती र. अ. की वफ़ात (मृत्यु) के लगभग सवा सौ साल बाद लिखी गई, कोई तीन सौ साल बाद लिखी गईं तो कोई पाँच सौ साल बाद। ज़ाहिर बात है समकालीन स्त्रोतों की कमी के कारण रिवायतें हूबहू नक़ल के बजाय बदल–बदल कर पेश होने लगती हैं और अक्सर यह होता है कि श्रद्दालु अपने पसन्दीदा वली की जीवनचर्या एंव क्रियाकलापों में दूसरों के वाक़ेआत जोड़ते चले जाते हैं।

ख़्वाजा साहब के जीवन पर इतिहास की पुस्तकों के अभाव के अलावा उनके समकालीन और निकट समकालीन सूफ़ियों के मलफ़ूज़ात या साहित्यिक कृतियाँ जो हमें उपलब्ध हो रही हैं उनके भी प्रामाणिक होने में सन्देह की स्थिति बनी हुई है। बहर हाल बहुत सी बाधाएँ पैदा हो चुकी हैं जो ऐतिहासिक विश्लेषण का हक़ अदा होने नहीं देती।

ख़्वाजा मुईनुद्दीन चिश्ती र.अ. के हालात जिन पुस्तकों में मिलते हैं उनमें से कुछ के बारे में संक्षिप्त जानकारी लेना आवश्यक एंव उचित मालूम पड़ता है। पहली पुस्तक जिसमें ख़्वाजा साहब के बारे में कुछ लिखा मिलता है वह अमीर ख़ुर्द किरमानी की पुस्तक **"सियरूल औलिया"** है। यह पुस्तक फ़िरोज़शाह तुग़लक़ के शासनकाल में लिखी गई। अमीर ख़ुर्द की पैदाइश दिल्ली में हुई थी लेकिन पूर्वज किरमान (ईरान) के थे इसलिये किरमानी कहलाए। अमीर ख़ुसरो, अमीर हसन सिज्ज़ी तथा ज़ियाउद्दीन बरनी जैसे इतिहासकारों, साहित्यकारों एंव विद्वानों से उनके गहरे दोस्ताना तअल्लुक़ात थे। यह तज़करा अमीर ख़ुर्द ने विभिन्न पुस्तकों एंव लोकमान्यताओं के आधार पर संकलित किया है। इसके दूसरे अध्याय में ख़्वाजा साहब और उनके ख़ुलफ़ा (आध्यात्मिक उत्तराधिकारियों) के हालात बयान किए गए हैं।

ख़्वाजा साहब के हालात पर पहली बार शेख़ जमाली की पुस्तक **"सियरूल आरिफ़ीन"** में विस्तार पूर्वक लिखा मिलता है। शेख़ जमाली (वफ़ात 1536ई.) सिकन्दर लोदी के उस्ताद थे उन्होंने विभिन्न इस्लामी देशों की यात्रा करके ये हालात जमा किए। सियरूल आरिफ़ीन ख़्वाजा साहब की वफ़ात के लगभग तीन सौ साल बाद लिखी गई।

ख़्वाजा साहब के हालात पर एक और अहम पुस्तक "**सियरूल अक़ताब**" है। इसके लेखक शेख़ुलहदया भी बड़े बुज़ुर्ग सूफ़ी थे। यह किताब 1626–1646 ई. के अर्से में लिखी गई। इस पुस्तक के उर्दू अनुवाद के प्राक्कथन में चौधरी मुहम्मद इक़बाल सलीम गाहन्दरी ने लिखा है–"इस किताब के मुसन्निफ़ शेख़ुल हदया ग्यारहवीं सदी हिज्री के एक आरिफ़ बिल्लाह सूफ़ी बुज़ुर्ग हैं जिनको ख़्वाजगाने चिश्त से ग़ैर मामूली मुहब्बत और इरादत थी और जो ख़ुद इस सिलसिले के बुज़ुर्ग हज़रत शेख़ अब्दुस्सलाम शाह आला से मुरीद भी थे। पानीपत करनाल के नवाह में एक मक़ाम किराना है। आप वहीं के रहने वाले थे। शहंशाह शाहजहाँ के

दरबार से आपको ख़ास तअल्लुक़ और वाबस्तगी थी क्योंकि एक दो जगह आपने इसका ज़िक्र किया है।" **(पृ.सं. 13–14)**

आश्चर्य की बात यह है कि "फ़वाइदुल फ़ुआद" जो हज़रत निज़ामुद्दीन औलिया के मलफ़ूज़ात हैं और जिन्हें उनके मुरीद अमीर उला सिज्ज़ी ने जमा किया है, में ख़्वाजा ग़रीब नवाज़ का नाम दो तीन जगह आया है, बहुत से सूफ़ियों का ज़िक्र भी इसमें हुआ है लेकिन ख़्वाजा साहब का ज़िक्र न के बराबर है। अनीसुल अरवाह, दलीलुल आरिफ़ीन, फ़वाइदुस्सालिकीन, राहतुलकुलूब आदि मलफ़ूज़ात में भी इतिहास कम ही मिलता है।

यहाँ कहने का अर्थ यह है कि ख़्वाजा साहब पर जो भी लिखित सामग्री उपलब्ध है वो उनकी वफ़ात के सदियों बाद की है, उनके सिलसिले के बुज़ुर्गों के यहां भी ज़िक्र बहुत थोड़ा है। इसीलिए करामाती साहित्य बहुत है जिसमें छान फटक की ज़रूरत है। इस पुस्तक में मैंने इतिहास लेखन के दृष्टिकोण से उपलब्ध सामग्री से इतिहास निकालने की कोशिश की है।

ख़्वाजा साहब का जन्म एंव प्रारम्भिक जीवन– ख़्वाजा साहब के जन्म के बारे में आईने अकबरी, तारीख़े फ़रिश्ता, गुलज़ारे अबरार, सफ़ीनतुल औलिया, इक़्तिबासुल अनवार, मिरातुल असरार, रोज़ातुल अक़ताब, ख़ज़ीनतुल असफ़िया एवं अन्य तारीख़ों एवं तज़करों में अलग–अलग सन् दिए हुए हैं लेकिन उनका तजज़िया करने के पश्चात् जो तारीख़ मुझे सही मालूम होती है वह 14 रजब 530 हिजरी बरोज़ शंबा अर्थात **18 अप्रैल 1136 ई. बरोज़ सनीचर** है। जन्म स्थान के बारे में भी तज़करा निगार एकमत नहीं हैं और विभिन्न स्थानों के नाम सामने आए हैं जैसे सिजिस्तान, सीस्तान, सिज्जिस्तान, सन्जार निज़्द मौसुल (बग़दाद) तथा सन्जार निज़्द इस्फ़हान (ईरान) आदि।

लेकिन कुछ प्रमाणों की बुनियाद पर मेरा मत यह है कि ख़्वाजा मुईनुद्दीन चिश्ती की पैदाइश अफ़ग़ानिस्तान के इलाक़े सिज्ज़िस्तान अर्थात सीस्तान में हुई किन्तु माहौल अनुकूल न होने के कारण उनके पिता सैयद ग़यासुद्दीन हसन ने वतन से हिज्रत करके इराक़ के मौसुल के निकट क़स्बा सन्जार में बूदो बाश इख़्तियार की। इसीलिए सन्जरी कहलाने लगे। चूंकि पैदाइश सिज्ज़ में हुई थी इसलिए सिज्ज़ी भी कहे जाते हैं। उनके वालिद निहायत शरीफ़, पाकीज़ा ख़सलत और अम्न पसन्द इन्सान थे।

उन दिनों मध्य एशिया के अधिकांश इलाक़े राजनीतिक उथल पुथल, लूटमार और क़त्लो ग़ारतगरी में मुब्तिला थे। मुलाहेदा और बातिनियों के गिरोह ने हर तरफ़ ख़ून ख़राबे का माहौल गर्म कर रखा था। मुस्लिम समाज कई फ़िरक़ों में बँटा हुआ था। सांस्कृतिक एवं आर्थिक एकता चरमरा गई थी। ऐसे में बर्बर ग़ुज़ तुर्कों और मंगोलों ने बर्बादी और तबाही की दिल दहलाने वाली दास्तानें लिख डाली थीं। 'मसालिकुस्सालिकीन' के हवाले से तज़करों में ख़्वाजा मुईनुद्दीन चिश्ती र.अ. के दो और भाइयों का ज़िक्र मिलता है लेकिन उनके हालात और नाम भी लिखे हुए नहीं हैं। वालिदा की तरफ़ से हसनी और वालिद की तरफ़ आप हुसैनी सैयद हैं।

वालिदा की तरफ़ से ख़्वाजा साहब का सिलसिला ए नसब

ख़्वाजा मुईनुद्दीन बिन

उम्मुल वरअ अल मारूफ़ बीबी माहेनूर बिन्ते

सै0 दाऊद इब्ने

सै0 अब्दुल्ला हंबली इब्ने

सैयद याहया ज़ाहिद इब्ने

सैयद मूरिस इब्ने सै0 दाऊद इब्ने

सैयद मूसा इब्ने

सैयद अब्दुल्लाह इब्ने

सैयद हसन मसना इब्ने

हज़रत इमाम हसन अ.स. इब्ने

हज़रत अली करमुल्लाहो वज्हु

(बहवाला मुईनुल हिन्द, पृ.सं. 16)

वालिद की तरफ़ से ख़्वाजा साहब का सिलसिला ए नसब

ख़्वाजा मुईनुद्दीन चिश्ती बिन

ख़्वाजा ग़यासुद्दीन हसन बिन

ख़्वाजा नज्मुद्दीन ताहिर बिन

सैयद अब्दुल अज़ीज़ बिन

सैयद इब्राहीम बिन

सैयद इदरीस बिन

सैयद इमाम मूसा अल काज़िम बिन

इमाम जाफ़र सादिक़ बिन

इमाम मुहम्मद अल बाक़िर बिन

इमाम ज़ैनुल आबिदीन बिन

हज़रत इमाम हुसैन अ.स. बिन

हज़रत अली करमुल्लाहो वज्हु

(बहवाला मुईनुल हिन्द, पृ.सं. 15)

ख़्वाजा साहब का बचपन और ग़रीब नवाज़ी– तज़करों में आपके बचपन के कुछ वाक़ेआत मिलते हैं जो उनकी आने वाली ज़िन्दगी और उनके किरदार पर रोशनी डालते हैं।

बचपन से ही ख़्वाजा मुईनुद्दीन चिश्ती में दूसरों को राहत पहुंचाने का जज़्बा था। जब आप दूध पीते बच्चे थे उस समय मोहल्ले की कोई ख़ातून अपने दूध पीते बच्चे को उनके घर लातीं और वह बच्चा दूध के लिए रोता तो आप अपनी मां को दूध पिलाने का इशारा करते उनकी मां भी इशारे को समझ जातीं। जब वह रोते बच्चे को दूध पिलातीं तो आप ख़ुश होकर हंसने लगते। **(माख़ूज़ अज़ मुईनुल औलिया)**

इसी तरह एक और वाक़ेआ मिलता है– "ख़्वाजा ग़रीब नवाज़ एक ईद के मौक़े पर अच्छा लिबास पहने ईद की नमाज़ पढ़ने ईदगाह जा रहे थे। अभी आपका बचपन ही का ज़माना था, रास्ते में नागाह आपकी एक लड़के पर निगाह पड़ी। वह लड़का अन्धा था और फटे कपड़े पहने हुए था। ख़्वाजा ग़रीब नवाज़ को उस लड़के को देखकर रंज हुआ। शाने ग़रीब नवाज़ी, जो उस वक़्त भी आपकी शख़्सियत में पिन्हाँ थी, एक दम ज़ाहिर हुई। आप उसे अपने घर लाए, अपने कपड़े उतारकर उस ग़रीब और अन्धे लड़के को दे दिए। आप उस लड़के को अपने साथ ईदगाह ले गए।" **(मुईनुल हिन्द, पृ. 20)**

बचपन में ख़्वाजा साहब का दिल आम बच्चों की तरह खेलकूद में नहीं लगता था बल्कि निहायत सन्जीदगी मिज़ाज (स्वभाव) में थी। अपने

हमउम्र बच्चों को अपने घर ले जाकर खाना खिलाना उन्हें अच्छा लगता था।

प्रारम्भिक शिक्षा और ख़्वाजा उस्मान हारूनी से बैअत होना– सैयद ग़यासुद्दीन ने स्वयं अपने पुत्र मुईनुद्दीन की प्रारम्भिक शिक्षा पर काफ़ी ध्यान दिया उनकी वालेदा उम्मुलवरअ (बीबी नूर) ने भी दीनयात (धार्मिक शिक्षा) और अख़लाक़ियात (नैतिकता) के आदाब (आचरण) से ख़्वाजा मुईनुद्दीन चिश्ती र.अ. को वाक़िफ़ कराया। अभी ख़्वाजा मुईनुद्दीन चिश्ती चौदह वर्ष के हुए थे कि 544 हि./1150 ई. में उनके वालिद का इन्तिक़ाल हो गया। ख़्वाजा मुईनुद्दीन उदास और ग़मगीन रहने लगे। ऐसे में उनकी वालिदा ने ढांढस बंधाया और ज़िन्दगी के मआमलात को मर्दाना वार सुलझाने की नसीहत की। उन्होंने ख़्वाजा साहब को एहसास दिलाया कि उनके वालिद सैयद ग़यासुद्दीन यह चाहते थे कि उनका बेटा शिक्षा के क्षेत्र में कमाल हासिल करे। माँ के समझाने पर उनकी तबीअत संभली और वह अपनी शिक्षा के प्रति समर्पित होने लगे। पिता के देहान्त को एक वर्ष हुआ था कि (545 हि./1150 ई.) उनकी वालिदा भी अल्लाह को प्यारी हो गईं। ख़्वाजा साहब यतीम हो गए और रोज़गार का बोझ भी उनके कन्धों पर आ गया। ख़्वाजा साहब को उत्तराधिकार में एक चक्की और एक बाग़ मिला जिसमें वह स्वयं बाग़बानी करते, फलों को तोड़कर मण्डी में फ़रोख़्त करते और चक्की भी स्वयं सँभालते थे। ख़्वाजा साहब प्रारम्भ से ही ग़रीब परवर (निर्धनों को पालने वाले) नेक और ईश्वर की उपासना में तल्लीन रहने वाले थे। सूफ़ी सन्तों एंव दरवेशों का आदर सत्कार करते थे। चिश्तिया सिलसिले के बुजुर्गों पर लिखे गए तज़करे "सियरूल अक़ताब" में ख़्वाजा मुईनुद्दीन चिश्ती र.अ. के प्रारम्भिक जीवन में (545 हि./1150 ई.) पेश आई एक घटना का वर्णन इस तरह मिलता है–"तरका–ए–पिदरी (पैतृक उत्तराधिकार)में आपको एक बाग़ मिला जिससे गुज़र औक़ात (जीवन यापन) हो जाती थी। आप ज़्यादातर इसी बाग़ में रहकर इबादते इलाही (ईश्वर आराधना) में मशगूल रहते थे, यहाँ तक कि एक रोज़ हज़रत इब्राहीम कुन्दोज़ी नाम के एक मजज़ूब बुज़ुर्ग का उस बाग़ के नज़दीक से गुज़र हुआ। हज़रत ख़्वाजा को मालूम हुआ तो इस्तिक़बाल के लिए आगे बढ़े और क़दम बोसी (चरण स्पर्श)करके अपने बाग़ में ले आए। दो तबाक़ (थाल) अंगूर के भरकर आपकी ख़िदमत में पेश किए। मजज़ूबे कामिल ने खली का एक टुकड़ा बग़ल (झोली) से निकाल कर हज़रत ख़्वाजा के

मुंह में डाल दिया। हज़रत ख़्वाजा ने जब खली को खाया तो उसी वक़्त से वलवला–ए–मुहब्बत (मुहब्बत का जोश) और ज़ौके़ इलाही (ईश्वर आराधना में मिलने वाला मज़ा) आपके दिल में पैदा हुआ, दुनिया और दुनियावी कामों से मुंह मोड़कर जो कुछ था सब फ़क़ीरों को तक़सीम (वितरित) कर दिया और खुद ख़ुरासान की तरफ़ रवाना हो गए। ख़ुरासान पहुंचकर तहसीले उलूमे दीनी (धर्म की शिक्षा प्राप्ति) में मशगूल हो गऐ वहां क़ुरआन हिफ़्ज़ (कण्ठस्थ) किया और फिर वहां से मज़ीद (और अधिक) तालीम के लिए समरक़न्द रवाना हुए।

(सियरूल अक़ताब उर्दू तर्जुमा अज़ प्रो. मो. मुईनुद्दीन दर्दाई पृ. 137)

ज्ञान की तलाश में समरक़न्द और बुख़ारा के बड़े बड़े मदरसों में ज्ञान हासिल किया। उस समय के सबसे बड़े विद्वान मौलाना हिसामुद्दीन बुख़ारी और मौलाना शरफुद्दीन समरक़न्दी ने उन्हें दस्तारे फ़ज़ीलत (उच्च शिक्षा प्रप्ति का सम्मान) से नवाज़ा। ख़्वाजा साहब को ज़ाहिरी इल्म (बाहरी ज्ञान) से शान्ति प्राप्त नहीं हो रही थी उनकी रूह (आत्मा) में जो बेक़रारी (बैचेनी) थी उसको क़रार नहीं मिल रहा था चुनांचे वह दूर दराज़ के सफ़र (यात्रा) करते हैं और अपने समय के बड़े बड़े विद्वानों, दरवेशों, सूफ़ियों से मुलाक़ात करते हुए उनकी मुलाक़ात (557 हि./1161–62 ई. में) ख़्वाजा उस्मान हारूनी से होती है। ख़्वाजा उस्मान हारूनी का रूहानी मरतबा बहुत बुलन्द था। ईश्वर ने उनकी दुआओं में मक़बूलियत और नज़र में ज़बरदस्त तासीर (प्रभाव) रखी थी। ख़्वाजा मुईनुद्दीन चिश्ती की रूहानी तड़प, संजीदगी और ख़ुलूस ने उन्हें भी मुतवज्जे किया। ख़्वाजा उस्मान हारूनी र.अ. को देखकर ख़्वाजा मुईनुद्दीन चिश्ती र.अ. को लगा जैसे कि उनकी तलाश अब ख़त्म हो गई है और रूहानियत का फ़ैज़ इसी सर चश्मे से मिलेगा। चूंकि सिलसिलाए चिश्तिया के ज़्यादातर बुज़ुर्ग चिश्त के इलाक़े में क़याम पज़ीर रहे, रूहानी बुज़ुर्गों की इसी निस्बत से ख़्वाजा मुईनुद्दीन भी चिश्ती कहलाऐ।

ख़्वाजा साहब का सिलसिला–ए–रूहानी

हज़रत मुहम्मद मुस्तफ़ा सल्लल्लाहु अलैहि वसल्लम

हज़रत अली करमुल्लाहु वजहु

हज़रत हसन बसरी र.अ.

हज़रत ख़्वाजा अब्दुल वाहिद बिन ज़ैद र.अ.

हज़रत ख़्वाजा फ़ुज़ैल बिन इयाज़ र.अ.

हज़रत सुल्तान इब्राहीम बिन अदहम बल्ख़ी र.अ.

हज़रत शेख़ सदीदुद्दीन हुज़ेफ़तुल मरअशी र.अ.

हज़रत ख़्वाजा अमीनुद्दीन हुबेरतुल बसरी र.अ.

हज़रत ख़्वाजा मुमशाद उला अलवी दैनूरी र.अ.

हज़रत ख़्वाजा अबू इस्हाक़ शामी चिश्ती र.अ.

हज़रत ख़्वाजा अबू इस्हाक़ शामी चिश्ती र.अ.

ख़्वाजा अबू अहमद अब्दाल चिश्ती र.अ.

ख़्वाजा अबू मुहम्मद चिश्ती र.अ.

हज़रत ख़्वाजा नासिरुद्दीन अबू यूसुफ़ बिन समआन चिश्ती र.अ.

हज़रत ख़्वाजा कुतुबुद्दीन मौदूद चिश्ती र.अ.

हज़रत हाजी शरीफ़ ज़न्दनी चिश्ती र.अ.

ख़्वाजा उस्मान हारूनी चिश्ती र.अ.

ख़्वाजा मुईनुद्दीन हसन सिज्ज़ी/सन्जरी/चिश्ती/अजमेरी र.अ.

गुरू की सेवा में रहकर तरबियत हासिल करना– वह अपने पीर (गुरू) की सेवा में लगभग बीस वर्ष तक रहे। उनके पीर जहाँ कहीं जाते उनकी ज़रूरत का सामान ख़्वाजा मुईनुद्दीन चिश्ती र.अ. अपने सिर और कन्धों पर उठाए रहते, दिन रात उनकी सेवा करते, जो अमलियात बताते उनका विर्द (पाठ) करते। तमाम जिस्मानी (शारीरिक) और रूहानी (आध्यात्मिक) रियाज़तों को ख़ुशी ख़ुशी पूरा करते। अपने पीर की नसीहतों और उपदेशों पर अमल करते। ख़्वाजा उस्मान हारूनी ने भी उस समय के बड़े बड़े सिद्ध पुरूषों से ख़्वाजा मुईनुद्दीन चिश्ती र.अ. को मिलाया और उनकी तरबियत में कोई कमी नहीं छोड़ी। अपने पीर के हमराह विभिन्न इलाक़ों (किरमान, हमदान, तबरेज़, इस्तराबाद, ख़रक़ान, समरक़न्द, मैमना, हिरात, सब्ज़वार, मुल्तान, लाहौर आदि) के सफ़र में मस्तों क़लन्दरों, दरवेशों, सूफ़ियों और आलिमों की बातों, उपदेशों एंव नसीहतों से रूहानी फ़ैज़ हासिल करते रहे। रिवायतों के मुताबिक़ शेख़ अबू नजीब सुहरवर्दी और शेख़ अब्दुल

क़ादिर जीलानी र.अ. से मुलाक़ातें कीं, रूहानी फ़ैज़ से मुशर्रफ़ हुए और भी कई बड़े–बड़े बुजुर्गों के सम्पर्क में रहकर अपनी शख़्सियत को संवारा। यदि ग़रीब नवाज़ और बड़े पीर साहब की मुलाक़ात हुई तो यह समय 1160 ई. से 1166 ई. के दरम्यान का समय हो सकता है।

इस तरह ख़्वाजा मुईनुद्दीन चिश्ती ने अपने समय के बड़े बड़े मदरसों के बड़े बड़े विद्वानों से दुनियावी तालीम हासिल की तथा अपने पीर (गुरू) ख़्वाजा उसमान हारूनी के साथ रहकर रूहानी रियाज़तें कीं, अपने समय के सिद्ध पुरूषों से फ़ैज़ हासिल किया। मुक़द्दस मक़ामात की ख़ुसूसी इबादतों से रूहानियत की बुलन्दी हासिल की, बुजुर्गों की दुआओं ने ख़्वाजा मुईनुद्दीन चिश्ती की शख़्सियत को कमाल के मरतबे पर पहुंचा दिया।

ख़्वाजा मुईनुद्दीन चिश्ती र.अ. 562 हि./1166 ई. में पुनः अपने पीरो मुरशिद हज़रत उस्मान हारूनी की सेवा में उपस्थित हुए और उनके हमराह एक सेवक के रूप में मक्का, बुख़ारा, ओश, बदख़्शां, सीविस्तान, दमिश्क़ आदि के सफ़र किए और ख़्वाजा उस्मान हारूनी की तरबियत में रहकर बड़ी ज़बरदस्त रियाज़तें करते हुए सिद्धियाँ प्राप्त कीं। 580 हि./1184 ई. में अपने ज़माने के जलीलुल क़द्र सूफ़ी मुजाहिद शेख़ नज्मुद्दीन कुबरा र. अ. की सोहबत में लगभग ढाई माह (सन्जार निज़्द मौसुल बग़दाद) रहकर फ़ैज़याब हुए। 582 हि./1186 ई. में ख़्वाजा उस्मान हारूनी बग़दाद में एतेकाफ़ (एकान्त में रहकर ईश्वर भक्ति) में बैठने लगे तो सिर्फ़ ख़्वाजा मुईनुद्दीन चिश्ती को यह इजाज़त थी कि वह उनके पास आ सकते थे। ख़्वाजा मुईनुद्दीन चिश्ती ने अपने पीर हज़रत उस्मान हारूनी की 28 मजलिसों को क़लमबन्द किया और "अनीसुल अरवाह" के शीर्षक से उन मलफ़ूज़ात को संकलित किया। ख़्वाजा उस्मान हारूनी ने अपने मुरीद ख़्वाजा मुईनुद्दीन चिश्ती को अपना ख़लीफ़ा (रूहानी उत्तराधिकारी) बनाया और दुआएँ देकर रूख़सत किया। अपने पीर से रूख़्सत लेकर ख़्वाजा साहब इस्फ़हानं चले आते हैं। यहाँ उनकी मुलाक़ात शेख़ महमूद इस्फ़हानी से होती है और यहीं पर कुतुबुद्दीन बख़्तियार काकी ख़्वाजा मुईनुद्दीन चिश्ती से बैअत होते हैं। ख़्वाजा मुईनुद्दीन चिश्ती अपने मुरीद कुतुबद्दीन बख़्तियार काकी को लेकर 585 हि./1189 ई. में काबे का सफ़र करते हैं, ख़ुसूसी इबादतें करते हैं, अल्लाह से दुआएँ माँगते हैं। यहाँ उन्हें ईश्वरीय वाणी सुनाई देती है कि ऐ मुईनुद्दीन! हम तुझे और तेरे मुरीदों (श्रद्धालुओं) को बख़्श

(मोक्ष) देंगे। यह वाणी सुनकर ख़्वाजा साहब को अपनी ज़िम्मेदारियों का एहसास होने लगता है। वह अरब के विभिन्न पवित्र स्थानों की ज़ियारत करते हैं, इस्लामी शिक्षा एवं संस्कृति को आत्मसात करते हुए मदीने में हज़रत मुहम्मद स.अ.व. के रोज़ा ए मुबारक पर हाज़िरी देते हैं और यहाँ उनका हज़रत मुहम्मद स.अ.व. से रूहानी सम्पर्क क़ायम होता है। हज़रत मुहम्मद स.अ.व. उन्हें हिन्दुस्तान की विलायत अता करते हुए दुखी इन्सानियत के ज़ख़्मों पर मरहम रखने और भटके हुए लोगों को सही रास्ता दिखाने का आदेश देते हैं। अपने आक़ा (मालिक) का हुक्म पाकर ख़्वाजा साहब इस्फ़हान आते हैं और फिर बग़दाद पहुंचते हैं। यहां ग़ैबी इशारा पाकर अपने मुरीद कुतुबुद्दीन बख़्तियार काकी को ख़िलाफ़त (आध्यात्मिक उत्तराधिकार) अता करते हैं। बग़दाद में ही 586 हि./1190 ई. में ख़्वाजा साहब ने एक बारह बरस के बच्चे के बारे में सुल्तान बनने की भविष्यवाणी की जो बाद में सुल्तान शम्सुद्दीन इल्तुतमिश के नाम से मशहूर हुआ। "फ़वाइदुस्सालिकीन" के हवाले से "मुईनुल हिन्द" में कुतुब साहब का बयान किया हुआ यह वाक़ेआ (घटना) इस तरह लिखा है –

"एक मरतबा शेख़ मुईनुद्दीन र.अ. शेख़ उहदुद्दीन, शेख़ शहाबुद्दीन उमर सुहरवर्दी और दुआ गो (ख़्वाजा कुतुबुद्दीन बख़्तियार काकी) एक जगह बैठे थे। उस वक़्त सुल्तान शम्सुद्दीन अल्तमश बारह साल का था और हाथ में प्याला लिऐ जा रहा था। इन बुज़ुर्गों की जब उस पर नज़र पड़ी तो ग़रीब नवाज़ र.अ. ने फ़रमाया – जब तक यह लड़का दिल्ली का बादशाह न होगा ख़ुदा इसे दुनिया से न उठाएगा।" **(मुईनुल हिन्द, पृ. 54)**

बग़दाद से रवाना होकर ख़्वाजा साहब विभिन्न देशों और स्थानों से गुज़र कर 588 हि./1192 ई. में अजमेर पहुँचते हैं। उनके हिन्दुस्तान पहुँचने के बारे में पुस्तकों में अलग अलग रिवायात हैं। मसलन "तबक़ाते नासिरी" में मुईनद्दीन लक़ब के बुज़ुर्ग का थोड़ा सा ज़िक्र है कि वह सुलतान ग़ाज़ी (मुहम्मद ग़ौरी) के लश्कर के साथ हिन्दुस्तान आये।

बदायूंनी ने "मुन्तख़बुत्तवारीख़" में ख़्वाजा मुईनुद्दीन चिश्ती का मुहम्मद ग़ौरी के लश्कर के साथ होना और उन्हीं की दुआओं के तुफ़ैल में ग़ौरी को फ़तह हासिल होने की बात लिखी है।

अमीर ख़ुर्द किरमानी की किताब "सियरूल औलिया" में लिखा है कि जब ख़्वाजा साहब अजमेर तशरीफ़ लाये तो राय पिथोरा और उसके

दरबारियों को उनका रहना नागवार गुज़रा और उन्होंने ख़्वाजा साहब को सताना शुरू किया तो उनकी (ख़्वाजा साहब की) ज़बान से ये शब्द निकले "हमने पिथोरा को ज़िन्दा लश्करे इस्लाम के हवाले कर दिया।" कुछ ही दिनों बाद 1192 ई. में पृथ्वीराज ज़िन्दा गिरफ़्तार हुआ और अजमेर पर मुहम्मद ग़ौरी क़ाबिज़ हो गया। सियरूल औलिया का बयान अधिकाशंतः ज़बानी रिवायात पर मब्नी (आधारित) है। इसमें ख़्वाजा साहब के हालात बहुत थोड़े हैं।

शेख़ जमाली ने "सियरूल आरिफ़ीन" में इतना लिखा है कि आप उस वक़्त तशरीफ़ लाये जब मुहम्मद ग़ौरी यह मक़ाम फ़तह करके वापस लौट रहा था। इसका अर्थ यह हुआ कि ख़्वाजा साहब की सवानेह हयात (जीवनी) और उनके कार्यों के बारे में जो कुछ भी मुख़तलिफ़ तज़करों में लिखा मिलता है वो निहायत मुब्हम (अस्पष्ट) और विरोधाभासी है।

"मूनिसुल अरवाह" के हवाले से लिखा मिलता है कि ख़्वाजा साहब के अजमेर आने से बारह वर्ष पूर्व पृथ्वीराज चौहान की मां ने एक ख़्वाब देखा था जिसमें एक सिद्धपुरूष के आने की भविष्यवाणी की गई थी। उसने पृथ्वीराज को नसीहत की थी कि कुछ वर्षों बाद अजमेर में ऐसे एक बुजुर्ग आएँगे जिनके व्यवहार से प्रभावित होकर लोग अपने बुज़ुर्गों का धर्म छोड़कर नया धर्म स्वीकार कर लेंगे। तू उनकी बातों को ध्यानपूर्वक सुनना। यदि उनके विचार पसन्द आएँ तो नये पैग़ाम को स्वीकार कर लेना और अगर ऐसा न करे तो उनका विरोध कदापि न करना। यदि सत्ता के घमण्ड में तूने उन्हें सताया तो परिणाम बड़े विपरीत निकलेंगे।

ख़्वाजा साहब के हमराह चालीस लोग थे। जब ख़्वाजा साहब और उनके साथी अजमेर क़याम पिज़ीर हुए तो यहाँ के राजा पृथ्वीराज चौहान के सिपाहियों ने अपनी ताक़त के घमण्ड में चूर होकर ख़्वाजा साहब और उनके साथियों को तरह तरह से परेशान करना शुरू किया। कभी धोखे से मार डालने की साज़िश की तो कभी जादूगरों और तान्त्रिकों को उनके मुक़ाबले पर छोड़ा गया, कभी उनका दाना पानी बन्द करने की कोशिश की तो कभी उनके मुरीदों को सताया गया लेकिन ख़्वाजा मुईनुद्दीन चिश्ती की रूहानी ताक़त के सामने किसी की नहीं चली, पृथ्वीराज चौहान को 1192 ई. में तराइन के द्वितीय युद्ध में पराजय का मुंह देखना पड़ा। अजमेर ही नहीं बल्कि हिन्दुस्तान के विभिन्न प्रदेशों पर मुसलमानों की सुल्तानी क़ायम हो गई। पृथ्वीराज के

हज़ारों महकूमों ने ख़्वाजा की दरवेशी को सलाम किया, उनका मुहब्बत भरा पैग़ाम सुना, उनकी दुआओं से लोगों के दुख दर्द दूर होने लगे और ख़्वाजा के अक़ीदतमन्दों (श्रद्धालुओं) की तादाद रोज़ बरोज़ बढ़ने लगी। ख़्वाजा साहब ने मुहब्बत, शान्ति और इन्सानी भाईचारे के पैग़ाम को हिन्दुस्तान के कौने–कौने में फैलाने के लिए अपने चालीस साथियों में से कई को विभिन्न स्थानों पर भेजा जहाँ आज भी उनकी दरगाहें सौहार्द्रपूर्ण वातावरण की मिसाल क़ायम किए हुए हैं। 590 हि./1194 ई. में ख़्वाजा साहब के एक मुरीद मलिक ख़त्ताब को किसी जंग में फ़तह हासिल हुई और पराजित राजा की लड़की को गिरफ्तार करके उसके सामने पेश किया गया, उसने (मलिक ख़त्ताब ने) ग़रीब नवाज़ की सेवा में उस राजकुमारी को देना चाहा लेकिन उन्होंने मना किया कि उन्हें किसी की ख़िदमत की आवश्यकता नहीं है। लेकिन उस राजकुमारी ने स्वंय उनकी सेवा में रहने और ग़रीब नवाज़ के निकाह में आने की गुज़ारिश की। चुनांचे ग़रीब नवाज़ ने उनसे निकाह करके "अमतुल्लाह" उनका नाम रखा। बीबी अमतुल्लाह बड़ी नेक थीं उन्होंने ग़रीब नवाज़ के साथ रहकर महिलाओं को भी ग़रीब नवाज़ की शिक्षाओं से अवगत कराया। बीबी अमतुल्लाह से 591 हि./1195 ई. में ख़्वाजा फ़ख़्ररूद्दीन पैदा हुए जिनका मज़ार सरवाड़ में है। ख़्वाजा साहब के दूसरे लड़के ख़्वाजा हिसामुद्दीन थे जो अब्दालों के साथ कहीं चले गए थे और उनकी कोई ख़बर नहीं। बीबी अमतुल्लाह से ही ख़्वाजा ग़रीब नवाज़ की इकलोती बेटी बीबी हाफ़िज़ जमाल पैदा हुईं जिनकी शादी क़ाज़ी हमीदुद्दीन नागौरी के पुत्र शेख़ रज़ीउद्दीन उर्फ़ अब्दुल्लाह से हुई। बीबी हाफ़िज़ जमाल और उनके दोनों बच्चों की क़ब्रें ग़रीब नवाज़ के मज़ार के पाईंती में हैं।

598 हि./1201 ई. में ख़्वाजा साहब बग़दाद गए और वहाँ से बल्ख़ गए तो मौलाना ज़ियाउद्दीन जो सूफ़ियों का मज़ाक़ उड़ाते थे, जब ग़रीब नवाज़ से मिले तो अपना सारा फ़लसफ़ा और ज्ञान भूल गए, फ़ौरन तौबा की (क्षमा मांगी) और शिष्यों सहित ग़रीब नवाज़ के मुरीद हुए। 602 हि./1205–06 ई. में ग़रीब नवाज़ वापस अजमेर आए। 610 हि./1213–14 ई. में ख़्वाजा ग़रीब नवाज़ के बेटे ख़्वाजा फ़ख़्ररूद्दीन और कुछ हिन्दू किसानों की ज़मीन पर हाकिमे वक़्त ने मिल्कियत के नवीनीकरण का प्रमाण तलब किया तथा ज़मीन ज़ब्त करना चाही तो ग़रीब नवाज़ अपने पुत्र फ़ख़्ररूद्दीन तथा उन किसानों के मआमलात लेकर सुल्तान शम्सुद्दीन इल्तुतमिश से फ़रमान लेने दिल्ली गए। ख़्वाजा बख़्तियार काकी ने अपने पीरो मुरशिद की आमद पर ख़ुशी का इज़हार

किया, ख़्वाजा बख़्तियार काकी स्वंय सुल्तान के पास गए और फ़रमान लाऐ। इल्तुतमिश ख़्वाजा बख़्तियार काकी का अक़ीदतमन्द था। अपने पीर के पीर की आमद को बाइसे बरकत जानते हुए अशरफ़ियों की थैली भी ख़्वाजा साहब को भेंट की जिसे ख़्वाजा साहब ने फ़ौरन ग़रीबों और फ़क़ीरों को तक़सीम (वितरित) कर दी। 611 हि./1215 ई. को ख़्वाजा बख़्तियार काकी के मुरीद बाबा फ़रीद को, जो आध्यात्मिक विकास के लिए कठोर तपस्या कर रहे थे, ख़्वाजा मुईनुद्दीन चिश्ती और ख़्वाजा बख़्तियार काकी दोनों ने मिलकर बाबा फ़रीद के लिए दुआएँ की और उन्हें रूहानियत की बुलन्दी पर पहुँचा दिया। मेहरोली में औलिया मस्जिद में आज भी वह स्थान सुरक्षित है जहां बाबा फ़रीद को रूहानी बुलन्दी हासिल हुई। इसी दौरान 611 हि./1215 ई. में ख़्वाजा उस्मान हारूनी भी दिल्ली तशरीफ़ लाए और उन्होंने सुल्तान शम्सुद्दीन अल्तमश (इल्तुतमिश) एवं उसके बच्चों को दीनी (धार्मिक) व अख़लाक़ी (नैतिक) तालीम देने के लिए "गंज–ए–असरार" पुस्तक लिखने के लिए कहा। ख़्वाजा मुईनुद्दीन चिश्ती ने इस पुस्तक के पच्चीस अध्यायों से सुल्तान और उसकी औलाद को इस्लाम की हक़ीक़ी रूह से वाक़िफ़ कराया। यह महज़ एक वाक़ेआ नहीं बल्कि एक बहुत बड़ी घटना है। ख़्वाजा उस्मान हारूनी, ख़्वाजा मुईनुद्दीन चिश्ती, ख़्वाजा बख़्तियार काकी, बाबा फ़रीद जैसी अज़ीम हस्तियों का दिल्ली में एकत्र होना महज़ इत्तेफ़ाक़ नहीं हो सकता। यहाँ मेरा मानना यह है कि यह सुलतान इल्तुतमिश के महल की कोई मज़हबी तक़रीब (धार्मिक सभा) थी जिसमें इल्तुतमिश ने ख़्वाजा उस्मान हारूनी को विशेष रूप से आमन्त्रित किया था। हालांकि किसी तज़करे या तारीख़ में स्पष्टतः ऐसा लिखा हुआ नहीं है फिर भी कुछ दाख़िली शवाहिद (आन्तरिक साक्ष्य) हैं जिस पर ग़ौर करें तो हमें इसमें सच्चाई मालूम होगी।

जब मुहम्मद ग़ौरी खोखरों की बग़ावत दबाने आया तो इल्तुतमिश उसकी मदद के लिए अपनी फ़ौज सहित बदायूं से आया, खोखरों के विरूद्ध मुहम्मद ग़ौरी का कोई बस नहीं चल पा रहा था क्योंकि खोखरों की फ़ौज झेलम नदी के उस पार थी। ऐसे में इल्तुतमिश ने जंगी लिबास पहने हुए ही अपने घोड़े को दरिया में उतार दिया और नदी पार कर दुश्मनों पर टूट पड़ा। मुहम्मद ग़ौरी ने इल्तुतमिश की बहादुरी के जौहर देखे, बहुत खुश हुआ और शाही इनआमात दिए। ऐबक को उसके साथ अच्छा सुलूक करने एवं आज़ाद कर देने की सिफ़ारिश करके मुहम्मद ग़ौरी रवाना हो गया। एबक ने उसे अमीरूल उमरा का ख़िताब दिया तथा अपनी

लड़की से उसका निकाह भी कर दिया। सुल्तान मुहम्मद ग़ौरी की वफ़ात 1206 ई. में हुई। यक़ीनन यह निकाह 1207 ई. में हुआ होगा तथा इल्तुतमिश की पहली औलाद नासिरूद्दीन महमूद की पैदाइश 1208 ई. के लगभग हुई होगी। इसके बाद दूसरी औलाद रज़िया 1210 ई. में पैदा हुई होगी। रज़िया की तारीख़े पैदाइश या सने पैदाइश इतिहास की पुस्तकों में नहीं मिलते इसलिए आन्तरिक साक्ष्यों के आधार पर ही हम 1210 ई. मान सकते हैं। इस्लामी परम्परा के अनुसार चार साल, चार महीने और चार दिन की उम्र होने पर बच्चे की तालीम शुरू की जाती है और इसे "तक़रीब ए बिस्मिल्लाह" कहा जाता है। इल्तुतमिश रज़िया को बहुत मुबारक समझता था क्योंकि उसकी पैदाइश होने के उपरान्त ही उसे सुल्तानी हासिल हुई थी। इसलिये इल्तुतमिश ने अपनी अज़ीज़तरीन औलाद रज़िया की बिस्मिल्लाह पढ़ाने के लिए ख़्वाजा ए ख़्वाजगान हज़रत उस्मान हारूनी को आमंत्रित किया। इल्तुतमिश का बचपन बग़दाद में गुज़रा था, उस्मान हारूनी अक्सर वहाँ आते थे। निःसंन्देह वह उनके रूहानी मरतबे से वहीं वाकिफ़ हुआ होगा और उनकी दुआओं की कुबूलियत उसने वहीं रहकर देखी होगी चुनांचे अपनी प्यारी बेटी रज़िया की तालीम की इब्तिदा के लिए ख़्वाजा उस्मान हारूनी की ज़ात दुनिया में एक नैमत से कम नहीं थी। "गंज ए असरार" में लिखा है कि इल्तुतमिश ने ख़्वाजा हारूनी की सोहबत (सान्निध्य) में रहकर ईश्वर के नज़दीक पहुंचने के लिए खुसूसी इबादतें, रियाज़तें और अमलियात सीखे। ख़्वाजा उस्मान हारूनी ने हिन्दुस्तान में इस्लाम की सच्ची तालीमात को फैलाने के लिए अपने ख़लीफ़ा ए ख़ास ख़्वाजा मुईनुद्दीन चिश्ती को यह ज़िम्मेदारी सौंपी कि वह सुल्तान और सुल्तान के बाद तख़्तनशीन होने वाली सुल्तान रज़िया की तरबियत इस अन्दाज़ से करें कि उनकी हुकूमत अवाम के लिए राहत बन जाए।

सुल्तान शम्सुद्दीन अलतमश की छब्बीस वर्षीय हुकूमत में मंगोलों के ख़तरनाक मन्सूबों से मुल्क (देश) की हिफ़ाज़त, सुल्तान का हर समय फ़रियाद सुनने के लिए महल में ज़ंजीर का एहतेमाम (प्रबन्ध) करना, प्रजा की खुशहाली के लिए रात–दिन व्यस्त रहना ऐसी ख़ूबियाँ हैं जो बहुत कम बादशाहों में देखने को मिलेंगी। रज़िया की हुकूमत अगर चे मुख़्तसर थी लेकिन उसका शासनकाल भी अच्छी हुकूमतों में शुमार होता है। रज़िया की शख़्सियत में जो आकर्षण आठ सदियों से बना हुआ है दरअस्ल वह इन्हीं बुज़ुर्गों की दुआओं का नतीजा है।

615 हि./1219 ई. में ख़्वाजा मुईनुद्दीन चिश्ती र.अ. दिल्ली से वापस अजमेर आते हैं। 620 हि./1223 ई. में सैयद वजीहुद्दीन मुश्हदी जो सैयद हुसैन ख़िन्ग सवार के चचा थे तथा उस समय अजमेर के दारोग़ा थे, को इमाम जाफ़र र.अ. ने ख़्वाब में कहा कि रसूले ख़ुदा ने हुक्म दिया है कि अपनी बेटी इस्मतुल्लाह का निकाह शेख़ मुईनुद्दीन से कर दो। सैयद वजीहुद्दीन ने यह ख़्वाब ख़्वाजा साहब को बताया तो अपने आक़ा हज़रत मुहम्म्द स.अ.व. का हुक्म मानते हुऐ उन्होंने यह निकाह कर लिया। बीबी इस्मतुल्लाह से ख़्वाजा ज़ियाउद्दीन अबू सईद पैदा हुए। इनका मज़ार दरगाह ख़्वाजा मुईनुद्दीन चिश्ती के नज़दीक झालरा के किनारे घाट पर मौजूद है।

621 हि./1224 ई. में ख़्वाजा साहब अपने ख़लीफ़ा (आध्यात्मिक उत्तराधिकारी ख़्वाजा बख़्तियार काकी र.अ.) की दरख़्वास्त पर दिल्ली गए। कुछ साल वहाँ रहकर अल्लाह के हुक्म से अवाम की मुश्किलात दूर फ़रमाते रहे और 627 हि./1229 ई. को वापस अजमेर लौटे। क़ुतुबुद्दीन बख़्तियार काकी भी साथ थे। कुछ दिन बाद ख़्वाजा बख़्तियार काकी को रूख़सत किया। क़ुतुबुद्दीन बख़्तियार काकी की लोकप्रियता से दिल्ली के कुछ अमीर और कुछ बुजुर्ग भी ईर्ष्या रखते थे और चाहते थे कि उन्हें बदनाम करके सुल्तान की नज़रों से गिरा दिया जाए। उन लोगों ने साज़िश करके एक फ़ाहेशा (व्यभिचार में लिप्त) औरत के द्वारा ख़्वाजा बख़्तियार काकी पर यह इल्ज़ाम (आरोप) लगवाया कि उन्होंने उस औरत की इस्मत दाग़दार कर डाली है और अब वह गर्भवती है। सारे गवाहों ने झूठी गवाही देकर सुल्तान को भरना चाहा लेकिन इल्तुतमिश साहिबे बसीरत (समझदार) था उसने ख़्वाजा बख़्तियार काकी को बेगुनाही साबित करने के लिए वक़्त दिया। ख़्वाजा बख़्तियार काकी ने इस मुसीबत के मौक़े पर अपने मुरशिद हज़रत ख़्वाजा मुईनुद्दीन चिश्ती को याद किया। रूहानी सम्पर्क करके सारा माजरा बताया। अगर चे (यद्यपि) ख़्वाजा साहब की उम्र काफ़ी हो गई थी लेकिन अपने मुरीद पर ऐसे इल्ज़ाम की साज़िश को महसूस करते हुए 1235 ई. में दिल्ली पहुँचे और मुक़दमे की पैरवी की। सारे गवाह झूठे और हालात ख़्वाजा बख़्तियार क़ाकी के लिए नासाज़गार थे। ख़्वाजा मुईनुद्दीन चिश्ती ने अपने मुरीद की बेगुनाही साबित करने के लिए दो माह के बच्चे को सच्चाई बताने के लिए कहा, लोग हँसने लगे कि दो माह का बच्चा क्या बोलेगा। अल्लाह ने अपने प्यारे बन्दे मुइनुद्दीन की ज़बान की लाज

रखी। बच्चा बोला और सच बात बताई, सारी साज़िश बेनक़ाब हो गई। बख़्तियार काकी का किरदार बेदाग़ साबित हुआ और साज़िश करने वालों को अल्लाह ने लोगों की नज़रों से गिरा दिया। ख़्वाजा साहब कुछ दिन रहकर वापस अजमेर आ गए। 24 रबीउल अव्वल 633 हि./7 दिसम्बर 1235 ई. को दिल्ली में ख़्वाजा बख़्तियार काकी का इन्तिक़ाल (मृत्यु) हो गया।

ख़्वाजा मुईनुद्दीन चिश्ती र.अ. की वफ़ातः– अपने प्यारे शागिर्द की वफ़ात (मृत्यु) के कुछ माह बाद 6 रजब 633 हि. बरोज़ यक शंबा/16 मार्च 1236 ई. बरोज़ इतवार ख़्वाजा मुईनुद्दीन चिश्ती भी अपने मालिके हक़ीक़ी (ईश्वर) से जा मिले। उनकी वफ़ात के बारे में लिखा है – "633 हि. माह रजब की 5 और 6 की दरम्यानी रात को आप बख़ैरियते तमाम हस्बे मामूल इशां की नमाज़ से फ़ारिग़ होकर अपने हुजरे में तशरीफ़ फ़रमा हुए और अन्दर से दरवाज़ा बन्द करके इबादते ख़ुदावन्दी में मशगूल हो गए। रात भर दुरूद और ज़िक्रे ख़ुदा की आवाज़ें बराबर आती रहीं लेकिन सुब्हे सादिक़ से क़ब्ल ये आवाज़ें आनी बन्द हो गईं। सूरज बर आमद होने के बाद जब दरवाज़ा न खुला तो ख़ुद्दामे ख़्वाजा ने दस्तकें देना शुरू कीं। जवाब न मिलने पर सबकी परेशानी बढ़ गई। आख़िरकार दरवाज़ा तोड़कर अन्दर दाख़िल हुए तो देखा कि आप रहलत फ़रमा चुके थे और आपके चेहरा ए मुबारक पर साफ़ लिखा था "हाज़ा हबीबुल्लाह माता फ़ी हुब्बिल्लाह" यानि "आप अल्लाह के हबीब थे अल्लाह की मुहब्बत में वफ़ात पाई।"

(हज़रत ख़्वाजा ग़रीब नवाज़ अजमेरी : मीर हिसामुद्दीन पृ. 68)

उनकी वफ़ात (मृत्यु) के बाद भी ख़्वाजा साहब का मज़ार सैकड़ों वर्षों तक गुमनामी में रहा। जैसा कि शेख़ मुहम्मद इकराम ने लिखा है "हज़रत ख़्वाजा की वफ़ात के बाद उनकी नअशे मुबारक (मय्यत) उसी हुजरे में दफ़न कर दी गई जिसमें आप इबादत किया करते थे। लेकिन पुख़्ता मज़ार कोई तामीर न हुआ और आपकी वफ़ात के कोई ढ़ाई सौ साल तक बैरूनी दुनिया ने अजमेर और ख़्वाजा– ए–अजमेर को फ़रामोश किये रखा। फ़क़त शेख़ हमीदुद्दीन नागौरी के जानशींन कभी–कभी राजपूताने के दूसरे बड़े मरकज़ नागौर से आते और ज़ियारत व दुआ और फ़ातिहा से फ़ैज़याब होते। 1464 ई. में ख़्वाजा हुसैन नागौरी ने मालवा के सुलतान

महमूद ख़िलजी से इस्तिदआ (प्रार्थना) की और हज़रत ख़्वाजा का पुख़्ता मज़ार तामीर हुआ। 1570 ई. में अकबर ने दरगाह में एक शानदार मस्जिद तामीर कराई और खुद ज़ियारत के लिये बारहा हाज़िर हुआ इसके बाद दरगाह को बड़ी रौनक़ हुई। **(आबे कौसर, पृष्ठ 208)**

इसका अर्थ यह हुआ कि ख़्वाजा साहब की दरगाह का आध्यात्मिक महत्त्व तो इब्तिदा से ही रहा क्योंकि रूहानी प्रवृति के लोग ख़्वाजा की वफ़ात के बाद भी फ़ैज़याब होते रहे लेकिन इस दरगाह का आर्थिक महत्त्व अकबर के ज़माने से शुरू हुआ। उसने दरगाह की देखरेख के लिए मुतवल्ली नियुक्त करना शुरू कर दिए।

ख़्वाजा मुईनुद्दीन चिश्ती र.अ. की सीरत (चरित्र)– ख़्वाजा मुईनुद्दीन चिश्ती र.अ. का चेहरा नूरानी था जिस पर एक रूह परवर तबस्सुम (आत्मा को पुलकित करने वाली मुस्कान) छाया हुआ रहता था। वह बहुत मृदुभाषी, हमदर्द और नेक इन्सान थे। दीन दुखियों की सेवा उनका धर्म था। सबसे मुहब्बत का उनका आचरण था जिसने हिन्दुस्तानी समाज में एक ज़बरदस्त इन्क़िलाब की बुनियाद रखी। ख़्वाजा साहब ने जाति, धर्म, सम्प्रदाय, ऊंच–नीच, छुआछूत के नाम पर होने वाली बुराइयों पर अपने आचरण से कुठाराघात किया। उन्होंने एक ऐसा मार्ग बताया जिसमें नेकी और बदी के पैमानों पर इन्सानियत को परखा जाने लगा। इसमें कोई भी अधिक धन, उच्च जाति, अच्छी सूरत,उम्दा नस्ल वाला होकर दूसरे को कमतर और हक़ीर (तुच्छ) नही समझ सकता था। किरदार की बुलन्दी से उसे अज़मत (बड़ाई) मिलती और किरदार की ख़राबी ही उसे निम्नतर बनाती थी। उस दौर के समाज में ख़्वाजा साहब का यह अज़ीम इन्क़िलाब था जिसने हिन्दुस्तान को अन्धविश्वास, ऊंच–नीच, छुआछूत जैसे अमानवीय कृत्यों से बचने की मानसिकता को जन्म दिया।

ख़्वाजा मुईनुद्दीन चिश्ती र.अ. ने अपने किरदार से लोगों का दिल जीता। ईश्वर भक्ति में उनकी तल्लीनता ज़बरदस्त थी। जब वह अपने मालिक के तसव्वुर में होते और नमाज़ का वक़्त हो जाता तो क़ाज़ी हमीदुद्दीन नागौरी और ख़्वाजा बख़्तियार काकी उन्हें झिंझोड़ कर रुजू (वापस लौटना) करते थे।

उनकी मेहमान नवाज़ी का तो यह आलम था कि जो कुछ भी अक़ीदतमंद उन्हें भेंट करते वह ज़रूरतमंदों में फ़ौरन तक़सीम (वितरित)

कर दिया करते थे। उनकी ख़ानक़ाह से कभी किसी मुसाफ़िर या ज़रूरतमन्द को भूखा नहीं लौटने दिया जाता था। ग़रीबों, दीन दुखियों, बीमारों, समाज के सताए हुए लोगों के लिए उनकी ख़ानक़ाह आश्रय स्थली बनी हुई थी जहाँ से ज़रूरतमन्दों की भौतिक एवं आध्यात्मिक तमन्नाएँ पूरी होती थीं और यह सिलसिला आठ सौ साल से आज तक जारी है। ख़्वाजा साहब के लंगर ख़ाने से हज़ारों लोगों के लिए मुफ़्त भोजन की व्यवस्था आश्यचर्यजनक रूप से जारी है और पूरी दुनिया के दूर दराज़ इलाक़ों से लोग अपनी आरज़ुओं को लेकर आते हैं और मुरादें पाते हैं। ख़्वाजा साहब की यह ग़रीबनवाज़ी ईश्वर की बहुत बड़ी देन है।

ख़्वाजा मुईनुद्दीन चिश्ती सादगी को पसन्द करते थे। वह अपने फटे कपड़े स्वंय सीते, जूते स्वंय गाँठते, रूखी–सूखी खाकर मालिक का शुक्र अदा करते। चेहरे पर संजीदगी लिए हुए मुस्कुराहट ने उनके व्यक्तित्व को इस क़दर आकर्षक बना दिया था कि वह जिस पर तवज्जो देते उसे पाप मुक्त कर देते थे। जैसा कि उन्होंने यादगार मुहम्मद (हाकिमे सब्ज़वार), मौलाना ज़ियाउद्दीन (बल्ख़ के दार्शनिक) शादी देव और जयपाल जोगी (अपने समय के तान्त्रिक और जादूगर) की ज़िन्दगियों में इन्क़िलाब लाकर क्या से क्या बना दिया।

कोई अन्दाज़ा कर सकता है उसके ज़ोरे बाज़ू का
निगाहे मर्दे मोमिन से बदल जाती हैं तक़दीरें

जिसके भाग्य में मोक्ष होता वह सच्चे दिल से अपने गुनाहों की तौबा करता और इन्सानियत की परवरिश में लग जाता। लेकिन जो घमण्डी, शरारती और षड्यंत्रकारी उनसे टकराता तो ख़्वाजा साहब का दरवेशाना जलाल उसके घमण्ड के शीशे को चकनाचूर कर देता था जैसा कि हम पृथ्वीराज चौहान के मामले में देख चुके हैं कि उसने अपनी मां की नसीहत के विपरीत जब ख़्वाजा साहब को सताया तो हिन्दुस्तान के सबसे ताक़तवर हुकमरां का साम्राज्य तिनकों की तरह बिखर गया।

अपने पड़ोसियों का ख़्वाजा साहब बहुत ख़याल रखते थे। तज़करों में लिखा मिलता है कि जब किसी पड़ौसी का देहान्त हो जाता तो ख़्वाजा साहब उसके जनाज़े में जाते और उसकी क़ब्र पर खड़े होकर ईश्वर से उसकी निजात (मोक्ष) की दुआ माँगते थे।

हज़रत मुहम्मद मुस्तफा स.अ.व. से ख़्वाजा साहब को बेपनाह (अत्यधिक) मुहब्बत और अक़ीदत (आस्था) थी। उनकी एक एक हदीस (बात) पर अमल करते तथा उनके किरदार के मुताबिक़ अपनी ज़िन्दगी को ढालने की कोशिश करते थे। मुहम्मद साहब से मदीने में रूहानी मुलाक़ात के बाद उनके आदेशानुसार एक अजनबी देश में हज़ारों मील की यात्रा कर उनके आचरण का सच्चा नमूना पेश करके ख़्वाजा साहब ने हज़रत मुहम्मद स.अ.व. की मुहब्बत का सबूत हमारे सामने पेश कर दिया है। ख़्वाजा साहब का ऐशोआराम की ज़िन्दगी को छोड़कर फ़क़ीरी और दुरवेशी को इख़्तियार करना इस कथन की पैरवी (अनुसरण) मालूम होता है।

"अल फ़क्रो फ़ख़्री व बेही अफ़तख़िर" अर्थात फ़क़ीरी गर्व का विषय है और इस पर मैं गर्व करता हूं।

ख़्वाजा मुईनुद्दीन चिश्ती र.अ. बचपन से ही अपने से बड़ों का बड़ा आदर करते थे। जब इब्राहीम कुन्दोजी उनके बाग़ के पास से गुज़रे तो ख़्वाजा साहब उन्हें बाग़ में लाए और उनकी ख़ातिरदारी की। इसी तरह अपने पीर हज़रत उस्मान हारूनी की बीस वर्ष तक सेवा करना, उनके देहान्त के बाद भी उनकी क़ब्र की दिशा का एहतेराम करना तथा अपने समय के बुजुर्गों से जिस आदरभाव से ख़्वाजा साहब मुलाक़ात करते वो सब कुछ अनुकरणीय है।

ख़्वाजा साहब का पूरा जीवन इन्सानों के दुख दर्द को दूर करने, ईश्वर की उपासना, कायनात की वास्तविक़ता जानने और लोगों को सच्चाई और अच्छाई बताने में गुज़रा। जिनके औलाद नहीं होती उनको औलाद पैदा होने की दुआएँ बताते, जिसकी रोज़ी (कमाई) तंग होती उसको रोज़गार में तरक़्क़ी की दुआएँ बताते, लोगों की बीमारियों को दूर करने की दुआ करते। मरहूमों की बख़्शिश के लिए, हाकिम के मेहरबान होने के लिए, औलाद के फ़रमाँ बरदार (आज्ञाकारी) होन के लिए, इल्म की तरक़्क़ी, सफ़र में हिफ़ाज़त, दुश्मन पर ग़लबा, महामारी से हिफ़ाज़त, क़र्ज़ की अदायगी, गुमशुदा की वापसी के लिए अमलियात बताते थे। दरअस्ल ये तरीक़े उस समय के समाज की मांग थे। हिन्दुस्तान में क़दीम ज़माने से ही संगीत को इबादत का ज़रीआ (माध्यम) बनाया जाता रहा है और यह यहाँ के कल्चर का हिस्सा है। इसलिए जब लोगों ने ख़्वाजा मुईनुद्दीन चिश्ती और उनके साथियों की समाअ की महफ़िलें देखीं तो उन पर बड़ा

मानूस (जाना पहचाना) असर हुआ। महफ़िले समाअ के द्वारा लोगों ने एकेश्वरवाद और नैतिकता की कुरआनी धारणा को समझा, हज़रत मुहम्मद स.अ.व. की सच्ची शिक्षाओं को जाना, ख़्वाजा साहब के आचरण, व्यवहार और किरदार ने जो मिसाल पेश की वह हिन्दुस्तान में इस्लामी शिक्षाओं को तेज़ी से फैलाने में कारगर साबित हुई। शायद इसलिए इक़बाल ने कहा था –

रहे न एबक व ग़ौरी के मअरके बाक़ी

हमेशा ताज़ा व शीरीं है नग़मा ए ख़ुसरो

मुहब्बत का पैग़ाम जब ख़ुलूसे नियत (सच्ची भावना) और किरदार (आचरण) की पुख़्तगी (मज़बूती) के साथ सामने आता है तो ख़ुद ब ख़ुद नफ़रत की घटाएँ छट जाती हैं। यही काम ख़्वाजा साहब ने अपने जीवन में किया तथा आज भी उनकी शिक्षाओं के रूप में वह आदर्श मौजूद है जो हिन्दुस्तान को अम्नोमुहब्बत (शांति और प्यार) का गहवारा बना सकता है।

ख़्वाजा साहब की इन्हीं ख़ूबियों से प्रभावित होकर उन्हें सम्मान सूचक पदवियां दी गईं जो इस तरह हैं :–

कुतुबुल मशाइख़े बर्रोबहर	–	कायनात के धर्मगुरूओं में बड़ा मरतबा रखने वाले सिद्धपुरूष
अताए रसूल	–	हज़रत मुहम्मद स.अ.व. की ओर से अता किए हुए।
ख़्वाजा ए बुज़ुर्ग	–	बड़े ख़्वाजा साहब
हिन्दलवली	–	हिन्दुस्तान के वली
ग़रीब नवाज़	–	ग़रीबों को नवाज़ने (देने) वाले
सुल्तानुल हिन्द	–	हिन्दुस्तान के सुल्तान
नाइबे रसूल फ़िल हिन्द	–	हिन्दुस्तान में हज़रत मुहम्मद स.अ.व. के नायब

ख़्वाजा मुईनुद्दीन चिश्ती को प्रेम और श्रद्धापूर्वक इन शब्दों से याद किया जाता है :–

ताजुलमुक़र्रबीन वल मुहक़्क़िक़ीन	– ईश्वर के क़रीब और सच्चाई को प्राप्त कर लेने वालों के ताज
सैयदुल आबिदीन	– इबादत (उपासना) करने वालों के सरदार
ताजुल आशिक़ीन	– बेपनाह मुहब्बत करने वालों के ताज
बुरहानुल वासिलीन	– सिद्धि प्राप्त व्यक्तियों का आदर्श प्रमाण
आफ़ताबे जहाँ	– दुनिया का सूरज जो सबको रोशनी देता है
पनाहे बेकसाँ	– बेकस लोगों को पनाह देने वाले
दलीलुल आरिफ़ीन	– ईश्वर की अनुभूति रखने वालों का आदर्श प्रमाण
मख़्ज़ने मअरेफ़त	– खुदा, इन्सान और कायनात को पहचानने का ख़ज़ाना (श्रोत)
कुदवतुल औलिया	– वलियों में आली मरतबे वाले
सुल्तानुल आरिफ़ीन	– ईश्वर को पहचानने वालों के सुल्तान
कुतुबे दौराँ	– अपने समय के कुतुब (बड़े वली)
मुईनुल मिल्लत	– इन्सानियत के मददगार
वारिसे अंबिया ओ वल मुरसलीन	– नबियों और पैग़म्बरों की विरासत को प्राप्त करने वाले
इमामे शरीअत व तरीक़त	– शरीअत (इस्लामी क़ानून) और तरीक़त (इस्लाम का पसन्दीदा व्यवहार) के इमाम (लीडर)
मुक़्तदा–ए–अरबाबे दीन	– दीन की परवरिश करने वालों का मार्गदर्शन करने वाले
पेशवा–ए–अरबाबे यक़ीन	– ईमान व यक़ीन को परवान चढ़ाने वालों के पेशवा (लीडर)

साहिबे असरार	– ईश्वर के भेदों (राज़ों) को भलीभाँति समझने वाले
महबते अनवार	– वह ज़ात जिस पर रोशनियाँ उतरती हों
बुरहानुल असफ़िया	– निर्मल ह्रदय वालों के आदर्श प्रमाण
आलिमे इल्मे ज़ाहिरी व बातिनी	– दिखने वाले (ज़ाहिरी) और न दिखने वाले (बातिनी) इल्म (ज्ञान) को जानने वाले
मुईनुल हक़	– सच्चाई के मददगार
मुहिब्बे औलिया ए ज़माँ	– ज़माने के वलियों (अल्लाह वालों) से मुहब्बत करने वाले
रहनुमा ए कामिलीन	– दक्ष (सूफ़ियों) लोगों के मार्गदर्शक

इस तरह हम देखते हैं कि ख़्वाजा मुईनुद्दीन चिश्ती र.अ. का पूरा जीवन इन्सानियत को परवान चढ़ाने और इन्सानों की तकलीफ़ों को दूर करने में व्यतीत हुआ उनके आचरण ने हर धर्म, जाति, सम्प्रदाय के लोगों के दिलों में प्रेम, विश्वास और श्रद्धा के भाव उभारे इसलिए सदियाँ गुज़रने के बाद भी उनकी दरगाह इन्सानियत, भाईचारे और मुहब्बत की प्रतीक बनी हुई है।

❖❖❖

अध्याय-5

ख़्वाजा मुईनुद्दीन चिश्ती र.अ. की शख़्सियत को परवान चढ़ाने वाले हज़रात

विभिन्न तज़करों में ख़्वाजा मुईनुद्दीन चिश्ती के रूहानी इर्तिक़ा (आध्यात्मिक विकास) का वर्णन मिलता है। इब्तिदाई तालीम के बाद ज़ाहिरी उलूम की प्राप्ति के लिए दूर दराज़ के सफ़र इख़्तियार करना तथा रूहानी तड़प की ख़ातिर अपने ज़माने के जिन बड़े बड़े बुज़ुर्गों, वलियों एवं बारगाहे ख़ुदावन्दी में क़ुबूलियत पाए हुए रूहानी पेशवाओं से ख़्वाजा साहब ने नियाज़मन्दाना मरासिम (सम्बन्ध) क़ायम किए। उनकी दुआओं तथा रूहानी तजल्लियात से अपने दामन को पुरा किया। ख़्वाजा साहब का व्यवहार अपने बुज़ुर्गों से कामिल नियाज़मन्दाना था तो अपने से कम उम्र रूहानी पेशावाओं से मुशफ़िक़ाना और दोस्ताना था। ख़्वाजा साहब के मलफ़ूज़ात और दीगर तहरीरों से इसके दाख़िली शवाहिद (प्रमाण) मिलते हैं।

ख़्वाजा साहब के व्यक्तित्व में जलालो जमाल का जो अक्स नज़र आता है वह इन्हीं बुज़ुर्गों और दोस्तों की सोहबत का असर था। उनकी ज़ात राजस्थान के सूफ़ी सन्तों में ही नहीं बल्कि दुनिया के बड़े-बड़े सूफ़ी संतो में महबूबतरीन हस्तियों में शुमार होती है। उन सूफ़ियों की ज़िन्दगी के निहायत मशहूर और अहम वाक़ेआत पर विभिन्न पुस्तकों में जो वर्णन मिलता है उस पर नज़र डालने से यह अन्दाज़ा लगाना आसान हो जाएगा कि ग़रीब नवाज़ के व्यक्तित्व में जो ज़बरदस्त आकर्षण था, वह उन बुज़ुर्गों कीं तरबियत और रूहानी बख़्शिश का ही नतीजा था।

ईश्वर को जब अपने किसी बन्दे से कोई अहम काम लेना होता है तो वह उसकी परवरिश और तरबियत के असबाब भी पैदा कर देता है। ख़्वाजा मुईनुद्दीन चिश्ती र.अ. की रूहानी तरबियत में जिन बुज़ुर्गों और

औलिया–ए–किराम का अहम किरदार रहा उनके कुछ प्रेरक प्रसंग और हालात विभिन्न तज़करों में मौजूद हैं उनमें से कुछ यहाँ पेश किए जा रहे हैं –

1. हज़रत इब्राहीम कुन्दोज़ी र.अ.– हज़रत इब्राहीम कुन्दोज़ी एक ख़ुदा रसीदा (मजज़ूब) बुजुर्ग जिन्होंने ख़्वाजा मुईनुद्दीन चिश्ती र.अ. की ज़िन्दगी में इन्क़िलाब पैदा कर दिया और वह दुनियादारी के झमेलों से हटकर आध्यात्म के मार्ग पर चल निकलते हैं। ख़्वाजा साहब से बचपन में उनकी मुलाक़ात का वर्णन विभिन्न पुस्तकों में देखा जा सकता है जो इस तरह है–

"एक दिन हज़रत ख़्वाजा मुईनुद्दीन चिश्ती र.अ. अपने बाग़ के दरख़्तों को पानी दे रहे थे कि उधर से मशहूर बुजुर्ग हज़रत इब्राहीम कुन्दोज़ी का गुज़र हुआ। हज़रत ख़्वाजा ने बुजुर्ग को देखा, दौड़ते हुए गये और हज़रत इब्राहीम कुन्दोज़ी के हाथों को बोसा देने लगे।

बुजुर्ग एक लड़के के इस जोशे अक़ीदत से बहुत ख़ुश हुये। उन्होंने हज़रत ख़्वाजा के सर पर हाथ रखा, दुआएँ दीं और आगे जाने लगे लेकिन आपने हज़रत इब्राहीम कुन्दोज़ी का दामन थाम लिया। बुजुर्ग ने पलट कर पूछा – अब क्या चाहता है?

हज़रत ख़्वाजा ने बड़े अदब से अर्ज़ किया – यह एक इल्तिजा है कि आप चन्द लम्हों के लिये मेरे बाग़ में क़याम फ़रमा लें। कौन जाने फिर यह नैक साअत लौट कर आती भी है या नहीं?

हज़रत ख़्वाजा का लहजा इस क़दर अक़ीदतमंदाना था कि हज़रत इब्राहीम कुन्दोज़ी इन्कार न कर सके और बाग़ के अन्दर चले आये। हज़रत ख़्वाजा ने बुजुर्ग को निहायत ऐहतराम से बिठाया और फिर इजाज़त लेकर बाग़ के एक गोशे में चले गए। थोड़ी देर बाद वापस आये तो आप के हाथों में अंगूर से भरे हुये दो तबाक़ थे। हज़रत ख़्वाजा ने आजिज़ी के साथ अंगूर के वो ताज़ा ख़ोशे हज़रत इब्राहीम कुन्दोज़ी के सामने रख दिये और दस्त बस्ता खड़े हो गये।

"ख़ादिम के पास आप की तवाज़ौ के लिये बस यही कुछ था। अगर इसे कुबूल फ़रमा लेंगे तो मैं अपनी ख़ुश क़िस्मती पर फ़ख़्र करूँगा।" हज़रत ख़्वाजा ने इस नौ उमरी में सआदतमंदी का वह मुज़ाहेरा किया था कि हज़रत इब्राहीम कुन्दोज़ी भी हैरान थे।

बुज़ुर्ग ने एक बार फिर हज़रत ख़्वाजा को मुहब्बत आमेज़ नज़र से देखा और आप की दिलजूई के लिये चन्द अंगूर उठा कर मुंह में रख लिये। हज़रत इब्राहीम कुन्दोज़ी के इस अमल से हज़रत ख़्वाजा के चेहरे पर ख़ुशी का वह रंग उभर आया जो किसी नैमते अज़ीम के हासिल होने पर नुमायां होता है। बुज़ुर्ग ने आपकी इस कैफ़ियत का भी जायज़ा लिया। फिर फ़रमाया – मुईनुद्दीन! बैठ जाओ।

हज़रत ख़्वाजा दो ज़ानो होकर बैठ गये। हज़रत इब्राहीम कुन्दोज़ी ने बड़े वालेहाना अन्दाज़ में मुख़ातिब करते हुए कहा – फ़रज़न्द! तुम ने एक फ़क़ीर की ख़ूब मेहमान नवाज़ी की।

बुज़ुर्ग के अल्फ़ाज़ सुनकर हज़रत ख़्वाजा मुईनुद्दीन चिश्ती ने अदब से सिर झुका लिया।

"ये सर सब्ज़ो शादाब दरख़्त, ये लज़ीज़ फल, ये मिल्कियत, ये जायदाद, सब कुछ फ़ना हो जाने वाला है।" हज़रत इब्राहीम कुन्दोज़ी बाग़ की तरफ़ इशारा करके इन्तेहाई जज़्ब के आलम में बोल रहे थे। **"आज यहाँ बहारों का दौर दौरा है, कल इसी मुक़ाम पर ख़िज़ाँ की हुकूमत होगी। यही गर्दिशे रोज़ोशब है और यही निज़ामे कुदरत है। तेरा यह बाग़ भी वक़्त की तेज़ आंधियों में उजड़ जायेगा। फिर ख़ुदा एक बाग़ और अता करेगा। ऐसा बाग़ जिस के दरख़्त क़यामत तक गर्म हवाओं से महफ़ूज़ रहेंगे। इन दरख़्तों के फलों का ज़ायक़ा एक बार जो भी चख लेगा फिर वह दुनिया की किसी नैमत की तरफ़ आँख उठा कर भी नहीं देखेगा।"** इतना कहने के बाद हज़रत इब्राहीम कुन्दोज़ी ने अपने पेरहन की जेब में हाथ डाला।

हज़रत ख़्वाजा बुज़ुर्ग के इस अमल को बहुत ग़ौर से देख रहे थे। जब हज़रत इब्राहीम कुन्दोज़ी का हाथ जेब से बाहर आया तो उंगलियों में दबा हुआ सूखी रोटी का एक टुकड़ा साफ़ नज़र आ रहा था।

"वह तेरी मेहमान नवाज़ी थी, यह फ़क़ीर की दावत है।" इतना कहकर हज़रत इब्राहीम कुन्दोज़ी ने रोटी का टुकड़ा हज़रत ख़्वाजा मुईनुद्दीन चिश्ती के मुंह में डाल दिया और फिर तेज़ी के साथ बाग़ से निकल कर किसी तरफ़ चले गये।

रोटी इस क़दर ख़ुश्क थी कि इसका चबाना दुश्वार था। मगर हज़रत ख़्वाजा ने उसे एक बुज़ुर्ग का तोहफ़ा–ए–अज़ीम समझ कर खा लिया।

इस टुकड़े का हलक़ से उतरना था कि हज़रत मुईनुद्दीन चिश्ती र.अ. के दिल की दुनिया ही बदल गई। आपको ऐसा मालूम होने लगा जैसे कायनात की हर शय फ़ुज़ूल है।

दूसरे दिन हज़रत ख़्वाजा ने अपना बाग़ और चक्की फ़रोख़्त कर दी। आपके इस फ़ैसले पर तमाम मुतअल्लिक़ीन (सम्बन्धी) हैरान थे। उन लोगों ने हज़रत ख़्वाजा को समझाने की बहुत कोशिश की मगर आप पर असर नहीं हुआ। जायदाद की फ़रोख़्त के बाद जिस क़दर रक़म हासिल हुई उसे आपने खड़े–खड़े ग़रीबों और मोहताजों में तक़सीम कर दिया। हज़रत ख़्वाजा का यह अमल अज़ीज़ो अक़ारिब के लिये और भी हैरान कुन था। बेशतर अफ़राद के नज़दीक आप किसी ख़लले दिमाग़ी का शिकार हो गये थे मगर कौन जानता था कि हज़रत ख़्वाजा के दिल पर क्या गुज़री है और ज़हन के किस गोशे से रोशनी की वह लकीर फूट रही है जिस ने दुनिया के तमाम उजालों को धुंधला कर रख दिया था।"

(अल्लाह के वली, पृ.सं. 178–179)

2. ख़्वाजा उस्मान हारूनी र.अ.– (पैदाइश 510 हि. – 526 हि. मुताबिक़ 1116–17 ई., 1131 ई., वफ़ात 5 शव्वाल 617 हि., पंजशंबा मुताबिक़ 3 दिसम्बर 1220 ई., बृहस्पतिवार)

अपने ज़माने के साहिबे करामत वली हैं। जिस ज़माने में ख़्वाजा मुईनुद्दीन तलाशे मुरशिद में थे, ख़्वाजा उस्मान हारूनी को देखकर उन्हें लगा कि अब उनकी तलाश ख़त्म हो गई है और ख़्वाजा उस्मान हारूनी को भी लगा कि अब उन्हें क़ाबिले फ़ख़्र शागिर्द मिल गया है। ख़्वाजा मुईनुद्दीन चिश्ती ने बाईस बरस ख़्वाजा उस्मान हारूनी की ख़िदमत में रहकर रूहानी मरातिब हासिल किए। ख़्वाजा उस्मान हारूनी के मलफ़ूज़ात को ख़्वाजा मुईनुद्दीन चिश्ती ने "अनीसुल अरवाह" का शीर्षक देकर संकलित किया है। ख़्वाजा उस्मान हारूनी के कुछ हालात दाराशिकोह ने इस तरह लिखे हैं –

"आप हाजी शरीफ़ ज़नदनी र.अ. के मुरीद हैं। अपने ज़माने के यकता और क़ुतुब गुज़रे हैं बहुत से अकाबिर मशाइख़ की सोहबत उठाई है। हज़रत ख़्वाजा मुईनुद्दीन चिश्ती से रिवायत है कि एक दिन शेख़ उस्मान हारूनी सफ़र में एक जगह पहुँचे जो आतिश परस्तों की बस्ती थी। वहाँ आतिश कदा था जिस में रोज़ाना बीस अरब लकड़ियाँ डाली जाती थीं

और आग किसी दिन सर्द नहीं होती थी, आपने पूछा कि इस आग की परस्तिश से क्या हासिल? तुम लोग ख़ुदा की परस्तिश क्यों नहीं करते जिसने इस आग को पैदा किया है। जवाब दिया कि हमारे मज़हब में आग को बड़ा माना गया है। यह किस की मजाल है कि इसके क़रीब भी जाये। शेख़ ने एक बच्चे को जो एक आतिश परस्त की गोद में था ले लिया और "बिस्मिल्लाहिर्रहमा निर्रहीम कुलना या नारो कूनी बरदंव वसलामन अला इब्राहीम" कह कर आग में चले गये और चार घंटे के बाद बाहर आये, न आपका ख़िरक़ा आग से जला और न उस बच्चे पर आग का कोई असर हुआ।

यह देख कर तमाम आतिश परस्त क़दमों पर गिर पड़े और इस्लाम ले आये। वह बच्चा और उसका बाप दोनों चल कर वली कामिल हुये, नीज़ ख़्वाजा मुईनुद्दीन चिश्ती र.अ. ने फ़रमाया कि शेख़ उस्मान हारूनी फ़रमाते थे कि हक़ तआला के कुछ दोस्त हैं जो एक साअत भी हक़ तआला से ग़ाफ़िल और महजूब नहीं रहते। अगर ज़रा देर के लिये भी हक़ तआला से महजूब हो जायें तो फ़ना हो जायें, नीज़ शेख़ ने फ़रमाया जिस में ये तीन ख़सलतें होंगी समझ लो ख़ुदा उसको दोस्त रखता है।

सख़ावत दरिया की मानिन्द, शफ़क़त आफ़ताब की मानिन्द, तवाज़ौ व इन्किसारी ज़मीन की मानिन्द।

आपकी वफ़ात 16 शव्वाल को हुई। मज़ार मक्का मुअज़्ज़मा में वाक़ेअ है।"

(उर्दू तुर्जमा सफ़ीनतुल औलिया अज़ मुहम्मद अली लुत्फ़ी, पृ.सं. 127–128)

3. शेख़ सदरुद्दीन मुहम्मद सीविस्तानी र.अ.– ख़्वाजा मुईनुद्दीन चिश्ती जब ख़्वाजा उस्मान हारूनी से बैअत हुए तो उनकी सेवा में रहने लगे और 20–22 वर्ष तक उनके साथ रहकर वालियों, सूफ़ियों, मजज़ूबों, आलिमों आदि से मुलाक़ात करते, उनके हालात से तजुर्बे हासिल करते और रूहानी मरातिब बुलन्द करते चले जाते थे। अपने गुरू (शेख़ उस्मान हारूनी र.अ.) के साथ उनकी (ख़्वाजा मुईनुद्दीन चिश्ती की) मुलाक़ात शेख़ सद्रुद्दीन मुहम्मद सीविस्तानी से हुई जिनका हाल ज़्यादा कुछ नहीं मिलता है। इस मुलाक़ात का वर्णन दलीलुल आरिफ़ीन के हवाले से कुछ इस तरह है –

"मुरशिद की मइय्यत में सीविस्तान पहुंचे तो वहाँ शेख़ सदरूद्दीन मुहम्मद सीविस्तानी र.अ. से मिलने उनके सूमए में गये जहाँ कई रोज़ रहे, यादे हक़ में उन बुज़ुर्ग का इस्तिग़राक़ हद से ज़्यादा था, जो कोई उनके पास आता महरूम न जाता, उसको कोई चीज़ लाकर ज़रूर देते और फ़रमाते कि मेरे हक़ में दुआएँ ख़ैर करो कि अपना ईमान क़ब्र तक सलामत ले जाऊँ, जब वह क़ब्र और मौत के शदाइद का हाल सुनते तो बैद की तरह काँपते और रोते–रोते उनकी आँखों से ख़ून बहने लगता जैसे किसी चश्मे से पानी रवां हो, यह गिरया सात–सात दिन तक बन्द न होता, आसमान को देख कर रोते और उनके रोने से देखने वालों को रोना आता था। एक मौक़े पर हज़रत ख़्वाजा साहब की तरफ़ मुतवज्जह होकर फ़रमाया "ऐ अज़ीज़! जिस को मौत आने वाली हो और उसका हरीफ़ मलकुल मौत हो, उसको सोने, हँसने और ख़ुश रहने से क्या काम" उसके बाद फ़रमाया "ऐ अज़ीज़। अगर तुम्हें उन लोगों का ज़रा भी हाल मालूम हो जो ज़ेरे ख़ाक ऐसी कोठरी में सोते हैं जिस में बिच्छू भरे हुए हों तो उसको मालूम करते ही तुम पिघल जाओ जैसे पानी में नमक पिघल जाता है, इस के बाद फ़रमाया कि एक वक़्त मैं एक बुज़ुर्ग कामिल के साथ बसरा के एक क़ब्रिस्तान में बैठा हुआ था पास ही एक क़ब्र में मुर्दे पर अज़ाब हो रहा था। उन बुज़ुर्ग ने जब यह हाल मालूम किया तो ज़ोर से नारा मार कर ज़मीन पर गिर पड़े मैंने उनको उठाना चाहा तो उनकी रूह क़ालिब से परवाज़ कर गई और थोड़ी देर में उनका जिस्म पानी होकर बह गया, उस दिन से मुझ पर भी क़ब्र की बड़ी हैबत तारी है इसलिये **ऐ अज़ीज़! दुनिया में मशग़ूल न होना कि हक़ से ग़ाफ़िल हो जाओ।**"

(बहवाला ख़्वाजा मुईनुद्दीन चिश्ती र.अ. (किताबचा) : सैयद सबाहुद्दीन अब्दुर्रहमान, पृ.सं. 9–10)

4. शेख़ बहाउद्दीन र.अ.– मुरशिद (गुरू) के साथ सफ़र के दौरान ख़्वाजा मुईनुद्दीन चिश्ती की मुलाक़ात ख़्वाजा बहाउद्दीन से हुई। इस मुलाक़ात का वर्णन इस तरह मिलता है –

"एक दफ़ा का ज़िक्र है कि मैं अपने पीरो मुरशिद (गुरू) ख़्वाजा उस्मान हारूनी र.अ. के साथ सफ़र में था। सफ़र में ख़्वाजा बहाउद्दीन से मुलाक़ात हुई। उनका मामूल था कि किसी मुलाक़ाती को ख़ाली हाथ

जाने नहीं देते थे। काश कोई बरहना (नंगा, फटे हाल) आ जाता तो अपने कपड़े उतार कर दे देते थे। उस वक़्त क़ुदरते हक़ से फ़रिश्ते उम्दा लिबास पेश करते। मैं चन्द यौम उनकी सोहबते बा बरकत में हाज़िर रहा। जब मैं रूख़सत हुआ तो आपने नसीहत की "**जब कभी तुमको कुछ मिले तो उसको अपने पास महफ़ूज़ न रखना बल्कि राहे हक़ में ग़रीबों को दे देना ताकि अल्लाह के नेक बन्दों में तुम्हारा शुमार हो।**"

(बहवाला हज़रत ख़्वाजा ग़रीब नवाज़ अजमेरी : मीर हिसामुद्दीन, पृ.सं. 21)

5. शेख़ नज्मुद्दीन कुबरा र.अ.– (वफ़ात 10 जमादिउल अव्वल 618 हि. मुताबिक़ 2 जुलाई 1221 ई.)– शेख़ नज्मुद्दीन कुबरा से ख़्वाजा मुईनुद्दीन चिश्ती र.अ. की मुलाक़ात का वर्णन कई पुस्तकों में मौजूद है। उनमें से एक पुस्तक "अल्लाह के वली" में उनका प्रेरक प्रसंग इस तरह लिखा हुआ है–

"सफ़रे बग़दाद के दौरान हज़रत ख़्वाजा मुईनुद्दीन चिश्ती र.अ. की मुलाक़ात हज़रत शेख़ नज्मुद्दीन कुबरा र.अ. से हुई। औलिया–ए–किराम की जमाअत में हज़रत शेख़ का मक़ाम बहुत बुलन्द है। उस वक़्त हज़रत नज्मुद्दीन कुबरा र.अ. "सन्जार" में क़याम फ़रमा थे। सन्जार, मौसुल के क़रीब एक पहाड़ी मक़ाम है।

हज़रत शेख़ नज्मुद्दीन कुबरा वही मशहूर बुज़ुर्ग हैं जो बयक वक़्त गोशानशीं सूफ़ी भी थे और मोमिने जांबाज़ भी, जब मुहम्मद ख़्वारज़्म तातारियों के हमले की ताब न लाकर मैदान से फ़रार हो गया तो हलाकू खां अपने लश्करे जर्रार के साथ उसके तआक़ुब में आगे बढ़ा। तातारी हुक्मरां को उसके जासूसों ने बताया कि सुल्तान 'ख़्वारज़्म' के इलाक़े में मौजूद है। हलाकू खां ने शदीद क़हर व ग़ज़ब के आलम में हुक्म दिया कि शहर ख़्वारज़्म का वजूद तक मिटा दिया जाये।

इत्तिफ़ाक़ से उस वक़्त हज़रत शेख़ नज्मुद्दीन कुबरा भी ख़्वारज़्म में सुकूनत पज़ीर थे। हलाकू खां का अमीरे लश्कर बर्क़ रफ़तारी के साथ आगे बढ़ा। ख़्वारज़्म के बाशिन्दे गिरयाओ ज़ारी करते हुये हज़रत नज्मुद्दीन कुबरा की ख़ानक़ाह में दाख़िल हुये उस वक़्त हज़रत शेख़ अपने मुरीदों और दूसरे तालिबे इल्मों को दर्स दे रहे थे।

"हज़रत! वक़्ते दुआ है। तातारी दरिंदे शहर के गरदो नवाह में पहुँच चुके हैं। क़त्लो ग़ारत का बाज़ार गर्म होने वाला है।"

हज़रत शेख़ नज्मुद्दीन कुबरा ने ख़्वारज़्म के बाशिन्दों की फ़रयाद सुनी। कुछ देर तक सोचते रहे। फिर अपने क़रीब रखे हुए मिट्टी के प्याले को चटाई पर औंधा कर दिया। यह वह प्याला था जिस में हज़रत शेख़ पानी पिया करते थे।

"अब तुम लोग जाओ। खुदा ने चाहा तो तातारियों के शर से महफ़ूज़ रहोगे।" हज़रत शेख़ नज्मुद्दीन कुबरा ने फ़रमाया।

ख़्वारज़्म के बाशिन्दों का हुजूम अपने अपने घरों को लौट गया और हलाकू खां का अमीरे लश्कर नाकामी की हालत में इधर उधर भटकता रहा। यहाँ तक कि शाम हो गई। फिर जब वह अपने ख़ैमे में वापस पहुँचा तो उसके चेहरे से शिकस्तगी के आसार साफ़ नज़र आ रहे थे।

"ख़्वारज़्म के बाशिन्दे तहे तेग़ कर दिये गये और उनके मकानों को आग लगा दी गई।" हलाकू खां ने इन्तिहाई ग़ज़बनाक लहजे में अपने अमीरे लश्कर से पूछा।

"नहीं शहंशाह! आप का यह गुलाम कुछ भी न कर सका।" अमीरे लश्कर हलाकू खां के सामने घुटनों के बल झुक गया।

"इस की वजह?" हलाकू खां की क़हर आलूद आवाज़ कुछ और बुलन्द हो गई थी।

"शहंशाह मेरी बात पर यक़ीन नहीं करेंगे मगर मैं जो कुछ अर्ज़ कर रहा हूं वो हर्फ़ ब हर्फ़ सच है" अमीरे लश्कर ने काँपते हुए लहजे में कहा। "जब तातारी लश्कर ख़्वारज़्म के करीब पहुँचा तो चंद लम्हों के लिये हमारी आंखों के सामने अन्धेरा सा फैल गया। फिर जब यह तारीकी दूर हुई तो वहाँ कुछ भी नहीं था। ताहद्दे नज़र एक लक़्क़ो दक़ सहरा दिखाई दे रहा है। हम बहुत देर तक अपने हदफ़ की तलाश में भटकते रहे मगर कुछ हासिल न हुआ। ऐसा लगता था कि जैसे ख़्वारज़्म की पूरी आबादी को ज़मीन निगल गई हो।"

हलाकू खां ने बड़ी हैरत के साथ अपने अमीरे लश्कर की गुफ़्तुगू सुनी और नया फ़रमान जारी करते हुए कहा "कल सुबह फिर हमला करो। मैं यही तो चाहता हूँ कि ख़्वारज़्म शहर सहरा में तबदील हो जाये"

दूसरे दिन नमाज़े फ़ज्र के बाद हज़रत शेख़ नज्मुद्दीन कुबरा ने उसी मिट्टी के प्याले से पानी पिया और उसे दोबारा चटाई पर उलट दिया।

तातारी लश्कर एक बार फिर जोश व ख़रोश के साथ ख़्वारज़्म की तरफ़ बढ़ा मगर जब शहरी हुदूद में दाख़िल हुआ तो उसके साथ वही वाक़ेआ पेश आया। दूर तक इन्सानी आबादी का नामो निशान तक न था। तातारी लश्कर नाकाम व नामुराद वापस लौट गया।

हलाकू खां ने दोबारा यह माजरा सुना तो अपने अमीरे लश्कर पर बरहम हो गया "तू झूठा है या फिर तेरी आँखों की रोशनी ज़ाइल हो चुकी है।"

"शहंशाह! मैं झूठ भी नहीं बोलता और मेरी बीनाई भी बरक़रार है" तातारी अमीरे लश्कर ने एक एक लफ़्ज़ पर ज़ोर देते हुए कहा मगर ख़ौफ़ो दहशत से उसकी आवाज़ लरज़ रही थी। हलाकू ख़ां का गुस्सा उस वक़्त ठंडा हुआ जब हज़ारों सिपाहियों ने अपनी मज़हबी रस्म के मुताबिक़ क़स्में खाकर उस वाक़ेअ पर गवाही दी। फिर उसने अपने सिपाह सालार को मुख़ातिब करते हुए कहा "मैं तुझे एक मौक़ा और देता हूं अगर तू फिर भी नाकाम रहा तो मैं खुद लश्करे तातारी की क़यादत करूँगा।"

तीसरे दिन भी वही सूरते हाल पेश आई। तातारियों की आंखों के सामने एक तवील व अरीज़ सहरा के सिवा कुछ नहीं था।

चौथे दिन हलाकू खां बनफ़से नफ़ीस एक लश्करे जर्रार लेकर ख़्वारज़्म की तरफ़ बढ़ा।

हज़रत शेख़ नज्मुद्दीन कुबरा नमाज़े फ़ज्र के बाद अपना अमल दोहराना चाहते थे कि यकायक ख़ानक़ाह के एक गोशे से मर्दे ग़ैब की आवाज़ सुनाई दी। "बस शेख़। बहुत हो चुका। अल्लाह ने तीन दिन तो तुम्हारी लाज रख ली। अब और क्या चाहते हो।"

हज़रत शेख़ नज्मुद्दीन कुबरा ने अपने मख़सूस तबस्सुम के साथ फ़रमाया। "आख़िर मशिय्यते इलाही क्या है?"

"मशियते इलाही यह है कि फ़ितना–ए–तातारी तुम्हारी दुआओं से नहीं टलेगा।" मर्दे ग़ैब ने कहा। "और तुम्हें यह भी ख़बर होना चाहिए कि तुम इसी फ़ितने के दौरान जामे शहादत नोश करोगे।"

"सुब्हान अल्लाह! सुब्हान अल्लाह!" हज़रत शेख़ नज्मुद्दीन कुबरा के होंठो का तबस्सुम गहरा हो गया। फिर आपने उसी मिटटी के प्याले से पानी पिया और उसे चटाई पर सीधा रख दिया। उसके बाद हज़रत शेख़ ने अपने मुरीदों को तलब करके फ़रमाया –

"यह फ़ितना–ए–तातार बहुत ख़ौफ़नाक और जानलेवा है, इसलिये तुम सब लोग अपने अपने इलाक़ों को वापस लौट जाओ। ख़ुदा तुम्हें इन्सान नुमा दरिंदों की ख़ुराक बनने से महफ़ूज़ रखे।"

बअज़ मुरीदों ने अर्ज़ किया – "अभी तक आप की दुआओं के तुफ़ैल यह शहर फ़ितनागरों की यूरिश से महफ़ूज़ है। हमें यक़ीन है कि आपकी मज़ीद दुआओं से यह हंगामा–ए–दारोगीर मुस्तक़िल तौर पर ख़त्म हो जायेगा।"

"हरगिज़ नहीं।" हज़रत शेख़ नज्मुद्दीन कुबरा ने पुर जलाल लहजे में फ़रमाया –"इस मौहलत को ग़नीमत जानो और ख़ुफ़िया रास्तों के ज़रीये इस शहर से निकल जाओ।"

हज़रत शेख़ का जवाब सुन कर मुरीदों ने अपनी अपनी सवारियाँ तैयार कीं और फिर पीरो मुरशिद से दरख़्वास्त की कि वह भी हमारे साथ तशरीफ़ ले चलें।

हज़रत शेख़ नज्मुद्दीन कुछ देर ख़ामोश रहे फिर मुस्कुराते हुए फ़रमाने लगे – " बेहतर यही है कि तुम लोग मेरी बात मान लो और आफ़ियत के साएबान की तरफ़ चले जाओ। मेरा ख़याल छोड़ दो कि तुम्हारे शेख़ को यहाँ से जाने की इजाज़त नहीं है।"

आख़िर आप के तमाम मुरीद ख़ानक़ाह से रूखसत हो गये। बस चंद जांनिसार ख़ादिम रह गये थे जो अपने शेख़ को तन्हा छोड़कर जाने पर रज़ामंद नहीं थे। हज़रत नज्मुद्दीन कुबरा ने अपने ख़िदमतगारों को मुख़ातिब करते हुए फ़रमाया –"**कल तक हमारे लिये गोशा नशीनी जाइज़ थी मगर आज हराम है। अल्लाह का नाम लेकर उठो और काफ़िरों से जिहाद करो। बहुत समाअ सुन चुके, अब शमशीरों की झन्कार सुनो। बहुत विर्द कर चुके अब सबसे बड़ा और आख़िरी वज़ीफ़ा पढ़ो।**"

यह कहकर हज़रत शेख़ नज्मुद्दीन कुबरा ने अपना ख़िरक़ा पहना, कमर बांधी और तलवार लेकर ख़ानक़ाह से बाहर निकल आये। फिर इतनी

बहादुरी से लड़े कि कई तातारियों को मौत के घाट उतार दिया। ख़ानक़ाह के एक गोशे में बैठ कर ज़र्बे ला इलाह से नफ़स के बुतों को क़त्ल करने वाला सूफ़ी जब मैदाने कारज़ार में उतरा तो एक पुर अज़्म मुजाहिद बन गया और उसने कई काफ़िरों के सर क़लम कर दिये। यह ख़ूनी मअरका बहुत देर तक जारी रहा। अभी हज़रत शेख़ नज्मुद्दीन कुबरा के बाज़ुओं की तवानाई बाक़ी थी कि नागहां एक तातारी का ज़हर आलूद तीर आप के सीना–ए–मुबारक में पैवस्त हो गया। हज़रत शेख़ ने अपने हाथ से उस तीर को खींच कर निकाल दिया मगर वह ख़ून बह जाने के बाइस जाँबर न हो सके और सुर्ख़ कफ़न पहन कर ख़ालिके हक़ीक़ी की बारगाह में हाज़िर हो गये।

हज़रत शेख़ नज्मुद्दीन कुबरा समाअ से बहुत रग़बत रखते थे। हज़रत ख़्वाजा मुईनुद्दीन चिश्ती र.अ. ढाई माह तक हज़रत शेख़ की ख़िदमत में हाज़िर रहे और एक अज़ीम जांबाज़ सूफ़ी की सौहबतों से फ़ैज़याब हुये।

(अल्लाह के वली:ख़ान आसिफ़, पृ.सं. 184 से 187)

6. शेख़ मुहीउद्दीन अब्दुल क़ादिर जीलानी र.अ. (ग़ौस पाक)– (पैदाइश यकुम रमज़ान 431 हि. जुम्मा मुताबिक़ 16 मई 1078 ई. शुक्रवार, वफ़ात 11 रबीउस्सानी 561 हि. दो शंबा मुताबिक़ 14 फ़रवरी 1166 ई. सोमवार)

विभिन्न तज़करों में ख़्वाजा ग़रीब नवाज़ और शेख़ अब्दुल क़ादिर जीलानी र.अ. की दो बार मुलाक़ात का वर्णन मिलता है। "तज़करा ए औलिया ए पाक व हिन्द" में लिखा है कि ख़्वाजा मुईनुद्दीन चिश्ती ग़ौसुल आज़म शेख़ अब्दुल क़ादिर जीलानी की सौहबत (सान्निध्य) में पांच माह सात रोज़ एक हुजरे में रहे। "सियरूल अक़ताब" में लिखा है कि ख़्वाजा मुईनुद्दीन चिश्ती और शेख़ अब्दुल क़ादिर जीलानी र.अ. की मुलाक़ात दो मरतबा हुई। "अनवारे औलिया" के मुताबिक़ जब ख़्वाजा मुईनुद्दीन 563 हि./1167–68 ई. में बग़दाद पहुँचे तो दो साल क़ब्ल शेख़ अब्दुल क़ादिर का इन्तिक़ाल हो चुका था। "अनवारूल इक़्तिबास" में "तुहफ़तुर्राग़िबीन" के हवाले से लिखा है कि हज़रत ख़्वाजा ए बुज़ुर्ग ने शेख़ मुहीउद्दीन अब्दुल क़ादिर जीलानी की ख़िदमत में रहकर कई चिल्ले किये। "सियरूल आरिफ़ीन" में सत्तावन रोज़ तक ख़्वाजा मुईनुद्दीन चिश्ती का शेख़ अब्दुल क़ादिर जीलानी के हुजरे में क़याम पिज़ीर होने का लिखा है। लेकिन यह

भी एक हकीक़त है कि ख़्वाजा मुईनुद्दीन चिश्ती द्वारा उनके गुरू के उपदेशों के संकलन "अनीसुल अरवाह" तथा ख़्वाजा मुईनुद्दीन चिश्ती र.अ. के मलफ़ूज़ात के संग्रह "दलीलुल आरिफ़ीन" तथा ख़्वाजा मुईनुद्दीन चिश्ती की दीगर पुस्तकों में कहीं शेख़ अब्दुल क़ादिर जीलानी र.अ. से मुलाक़ात का ज़िक्र नहीं है। जबकि उस ज़माने के बहुत से सूफ़ियों, वलियों, क़लन्दरों आदि का बयान उनमें मिलता है। ग़ौस पाक जैसी अज़ीमतरीन शख़्सियत के बारे में स्वंय ख़्वाजा मुईनुद्दीन चिश्ती र.अ. तथा ख़्वाजा बख़्तियार काकी व बाबा फरीद के संग्रहों में भी इन दो बुजुर्गों की मुलाक़ात का वर्णन न होना शायद इस सच्चाई पर रोशनी डालता है कि दोनों बुजुर्गों की मुलाक़ात हुई न हो। मुमकिन है कि ख़्वाजा मुईनुद्दीन चिश्ती र.अ. ने ग़ौस पाक के मज़ार पर खुसूसी इबादात करके रूहानी फ़ैज़ हासिल किया हो। यदि यह मुलाक़ात हुई है तो यह समय 1160 ई. से 1166 ई. के दरम्यान का हो सकता है जब कि ख़्वाजा साहब रियाज़त के दौर से गुज़र रहे थे।

7. शेख़ ज़ियाउद्दीन अबू नजीब सुहरवर्दी र.अ.– जिस समय ख़्वाजा मुईनुद्दीन चिश्ती र.अ. अपने मुरशिद के साथ रूहानी तरबियत के लिए बड़े बड़े बुजुर्गों से मुलाक़ातें कर रहे थे उस सफ़र के दौरान उनकी मुलाक़ात शेख़ ज़ियाउद्दीन अबू नजीब सुहरवर्दी से भी हुई और बाद में उनके इन्तिक़ाल के बाद उनके मज़ार पर हाज़िरी देकर भी ख़्वाजा मुईनुद्दीन चिश्ती ने रूहानी फ़ैज़ हासिल किया। शेख़ अबू नजीब सुहरवर्दी के कुछ हालात दारा शिकोह ने इस तरह तहरीर किये हैं –

"आपका नाम अब्दुल क़ाहिर है। लक़ब ज़ियाउद्दीन। आपका सिलसिला–ए–नसब बारह वास्तों से अमीरूल मोमिनीन हज़रत अबूबक्र सिद्दीक़ रज़ि अल्लाहु अन्हु से मिलता है। आपकी निस्बते इरादत दो तरफ़ से साबित है। एक शेख़ अहमद ग़ज़ाली की जानिब से जैसा कि इस सिलसिले में मज़कूर हुआ। दूसरे शेख़ वजीहुद्दीन से जो आपके चचा हैं। जिनका ज़िक्र सिलसिला–ए–सुहरवर्दिया में किया जायेगा। आप तमाम उलूम में कामिल थे। आपकी तसानीफ़ बहुत हैं। आपको शेख़ अब्दुल क़ादिर जीलानी र.अ. की सौहबते बा बरकत की सआदत भी नसीब हुई थी।

रिवायत है कि एक दिन आप बग़दाद में एक क़स्साब की दुकान पर पहुँचे। दुकान पर एक बकरी लटकी हुई थी। आप वहाँ खड़े हो गये और फ़रमाया कि यह बकरी यूँ कहती है कि मरी हुई बकरी हूँ ज़िब्ह की हुई

नहीं हूँ। क़स्साब बेहोश होकर गिर पड़ा। होश आया तो शेख़ के क़ौल की तसदीक़ की और तौबा की। दरवेश के दिल में जो कुछ गुज़रे। इज़हारे करामते शेख़ को इसमें ज़रूर दख़ल होता है और इसमें दो हिकमत पोशीदा होती हैं। एक यह कि हराम गोश्त को मुसलमान खाने से बाज़ रहें। दूसरे यह कि क़स्साब को तौबा की तोफ़ीक़ का वक़्त आ चुका था।

आपकी वफ़ात शन्बा की शब को 12 माह जमादि उस्सानी 563 हि. को हुई मज़ार बग़दाद शरीफ़ में है।''

(उर्दू तर्जुमा सफ़ीनतुल औलिया अज़ मो. अली लुत्फ़ी, पृ.सं. 139–140)

8. किरमान के एक बुज़ुर्ग का वाक़ेआ– ख़्वाजा साहब की रूहानी तरबियत में उनके सफ़र का बड़ा महत्त्व है। ''फ़वाइदुस्सालिकीन'' के हवाले से एक वाक़ेआ इस तरह लिखा मिलता है –

''किरमान पहुंचे तो एक ऐसे बुज़ुर्ग से मिले जो बड़े साहिबे नेअमत व रियाज़त थे, यादे हक़ में मशग़ूलियत की वजह से उनके बदन में सिर्फ़ रूह ही बाक़ी थी, गोश्तो पोस्त बिल्कुल न था, वह बातें बहुत कम करते थे। हज़रत ख़्वाजा र.अ. ने इरादा किया कि उनसे पूछें कि आपका हाल ऐसा क्यों है? तो उन्होंने अपनी रोशन ज़मीरी से नेक इरादे को मालूम कर लिया और उनके सवाल करने से पहले अपना हाल बयान करना शुरू किया कि ऐ दरवेश! एक रोज़ मैं अपने दोस्त के साथ क़ब्रिस्तान में गया और एक क़ब्र के पास हम दोनों ठहरे, इत्तेफ़ाक़न उस दोस्त से लह्वोलइब की कोई बात सरज़द हो गई। जिस पर मुझे हँसी आ गई, हँसने पर मेरे कान में आवाज़ आई कि जिस का हरीफ़ मलकुल मौत हो और ज़ेरे ख़ाक साँप और बिच्छू के दरमियान उसका घर हो उसको हँसी से क्या सरोकार? जब से मैंने यह बात सुनी, आहिस्ता से उठा और अपने दोस्त को रूख़सत किया, वह अपने घर गया और मैं उस ग़ार में आया और यहाँ सुकूनत इख़्तियार कर ली और उस दिन से मुझ पर बड़ी हैबत तारी है और ख़ौफ़ से मेरी जान रोज़ बरोज़ घुली जाती है आज चालीस साल हुए कि न मैं हँसा हूँ और न मैंने शर्मिन्दगी से सर उठाकर आसमान की तरफ़ देखा है कि कल क़यामत के दिन वहाँ क्या मुँह दिखाऊँगा।''

(बहवाला ख़्वाजा मुईनुद्दीन चिश्ती, पृ.सं. 13–14)

9. शेख़ नासिरूद्दीन इस्तराबादी र.अ.– शेख़ नासिरूद्दीन इस्तराबादी के ज़्यादा हालात तो मालूम न हो सके। कहा जाता है कि इनका सिलसिला दो वास्तों से हज़रत बायज़ीद बुस्तामी से मिलता है। ख़्वाजा मुईनुद्दीन चिश्ती ने इस्तराबाद में जाकर उनके कमालात का मुशाहेदा किया और उनकी सोहबत में रहकर रूहानी फ़ैज़ हासिल किया।

10. बुख़ारा के एक बुज़ुर्ग का वाक़ेआ– दलीलुल आरिफ़ीन के हवाले से डॉ. ज़हूरूल हसन शारिब ने यह वाक़ेआ इस तरह पेश किया है –

"बहालते मुसाफ़ेरते बुख़ारा में एक शख़्स से मुलाक़ात हुई, यह अज़ हद मशग़ूल था लेकिन नाबीना था। मैंने उससे पूछा कब से नाबीना हुए? फ़रमाया – जब मेरा काम कमालियत को पहुँचा और वहदानियत व अज़मत पर निगाह पड़नी शुरू हुई तो एक दिन मेरी निगाह ग़ैर पर पड़ गई। ग़ैब से आवाज़ आई – ए मुद्दई! दावा तो हमारी मुहब्बत का करता है, मगर ग़ैर की तरफ़ देखता है।"

जब यह आवाज़ सुनी तो ऐसा शर्मिन्दा हुआ कि बात तक न हो सकी। बारगाहे इलाही में दुआ की कि **जो आँख दोस्त के सिवा ग़ैर को देखे अन्धी हो जाए।** अभी यह बात अच्छी तरह कहने भी न पाया था कि दोनों आँखों की बसारत चली गई।

(बहवाला मुईनुल हिन्द,डॉ. ज़हूरूल हसन शारिब पृ.सं. 28)

11. शेख़ अबू सईद तबरेज़ी र.अ.– तबरेज़ के सफ़र के दौरान ख़्वाजा मुईनुद्दीन चिश्ती र.अ. ने हज़रत शेख़ अबू सईद तबरेज़ी से मुलाक़ात की। यह बुज़ुर्ग बड़े बा करामत थे। शेख़ जलालुद्दीन तबरेज़ी इन्हीं के मुरीद थे। बड़े बड़े औलिया इनके मुरीद रहे हैं। इनकी सौहबत में रहकर ख़्वाजा साहब ने रूहानियत की मंज़िलें तय कीं।

12. शेख़ महमूद इस्फ़हानी र.अ.– ख़्वाजा मुईनुद्दीन चिश्ती जब इस्फ़ेहान गए तो उनकी मुलाक़ात वहाँ के मशहूर बुज़ुर्ग शेख़ महमूद से हुई। इस मुलाक़ात का वर्णन इस तरह मिलता है –

"हज़रत ख़्वाजा मुईनुद्दीन चिश्ती र.अ. तबरेज़ से इस्फ़हान तशरीफ़ लाये। वहाँ उस वक़्त मशहूर बुज़ुर्ग हज़रत शेख़ महमूद इस्फ़हानी मौजूद थे। हज़रत ख़्वाजा कुछ दिनों तक हज़रत शेख़ महमूद की सौहबत से फ़ैज़याब हुये। उन्हीं दिनों आप ने एक नो उम्र लड़के को देखा जो दरवेशों

से निहायत अक़ीदत रखता था। हज़रत ख़्वाजा मुईनुद्दीन चिश्ती र.अ. की आमद से पहले वह लड़का हज़रत शेख़ महमूद इस्फ़हानी की ज़ात से बहुत मुतास्सिर था। उसकी ख़्वाहिश थी कि वह हज़रत शेख़ के हलक़ाए इरादत में शामिल हो जाये। मगर जब उसने हज़रत ख़्वाजा को देखा तो इरादा बदल लिया। यहाँ तक कि जब आप इस्फ़हान से रूख़सत हुये तो वह लड़का भी साथ साथ हो लिया।

"साहिबज़ादे! आख़िर तुम्हें किस चीज़ की तलाश है?" एक दिन हज़रत ख़्वाजा मुईनुद्दीन चिश्ती र.अ. ने उस लड़के से पूछा।

"आप की कुरबत के सिवा कुछ नहीं चाहता।" लड़के ने अर्ज़ किया।

"मैं तो ख़ुद दुरवेशों का ख़िदमत गुज़ार हूँ। तुम्हें क्या दे सकता हूँ?" हज़रत ख़्वाजा मुईनुद्दीन चिश्ती र.अ. ने लड़के को टालने के लिये फ़रमाया।

"कुछ भी सही मगर मुझे अपनी ख़िदमत का मौक़ा दीजिये।" लड़के का लहजा अक़ीदत से सरशार था। "कौन क्या है? यह अल्लाह जाने मगर मेरे मख़दूम तो आप हैं।"

लड़के की वारफ़तगी का यह आलम देख कर हज़रत ख़्वाजा मुईनुद्दीन चिश्ती र.अ. इन्कार न कर सके और उसे अपने दामने मुहब्बत में छुपा लिया।

बाद में यही लड़का औलिया ए हिन्द का ताजदार बना और आज सारी दुनिया उसे हज़रत कुतुबुद्दीन बख़्तियार काकी र.अ. के नाम से जानती है।"

(अल्लाह के वली अज़ ख़ान आसिफ़, पृ.सं. 190)

13. शेख़ यूसुफ़ बिन अय्यूब हमदानी र.अ.– बअज़ तज़करों में ख़्वाजा मुईनुद्दीन चिश्ती और शेख़ यूसुफ़ बिन अय्यूब हमदानी की मुलाक़ात के बारे में लिखा मिलता है लेकिन शेख़ यूसुफ़ हमदानी की तारीख़े वफ़ात और ख़्वाजा मुईनुद्दीन चिश्ती की तारीख़े पैदाइश को देखते हुए यह स्पष्टतः कहा जा सकता है कि आध्यात्मिक विकास के सिलसिले में ख़्वाजा साहब द्वारा की गई यात्रा के दौरान शेख़ साहब से ख़्वाजा साहब की मुलाक़ात नहीं हुई बल्कि उनके मज़ार की ज़ियारत की गई। शेख़ साहब के कुछ हालात दारा शिकोह की सफ़ीनतुल औलिया में इस तरह लिखे हुए हैं –

"आपकी कुन्नियत अबू याकूब है। और आपके आबा ओ अजदाद हमदान के बाशिन्दे थे। शेख़ बूअली फ़ारन्दी से बैअत हैं। शेख़ अबू इस्हाक़ शीराज़ी से भी कस्बे फैज़ किया। शेख़ अब्दुल्लाह जौनी और शेख़ हसन समनानी से सोहबत रखते थे बग़दाद में जब आप तशरीफ़ ले गये तो हज़रत ग़ौसे आज़म की ख़िदमत में हाज़िर हुये और अक्सर आप की मजलिसों में हाज़िर रहते। मज़हबन हनफ़ी थे। सिलसिला–ए–ख़्वाजगान के सरदार हैं। आपकी विलादत 440 हि. में हुई। और आपकी वफ़ात 535 हि. में मर्वसाल के रास्ते में हुई। क़ब्र मुबारक मर्व में है। आप के चार ख़लीफ़ा हुये। ख़्वाजा अब्दुल्लाह बरक़ी, ख़्वाजा हसन इन्दाक़ी, ख़्वाजा अहमद यसवी और ख़्वाजा अब्दुल ख़ालिक़ ग़ुजदवानी रहमहुमुल्लाह।"

(उर्दू तर्जुमा सफ़ीनतुल औलिया अज़ मुहम्मद अली लुत्फ़ी, पृ.सं. 108)

इसी तरह सकीनतुल औलिया में लिखा है –

"ख़्वाजगान के सिलसिले से ख़्वाजा यूसुफ़ हमदानी जो इस सिलसिले के सरदार हैं बग़दाद में ग़ौसे आज़म की सोहबत में हैं और "क़दमी हाज़ा अला रक़बतिकुल्ले वली यिल्लाह" की मजलिस के हाज़िरीन में से थे। और इमाम अब्दुल्लाह याफ़ई ने ख़्वाजा यूसुफ़ को हज़रत ग़ौसुस सक़लैन के ख़वारिक़ के रावियों में से शुमार किया है और शेख़ के मुरीदों में से जिन दो शख़्सों का क़ज़िया हज़रत ग़ौसे आज़म ने तहक़ीक़ किया उनमें से एक यूसुफ़ हमदानी थे।"

(उर्दू तर्जुमा सकीनतुल औलिया– फ़रीद बुक डिपो, देहली, पृ.सं. 17)

हज़रत निज़ामुद्दीन औलिया के मलफ़ूज़ात "फ़वाइदुल फ़ुआद" की एक मजलिस मे शेख़ यूसुफ़ हमदानी का ज़िक्र इस तरह आया है –

"उस वक़्त आपने यह हिकायत बयान फ़रमाई कि एक मुतरिबा क़मर नाम निहायत हसीनो जमील थी। बुढ़ापे में दौलते तौबा उसको नसीब हुई। और सआदते अज़ली की दस्तगीरी से उसको बैअते हज़रत शेख़ुल इस्लाम शहाबुद्दीन उमर सहरवर्दी मयस्सर हुई। मुरीद होकर वह हज को गई। हज किया वापस आते हुये हमदान में ठहरी। चूँकि गाने में शोहरते ताम रखती थी। वालीए हमदान को ख़बर हुई। उसने अपने आदमियों को भेजा कि मुतरिबा को मुजरे के वास्ते हाज़िर करें वो लोग आये। क़मर ने जवाब दिया कि मैं तौबा कर चुकी हूं और ख़ाना ए काबा की ज़ियारत से

मुशर्रफ़ हो आई हूँ। मैं मुजरा न करूँगी। वाली ए हमदान ने यह जवाब सुनकर हुक्म दिया कि उसके साथ सख़्ती का बर्ताव करके हाज़िर लाओ। बेचारी क़मर मजबूर हुई और शेख़ यूसुफ़ हमदानी की ख़िदमत में हाज़िर होकर अर्ज़े हाल किया। शेख़ ने कहा कि तू उनसे कल का वादा कर। मैं आज रात को तेरे वास्ते दुआ बजनाबे बारी करूँगा। और सुबह तुझको उसके हाल से इत्तिला दूँगा। क़मर ने वापस आकर फ़रिस्तादगाने वाली–ए–हमदान से वादा कल के हाज़िर होने का किया। वो लोग चले गये। यह दूसरे रोज़ अलस्सुब्ह यूसुफ़ हमदानी की ख़िदमत में पहुँची। शेख़ ने फ़रमाया कि तेरे ख़ज़ाना ए तक़दीर में एक मआसियत बाक़ी रह गई है। यह हैरान हुई और फ़रिस्तादगाने वाली–ए– हमदान खींच कर ले गये और चंग क़मर के साथ में दिया। मजबूरन बजाना और गाना पड़ा।

क़मर ने उसी वक़्त एक बैत इन्शा की और इस अन्दाज़ से गाई कि हाज़िरीन को रिक़्क़त हुई और उसी मजलिस में वाली ए हमदानो दीगर मुलूक ताइब हुए। अलहम्दु लिल्लाहे अला ज़ालेका।"

(उर्दू तर्जुमा फ़वाइदुल फ़ुआद अज़ शम्स बरेलवी, पृ.सं. 364)

14. हज़रत शेख़ अबुल हसन ख़रक़ानी र.अ.– ख़्वाजा मुईनुद्दीन चिश्ती जब ख़रकान गए तो शेख़ अबुल हसन ख़रक़ानी के मज़ार पर हाज़िरी दी और रूहानी बरकतें हासिल कीं। शेख़ साहब के रूहानी मरतबे का अन्दाज़ा दर्जे ज़ैल इबारत से लगाया जा सकता है –

"हज़रत शेख़ अबुल हसन ख़रक़ानी र.अ. सिलसिला–ए–नक़शबन्दिया के नामवर बुज़ुर्ग हैं जिनके फ़ैज़े रूहानी से लाखों इन्सान फ़ैज़याब हुये। जब सुल्तान महमूद ग़ज़नवी ने हज़रत शेख़ के कमालात की शोहरत सुनी तो उस के दिल में एक मर्दे जलील से मुलाक़ात का शौक़ पैदा हुआ। उस वक़्त सुल्तान महमूद ग़ज़नवी सियासी उमूर की अन्जामदही के लिये ख़ुरासान आया हुआ था और हज़रत शेख़ अबुल हसन ख़रक़ानी इसी तारीख़ी शहर के क़रीब ख़रक़ान में क़याम फ़रमा थे। सुल्तान महमूद, हज़रत शेख़ से मुलाक़ात के लिये तैयार हो चुका था मगर अचानक उसने अपना इरादा तब्दील कर दिया। मुसाहिबीने ख़ास ने पूछा तो सुल्तान ने जवाब दिया –

"मैं सियासी ग़रज़ से ख़ुरासान आया था, इसलिये शर्म आती है कि ख़ुदा के ख़ास बन्दों की ज़ियारत के लिये हाज़िरी दूं।"

यह कहकर सुल्तान महमूद ग़ज़नवी हिन्दुस्तान की तरफ़ रवाना हो गया और वहाँ उसने कई राजाओं से जंगें लड़ीं। फिर अपनी फ़ुतूहात में मज़ीद इज़ाफ़ा करके ग़ज़नी वापस लौट गया।

ग़ज़नी पहुँच कर सुल्तान ने हज़रत शेख़ अबुल हसन ख़रक़ानी की ज़ियारत के लिये बतौरे ख़ास ऐहराम बाँधा और ख़रक़ान रवाना हो गया। फिर जब सुल्तान महमूद ग़ज़नवी ख़रक़ान पहुँचा तो उसने अपने एक ख़ादिमे ख़ास के ज़रीये हज़रत शेख़ अबुल हसन ख़रक़ानी की ख़िदमत में यह पैग़ाम भेजा।

"बादशाह आप से मिलने के लिये ग़ज़नी से चल कर खुरासान आया है। अब अख़लाक़ का तक़ाज़ा यही है कि आप भी अपनी ख़ानक़ाह से बाहर तशरीफ़ लायें और सुलतान से मुलाक़ात करें।"

इसके साथ ही सुल्तान महमूद ग़ज़नवी ने अपने क़ासिद से कहा अगर हज़रत शेख़ बाहर आने से इन्कार करें तो उन्हें यह फ़रमाने खुदावन्दी सुना देना –

"ऐ ईमान वालो! इताअत करो अल्लाह की और अल्लाह के रसूल स.अ.व. की और उन लोगों की जो तुम पर हाकिम हैं।"

हज़रत शेख़ अबुल हसन ख़रक़ानी ने सुल्तान महमूद ग़ज़नवी का पैग़ाम सुनकर फ़रमाया –"मुझ फ़कीर को इस ख़िदमत से मअज़ूर समझा जाये।" हज़रत शेख़ अबुल हसन ख़रक़ानी का इशारा ख़ानक़ाह से निकल कर सुल्तान का इस्तिक़बाल करने की तरफ़ था।

हज़रत शेख़ के इन्कार के बाद क़ासिद ने सुल्तान के हुक्म के मुताबिक़ कुरआने करीम की आयते मुक़द्दसा की तिलावत की।

इसके जवाब में हज़रत शेख़ अबुल हसन ख़रक़ानी ने फ़रमाया – "सुल्तान से जाकर कहो कि मैं अब तक अल्लाह तआला की इताअत में इस हद तक मुस्तग़रक़ हूँ कि मुझे रसूल स.अ.व. की इताअत के मरतबे तक न पहुँचने पर शदीद नदामत है। मैं भला ऐसी सूरत में हाकिम की इताअत की तरफ़ कैसे मुतवज्जह हो सकता हूँ।"

हज़रत शेख़ अबुल हसन ख़रक़ानी का जवाब सुनकर सुल्तान महमूद ग़ज़नवी बहुत रोया। फिर उसने अपने मुसाहिबीन से कहा – "चलो। हम खुद ही चल कर हज़रत शेख़ की ज़ियारत का शरफ़ हासिल करते हैं।

यह मर्दे हक़ आगाह ऐसे नहीं हैं जैसा कि हमने ग़लती से उन्हें समझ रखा है।"

यह कहकर सुल्तान महमूद ग़ज़नवी ने अपना लिबास अपने महबूब गुलाम अयाज़ को पहनाया और ख़ुद अयाज़ का लिबास पहनकर हज़रत शेख़ अबुल हसन ख़रक़ानी की ख़ानक़ाह की तरफ़ रवाना हो गया। इसके अलावा सुल्तान ने अपनी दस कनीज़ों को मर्दाना लिबास पहनाये और उन्हें अपने साथ ले लिया। फिर ये लोग इस तरह हज़रत शेख़ अबुल हसन ख़रक़ानी के सामने पहुँचे कि गुलाम अयाज़ सुल्तानी लिबास में जलवागर था और मन्सूबे के मुताबिक़ हाज़िरीन के आगे आगे था। हज़रत शेख़ ने आने वालों के सलाम का जवाब तो दे दिया मगर सुल्तान महमूद ग़ज़नवी के एहतराम में अपनी नशिस्त से उठ कर खड़े नहीं हुये बल्कि गुलाम अयाज़ की तरफ़ मुतव्वजह हुये। अभी हज़रत शेख़ अबुल हसन ख़रक़ानी कुछ फ़रमाने ही वाले थे कि गुलाम अयाज़ दरमियान में बोल उठा –

"शेख़। इसकी क्या वजह है कि आज न तो बादशाह की ताज़ीम के लिये उठे और न आपने इस तरफ़ कोई तवज्जुह फ़रमाई। क्या फ़क्र के जाल की यही कायनात है कि फ़रमाँरवा को इस तरह नज़रअंदाज़ कर दिया जाये?"

हज़रत शेख़ अबुल हसन ख़रक़ानी ने गुलाम अयाज़ की बात सुनी और मुस्कुराते हुए फ़रमाया – "हाँ! जाल तो यही है मगर तेरा मुख़ातिब इस जाल का गिरफ़्तार नहीं है।

सुल्तान महमूद ग़ज़नवी का मन्सूबा नाकाम हो चुका था, वह अपनी जगह से उठा और हज़रत शेख़ अबुल हसन ख़रक़ानी के सामने आकर निहायत अदब के साथ बैठ गया फिर अर्ज़ करने लगा –

"शेख़! कुछ इरशाद फ़रमाइये।"

हज़रत शेख़ अबुल हसन ख़रक़ानी ने उन कनीज़ों की तरफ़ देखा जो मर्दाना लिबास में ख़ानक़ाह में मौजूद थीं। "पहले इन नामेहरमों को यहाँ से उठाओ।"

सुल्तान महमूद ग़ज़नवी अपने मन्सूबे को नाकाम होते देख कर बहुत शर्मिन्दा हुआ। फिर उसने कनीज़ों की तरफ़ इशारा किया। कनीज़ें सर

झुकाए ख़ानक़ाह से उठ कर चली गईं तो सुल्तान महमूद ग़ज़नवी ने दोबारा अर्ज़ किया।

"शेख़! मुझे हज़रत बायज़ीद बुस्तामी की कोई हिकायत सुनाइये।"

हज़रत शेख़ अबुल हसन ख़रक़ानी ने फ़रमाया – "शेख़ बायज़ीद का इरशाद है कि जिसने मुझे देख लिया, वह ज़ुल्म व सितम की तमाम बुराइयों से महफ़ूज़ हो गया।"

यह सुनकर सुल्तान महमूद ग़ज़नवी ने कहा – "यह बात मेरी समझ में नहीं आई। क्या मआज़ल्लाह बायज़ीद बुस्तामी का मर्तबा सरवरे कोनैन स.अ.व. के मर्तबे से भी ज़्यादा है। हुज़ूरे अकरम स.अ.व. के देखने वालों में भी सभी लोग हिदायत याफ़्ता नहीं थे। अबू जहल और अबू लहब वैसे ही काफ़िर रहे। फिर बायज़ीद बुस्तामी के देखने वालों में हर ज़ालिम किस तरह अच्छा इन्सान बन सकता है?"

सुल्तान महमूद ग़ज़नवी की बात सुन कर हज़रत शेख़ अबुल हसन ख़रक़ानी ने नाखुशगवार लहजे में फ़रमाया – "महमूद। तू अपनी बिसात से बढ़ कर बातें न कर। अदब को मलहूज़ रख। बेअदबी के साथ विलायत की दुनिया में क़दम न रख। तुझे अच्छी तरह जान लेना चाहिए कि रिसालते मआब स.अ.व. को सिवाय चार दोस्तों (हज़रत सिद्दीक़े अकबर, हज़रत उमर फ़ारूक़े आज़म, हज़रत उस्मान ग़नी और हज़रत अली) और दूसरे सहाबा–ए–किराम के सिवा किसी और ने नहीं देखा। क्या तूने कुरआने करीम की यह आयत नहीं सुनी?"

"और तुम देखते हो ऐसे लोगों को कि वो नज़र करते हैं तुम्हारी तरफ़ हालाँकि हकीकतन तुम को नहीं देख सकते।"

सुल्तान महमूद ग़ज़नवी को हज़रत शेख़ हज़रत अबुल हसन ख़रक़ानी का यह जवाब बहुत पसंद आया। फिर उसने निहायत अक़ीदतमंदाना लहजे में कहा – "शेख़! मुझे कोई नसीहत फ़रमाइये।"

हज़रत शेख़ अबुल हसन ख़रक़ानी ने फ़रमाया – "तुझे चाहिये कि चार चीज़ों को इख़्तियार करे, अव्वल **नमाज़ बाजमाअत**, दोवम **परहेज़गारी**, सोवम **सख़ावत**, और चहारूम **शफ़क़त**।"

सुल्तान महमूद ग़ज़नवी ने हज़रत अबुल हसन ख़रक़ानी की बारगाह में सरे नियाज़ ख़म कर दिया – "मेरे हक़ में दुआएँ ख़ैर फ़रमाईये।"

हज़रत शेख़ अबुल हसन ख़रक़ानी ने सुल्तान की दरख़्वास्त सुनकर फ़रमाया – "मैं पाँचों वक़्त की नमाज़ के बाद यह दुआ करता हूं ऐ अल्लाह! तमाम मोमिनीनो मोमिनात की मग़फ़िरत फ़रमा दे।"

सुल्तान महमूद ग़ज़नवी ने अर्ज़ किया – " शेख़ यह तो आम दुआ है मेरे लिये कोई ख़ास दुआ फ़रमाइये।"

हज़रत शेख़ अबुल हसन ख़रक़ानी ने फ़रमाया – जा! तेरी आक़ेबत महमूद हो।"

इस दुआ के बाद सुल्तान महमूद ग़ज़नवी ने अशरफ़ियों से भरी हुई एक थैली हज़रत शेख़ अबुल हसन ख़रक़ानी की ख़िदमत में पेश की। जवाब में हज़रत शेख़ ने जौ की सूखी हुई रोटी सुल्तान के सामने रखते हुए फ़रमाया "फ़कीर की ज़ियाफ़त कुबूल कीजिये।"

सुल्तान महमूद ग़ज़नवी ने जौ की रोटी उठा ली और उसे काट कर खाने की कोशिश की। रोटी इस क़दर सख़्त थी कि उसका चबाना बहुत मुश्किल था। सुल्तान ने किसी न किसी तरह रोटी का टुकड़ा तोड़ लिया तो उसे निगलना दुश्वार था। हज़रत शेख़ अबुल हसन ख़रक़ानी ने महमूद ग़ज़नवी की यह हालत देख कर फ़रमाया –

"सुल्तान। क्या यह हमारी रोटी तुम्हारे गले में अटकती है?"

सुल्तान महमूद ग़ज़नवी ने इस्बात में जवाब दिया तो हज़रत शेख़ अबुल हसन ख़रक़ानी ने फ़रमाया – "जिस तरह हमारी यह ख़ुश्क रोटी तुम्हारे गले से नहीं उतरती, उसी तरह तुम्हारी अशरफ़ियाँ भी हमारे गले में अटक जाती हैं। इन्हें हमारे सामने से उठा लो क्योंकि हम बहुत पहले दौलत को तलाक़ दे चुके हैं।"

यह सुनकर सुल्तान महमूद ग़ज़नवी का चेहरा उतर गया – "फिर भी शेख़। मुझे कुछ तो तबर्रूक अता फ़रमाऐं।" सुल्तान ने निहायत आजिज़ाना लहजे में दरख़्वास्त की।

हज़रत शेख़ अबुल हसन ख़रक़ानी उसकी ताज़ीम के लिये अपनी मसनद से उठ कर खड़े हो गये। हज़रत शेख़ के इस अमल पर सुल्तान महमूद ग़ज़नवी ने हैरत का इज़हार करते हुए कहा –

"शेख़! आख़िर इसकी क्या वजह है कि जब मैं हाज़िर हुआ था तो आपने मेरी तरफ़ ज़रा भी इलतिफ़ात नहीं फ़रमाया था मगर जब मैं वापस जा रहा हूँ तो आप मेरे लिये उठ कर खड़े हो गये हैं?"

हज़रत ने फ़रमाया "जब तुम ख़ानक़ाह में दाख़िल हुये थे तो बादशाही के नशे से सरशार थे। मज़ीद यह कि तुम मेरा इम्तिहान लेने की ग़रज़ से यहाँ आये थे.... मगर अब तुम आजिज़ी और इन्किसार के साथ वापस जा रहे हो, इसलिये फ़क़ीर पर भी तुम्हारा एहतेराम लाज़िम है।"

अलग़रज़ सुल्तान महमूद ग़ज़नवी हज़रत शेख़ अबुल हसन ख़रक़ानी से मुलाक़ात करके ग़ज़नी वापस आया। वह हज़रत शेख़ के अता कर्दा ख़िरक़े को बड़ी हिफ़ाज़त के साथ हर वक़्त अपने पास रखता था। फिर जब सुल्तान महमूद ग़ज़नवी ने सोमनाथ पर इमला किया तो उसका मुक़ाबला परमदेव से हुआ। जंग के दौरान एक ऐसा नाज़ुक और संगीन मरहला भी आ गया था कि फ़रीक़ैन (विरोधियों) के लश्कर ग़ालिब आने लगे थे और सुल्तान महमूद ग़ज़नवी को अपनी शिकस्त का ख़तरा लाहक़ हो गया था। ऐसी अज़ीयतनाक साअत में सुल्तान घोड़े से नीचे उतर आया। हज़रत शेख़ अबुल हसन ख़रक़ानी के अता कर्दा ख़िरक़े को लेकर सज्दे में चला गया। फिर फ़ातहे सोमनाथ ने इन अल्फ़ाज़ के साथ दुआ मांगी – " ऐ मालिके अरज़ो समा! इस ख़िरक़े के मालिक के तुफ़ैल मुझे दुश्मनों पर ग़लबा अता फ़रमा। मैं तुझ से वादा करता हूँ कि मुझे जिस क़दर माले ग़नीमत हासिल होगा, उसे ग़रीबों और मोहताजों में तक़सीम कर दूँगा।"

तमाम मौतबर मौर्रेख़ीन का बयान है कि दुआ के माँगते ही आसमान के एक हिस्से से स्याह बादल उठे और फिर देखते ही देखते पूरे आसमान पर छा गये। बादल की ख़ौफ़नाक गरज और बिजली की हौलनाक चमक से विरोधियों का लश्कर हिरासां हो गया .... और ऐसी तारीकी छा गई कि विरोधी बदहवासी के आलम में एक दूसरे से उलझ पड़े और आपस में ही लड़ने लगे। इस वहशत और इन्तिशार के बाइस परमदेव की फ़ौज मैदाने जंग से भाग निकली और सुल्तान महमूद ग़ज़नवी को एक यादगार फ़तह हासिल हुई।

मशहूर मोअर्रिख़ अबू क़ासिम फ़रिश्ता कहता है – "मैंने एक मौतबर तारीख़ में यह रिवायत देखी है कि जिस रोज़ सुल्तान महमूद ग़ज़नवी ने हज़रत शेख़ अबुल हसन ख़रक़ानी के ख़िरक़े को हाथ में लेकर दुआ मांगी उसी रात सुल्तान ने हज़रत शेख़ अबुल हसन ख़रक़ानी को ख़्वाब में देखा। हज़रत शेख़ ने सुल्तान से फ़रमाया –

"महमूद! तूने मेरे ख़िरक़े की इज़्ज़त नहीं की। अगर तू फ़तह की दुआ के बजाय तमाम ग़ैर मुसलमानों से इस्लाम ले आने की दुआ करता तो वह भी क़ुबूल हो जाती।"

(अल्लाह के वली अज़ ख़ान आसिफ़, पृ.सं. 495–499)

15. शेख़ अब्दुल्लाह अन्सारी र.अ.– ख़्वाजा मुईनुद्दीन चिश्ती र.अ. जब हिरात पहुँचे तो उन्होंने शेख़ुल इस्लाम अब्दुल्लाह अन्सारी के मज़ार पर मुराक़बा किया और सारी रात इबादत में मशग़ूल रहे। आपके हालात सफ़ीनतुल औलिया में इस तरह लिखे हुए हैं –

"आपकी कुन्नियत अबू इस्माईल है। आपके वालिद का नाम अबू मन्सूर मुहम्मद अल अन्सारी है। लक़ब शेख़ुल इस्लाम है। जिस जगह नफ़हातुल अनस और इस किताब में सिर्फ़ शेख़ुल इस्लाम मज़कूर है। इससे मुराद आप ही हैं। अन्सारी इब्ने अबी अय्यूब अन्सारी हैं जो रसूल अल्लाह स.अ. व. के साहिबे अजल्ल और रफ़ीक़े राह थे और यही अन्सारी एहदे ख़िलाफ़ते उस्मान हैं। अहनफ़ बिन क़ैस के हमराह ख़ुरासान आये और हिरात में मुस्तक़िल मुक़ीम हो गये। शेख़ुल इस्लाम मशाइख़े कुब्बार में हैं। आप साहिबे मक़ामात व करामात थे। अपने ज़माने में यकताऐ रोज़गार थे। आपने फ़रमाया कि जब मैं नौ साल का हुआ तो मैं क़ाज़ी से इमला लिखता था। चौदह साल का हुआ तो मुझे मजलिस में बिठा दिया गया और मैं मकतबाए अदब में सबसे छोटा था। अरबी में शेअर कहता था। लोग मुझ पर हसद करते थे। आपके कलाम का मजमूआ चन्द हज़ार बैत से ज़्यादा है। आपने फ़रमाया कि अशआरे अरब से मुझे एक लाख बैत हिफ़्ज़ याद हैं नीज़ फ़रमाया कि तीन लाख हदीसें याद हैं जो हज़ारों असातज़ा से हासिल की हैं। फ़रमाया कि किसी ने मेरे ज़माने में वह नहीं किया जो मैंने किया। अगर मैं अपने जिस्म पर हाथ रख देता आप फ़रमाते यह क्या है तो मुझे इस सिलसिले में भी एक हदीस मालूम थी। फ़रमाया तीन सौ आदमियों से मैंने हदीस लिखी है जो सब साहिबे हदीस थे। फ़रमाया कि क़ाज़ी इब्राहीम ने मुझ से फ़रमाया कि मैंने अल्लाह तआला को ख़्वाब में देखा। मैंने अर्ज़ किया ऐ ख़ुदा! बन्दा तेरे पास कहाँ पहुँच सकता है। फ़रमाया उस वक़्त कि कोई मानेअ न हो जो मुझ से रोक दे।

आपकी विलादत जुम्ए के दिन ग़ुरूबे आफ़ताब के वक़्त माहे शाबान में मौसमे बहार में 396 हि. में हुई। वफ़ात रबीउल आख़िर के वस्त में

481 हि. को। उम्र शरीफ़ 85 साल हुई, मज़ार व दरगाह हिरात में वाक़ेअ है।"

(उर्दू तर्जुमा सफ़ीनतुल औलिया अज़ मुहम्मद अली लुत्फ़ी, पृ.सं. 211)

16. शेख़ अली हज्वेरी र.अ. (दातागंज बख़्श)– हज़रत ख़्वाजा मुईनुद्दीन चिश्ती विभिन्न स्थानों की यात्रा करते हुए लाहौर आए तो शेख़ अली हज्वेरी, जिन्हें दातागंज बख़्श के नाम से जाना जाता है, के मज़ार पर क़याम करके चिल्लहकशी करते हैं और रूहानियत के इस सरचश्मे से सैराब होकर आगे बढ़ते हैं। शेख़ अली हज्वेरी के हालात सफ़ीतनतुल औलिया में इस तरह दर्ज हैं–

"आपकी कुन्नियत अबुल हसन है। वालिद का नाम उस्मान बिन अबी अली अल जलाली अलग़ज़नवी है, आप सह्व थे चुनाँचे इस सिलसिले में फ़रमाते थे कि मेरे शेख़ जुनैदी मज़हब रखते थे और फ़रमाते थे कि सुक्र बच्चों का खेल है। और सह्व मर्दों का कारनामा। मैं अली बिन उस्मान जलाली अपने शेख़ के क़दम बा क़दम हूँ कि साहिबे सुक्र का कमाल हाले सह्व होता है और अदना दरजा सह्व का दीदार से महरूमी है क्योंकि बशरिय्यत का हिजाब ग़ालिब है। पस वो सह्व जो आफ़त मालूम हो। वह ऐन सुक्र से बदरजहा बेहतर है। आप शेख़ अबुल फ़ज़्ल बिन हसन अल ख़तली के मुरीद हैं और वह हज़री के मुरीद और वह शेख़ शिबली के मुरीद हैं। आपने शेख़ अबुल क़ासिम कुशेरी वग़ैरह बहुत से मशाइख़ को देखा। मज़हबन आप हनफ़ी थे। ग़ज़नीं के रहने वाले जलाब और हज्वैर शहर ग़ज़नीं के दो मोहल्लों के नाम हैं कि एक मोहल्ले से दूसरे मोहल्ले में आप मुन्तक़िल हो गये थे। आपकी वालेदा की क़ब्र ग़ज़नीं में वाक़े है और एक मस्जिद भी जो आपने ख़ुद तामीर कराई थी। जिसका मेहराब दूसरी मस्जिद की निस्बत जुनूब की तरफ़ झुका हुआ है। रिवायत है कि उस वक़्त के औलमा ने इस मेहराब के टेढ़ा होने की बाबत ऐतराज़ किया था। एक दिन आपने सब को जमा किया। इमामत फ़रमाई। और बादे नमाज़ सब को ख़िताब किया कि देखो काबा किस तरफ़ है। तमाम हिजाबात दरमियान में उठे हुए थे और काबा मजाज़ी नज़र आता था। आपकी क़ब्र अपनी मस्जिद के मुवाफ़िक़ सम्त में है और वालिदा माजेदा की क़ब्र भी ग़ज़नीं में है। पीर अली हज्वेरी के मामूँ ताजुल औलिया के

मज़ार के मुत्तसिल। आपका तमाम ख़ानदान ज़ुहदो तक़्वा के लिये मशहूर था। आपकी तसानीफ़ बेशुमार हैं। कशफुल महजूब ज़्यादा मशहूर है और किसी को इस किताब पर कोई कलाम नहीं। यह तसनीफ़ दर हक़ीक़त कामिल रहनुमा है। कुतुबे तसव्वुफ़ में एक मुरशिदे कामिल है। फ़ारसी ज़बान में ऐसी कामिल किताब तसनीफ़ नहीं हुई।

आपके ख़वारिक़ व करामात बेशुमार हैं। बारहा आपने तजरीदो तवक्कुल पर सफ़र किया है। बड़ी सैर व सय्याहत के बाद दारूस सल्तनत लाहौर में आकर सुकूनत इख़्तियार फ़रमा ली। इस अतराफ़ के तमाम बाशिन्दे आपके मुरीद और मुअतक़िद हैं। लाहौर एक निहायत मुतबर्रिक और बुज़ुर्ग शहर है। इस जैसा शहर ज़मीन पर दूसरा नहीं है। आज वहाँ औलिया व सालेहीन ओलमा व फ़ोज़ला का मरकज़ बना हुआ है। बहुत से मशाइख़ और औलिया के मज़ारात हैं। एक मशहूर रिवायत है कि शहर लाहौर के मोहल्ला तिला में उस वबा से क़ब्ल जो शहर लाहौर में फैली थी। मर्द व औरत छोटे बड़े कई हज़ार हुफ़्फ़ाज़ मौजूद थे। और इस मोहल्ले में आज भी काफ़ी हुफ़्फ़ाज़ हैं। आपकी वफ़ात 456 हि. या 454 हि. को हुई। क़ब्र मुबारक लाहौर के मग़रिबी क़िले में वाक़े है। हर जुमैरात को आपके रोज़ा–ए–अतहर पर हज़ारों आदमी हाज़िर होते हैं। और मशहूर है कि जो शख़्स चालीस जुमैरात या चालीस दिन कामिल रोज़े का तवाफ़ करले उसकी हर ज़रूरत पूरी होती है।

17. शेख़ हुसैन ज़न्जानी र.अ.– इक़्तिबासुल अनवार (शेख़ मो. अकरम कुद्दूसी मुतर्जिम कैप्टन वाहिद बख़्श) में लिखा हुआ है कि ख़्वाजा मुईनुद्दीन चिश्ती ने लाहौर पहुँचकर "दातागंज बख़्श के मज़ार पर हाज़िरी दी और फ़ैज़ हासिल किया। उस वक़्त शेख़ हुसैन ज़न्जानी कुद्देसा सिर्रहू मौजूद थे। ख़्वाजा ए बुज़ुर्ग (ख़्वाजा मुईनुद्दीन चिश्ती र.अ.) और उनके माबैन बेहद मुहब्बत हो गई।" **(इक़्तिबासुल अनवार, पृ. 359)**

शेख़ हुसैन ज़न्जानी से ख़्वाजा साहब की मुलाक़ात ना मुमकिन है क्योंकि दोनों के ज़माने में बड़ा फ़र्क़ है। जिस समय शेख़ अली हज्वेरी र.अ. लाहौर में दाख़िल होते हैं तो शेख़ हुसैन ज़न्जानी का जनाज़ा आ रहा था। शेख़ अली हज्वेरी उनकी तदफ़ीन में शरीक हुए। शेख़ हुसैन ज़न्जानी की पैदाइश 26 शाबान 347 हि. यानि 12 नवम्बर 958 ई. को हुई और वफ़ात 431 हि. यानि 1039 ई . को हुई। और ख़्वाजा मुईनुद्दीन चिश्ती र.अ. की पैदाइश

14 रजब 530 हि. मुताबिक 18 अप्रेल 1136 ई. में हुई। यानि शेख़ हुसैन ज़न्जानी की वफ़ात के 97 साल बाद ख़्वाजा मुईनुद्दीन चिश्ती र.अ. पैदा हुए। ज़ाहिर बात है इन दोनों की मुलाक़ात मुमकिन नहीं है। ऐसी सूरत में दोनों की मुलाक़ात का ज़िक्र करने वाले तज़करा निगारों से साफ़ तौर पर भूल हुई मालूम होती है। हाँ इतना ज़रूर है कि ख़्वाजा मुईनुद्दीन चिश्ती र.अ. ने उनके मज़ार की ज़ियारत कर रूहानी तअल्लुक़ क़ायम किया होगा जिसे तज़करा निगारों ने भूलवशः मुलाक़ात लिख दिया है।

18. शेख़ शहाबुद्दीन उमर बिन मुहम्मद सुहरवर्दी र.अ.– ख़्वाजा मुईनुद्दीन चिश्ती ने बग़दाद में अपने ज़माने की जलीलुल क़द्र रूहानी शख़्सियतों से मुलाक़ातें कीं। उनमें से कई तो उनसे उम्र में बड़े थे जिन्होंने ख़्वाजा साहब के नियाज़मन्दाना रवैये को देखकर उन्हें दुआओं से नवाज़ा। कुछ लोग उनके हम उम्र और कुछ उनसे छोटे भी थे लेकिन रूहानियत के मरतबों में अपने अपने अन्दाज़ में कमाल को पहुँचे हुए थे। ख़्वाजा साहब के रूहानी मरातिब से उन्होंने बहुत कुछ सीखा। ऐसे ही एक बहुत बड़े वली शेख़ शहाबुद्दीन उमर बिन मुहम्मद सुहरवर्दी थे जिन्होंने ख़्वाजा मुईनुद्दीन चिश्ती के रूहानी कमालात से फ़ैज़ पाया। वह ख़्वाजा साहब की बहुत इज़्ज़त करते थे। दोनों बुज़ुर्गों के मरासिम दोस्ताना थे। उनका एक वाक़ेआ हज़रत निज़ामुद्दीन औलिया के मलफ़ूज़ात मुरत्तबा ह0 अमीर उला सिज्ज़ी के उर्दू तर्जुमे में इस तरह मिलता है –

"इसके बाद यह हिकायत बयान फ़रमाई कि ज़माने मुबारक हज़रत शेख़ शहाबुद्दीन उमर सुहरवर्दी र.अ. में एक फ़लसफ़ी बादशाहे वक़्त के पास आया और यह चाहा कि बादशाह को तरीक़े हक़ से बरगश्ता करे, बहसो मुबाहेसा शुरू किया था कि यह ख़बर हज़रत को पहुंची। आपने ख़याल किया कि अगर सुल्ताने वक़्त का अक़ीदा बदल जायेगा यह अम्र मूजिबे ख़राबी–ए–दीन होगा। यह सोच कर दौलत सराये ख़लीफ़ा की जानिब नहज़त फ़रमा हुये। यह वह वक़्त था कि ख़लीफ़ा उस फ़लसफ़ी से ख़लवत में बातें कर रहा था। आपने इत्तिला कराई, ख़लीफ़ा ने बुलाया मगर दोनों ने मुबाहेसा तर्क कर दिया, ख़ामोश हो रहे, आपने दरयाफ़्त फ़रमाया कि क्या गुफ़्तुगु दरपेश थी उन्होंने बाद इलहाहे हज़रत से बयान किया कि इस वक़्त हम इस अम्र में बहस कर रहे थे कि हरकते आसमानी तबई है या इरादी या क़सरी क्योंकि हरकात तीन अक़साम पर मुन्क़सिम

हैं। हरकते तबई यह है कि एक पत्थर हाथ से छोड़ा जाये और वह ज़मीन पर गिर पड़े। और हरकते इरादी यह है कि कोई शए अपने इरादे से खुद हरकत करे और हरकते क़सरी यह है कि उसको दूसरा शख़्स हरकत दे और उस ताक़त के ख़त्म होने के बाद वह हरकत बन्द हो जाये। अव्वलुज़ ज़िक्र हरकत तबई है और आख़िरूज़ ज़िक्र हरकते क़सरी, अब हम इस बहस में थे कि हरकते फ़लक तबई है या क़सरी। आपने इरशाद फ़रमाया कि हरकते फ़लक क़सरी है, हदीस शरीफ़ में वारिद हुआ है कि एक फ़रिश्ता है जो आसमान को हरकत देता है। हकीम यह सुनकर ख़न्दाज़न हुआ, शेख़ के मिज़ाज पर तग़य्युर आया, बाहर निकल आये और आसमान की तरफ़ मुंह उठाकर फ़रमाने लगे कि इलाही तू जो अपने ख़ास बन्दों को दिखाता है इनको भी दिखला। यह कहकर उनको बाहर बुलाया और जानिबे आसमान देखने के वास्ते कहा। ख़लीफ़ा और हकीम ने उस फ़रिश्ते को अपनी आँखों से देखा और इक़रार किया। आपकी इस करामत से उनके अक़ाइद गुमराही से बचे रहे। अलहम्दु लिल्लाहि रब्बिल आलमीन।''

(उर्दू तर्जुमा फ़वाइदुल फ़ुआद अज़ शम्स बरेलवी, पृ. 125–126)

इसी तरह ख़्वाजा बन्दा नवाज़ गैसूदराज़ ने शेख़ शहाबुद्दीन सुहरवर्दी र.अ. की एक करामत का ज़िक्र यूं किया है –

''एक मरतबा हज़रत शेख़ शहाबुद्दीन सुहरवर्दी के ज़माने में दजला पुर शोर और मुतलातुम हो गया था। इस तूफ़ान में बहुत से लोग ग़र्क़, बेशुमार लोग ख़ाँमाँ बरबाद और बहुत सी बस्तियां वीरान हो गईं। लोगों ने हज़रत शेख़ शहाबुद्दीन से फ़रियाद की, शेख़ ने अपने ख़ादिम को बुलाकर कहा दुर्रह लेकर जाओ और दजला के सिर पर मारो और कहो कि ब अदले उमर सुहरवर्दी अपनी असली हालत पर लौट जा। ख़ादिम हस्बुल हुक्म गया और इस करामत का मुशाहिदा करने के लिये एक आलिम उसके साथ हो गया। ख़ादिम ने जैसे ही दुर्रह मार कर यह जुम्ला कहा तीर की तरह दजला पीछे हट गया और अपनी जगह पर जाकर पुर सुकून हो गया।''

(उर्दू तर्जुमा जवामेउल किलम अज़ प्रो. मुईनुद्दीन दरदाई, पृ. 268–269)

19. शेख़ अब्दुल वाहिद ग़ज़नवी र.अ.– बड़े पाये के बुज़ुर्ग थे, उनसे ख़्वाजा मुईनुद्दीन चिश्ती की मुलाक़ात का बयान स्वयं ख़्वाजा साहब ने इस तरह किया है –

"एक मरतबा एक शहर में पहुँचा जो शाम के नज़दीक है। यहाँ एक बुज़ुर्ग अहद मुहम्मद अल वाहिद ग़ज़नवी एक ग़ार में रहा करते थे, बहुत लाग़िर थे, लबादे पर बैठते थे। दो शेर उनके सामने खड़े थे। दुआगो (ख़्वाजा ग़रीब नवाज़) शेरों की वजह से नज़दीक नहीं गया। जब उन बुज़ुर्ग ने देखा फ़रमाया – चले आओ। डरो नहीं।

कहने लगे **अगर किसी को ज़रर रसानी का क़स्द न करोगे तो वह भी तुम्हें नुक़सान नहीं पहुंचायेगा। शेर क्या चीज़ है जो उनसे ख़ौफ कीजिये, जो ख़ुदा से डरता है उससे सब डरते हैं।**

फिर पूछा कहाँ से आना हुआ?

मैंने कहा बग़दाद से।

कहने लगे ख़ूब आये, लेकिन यह ज़रूरी है कि दरवेशों की ख़िदमत किया करो ताकि तुम मर्दे बुज़ुर्ग बन जाओ।

फिर फ़रमाया – ख़िलक़त से उज़लत गुज़ीं होकर इस ग़ार में मुक़ीम हूँ और एक चीज़ के ख़ौफ़ से तीस साल रोते हुये गुज़र गये हैं।

मैंने दरयाफ़्त किया वह क्या चीज़ है?

फ़रमाया – नमाज़, जब मैं नमाज़ पढ़ता हूँ तो यह देख कर रोता हूं कि इस नमाज़ की क्या हक़ीक़त है जो मैं पढ़ता हूं, क्योंकि अगर ज़र्रा भर शर्ते नमाज़ फ़ौत हो जाये तो मेरा सब किया हुआ बेकार हो जाये।

फिर फ़रमाया – ऐ दरवेश! अगर **हक़ नमाज़ का अदा किया तो बड़ा काम किया, वरना उम्र ग़फ़लत में गुज़ारी।"**

(अज़ मुईनुल हिन्द, पृ. 25–26)

20. शेख़ अब्दुल ख़ालिक़ र.अ.– ख़्वाजा मुईनुद्दीन चिश्ती र.अ. को रूहानी सफ़र में जिन बुज़ुर्गों से फ़ैज़ पहुँचा उनमें ख़्वाजा अब्दुल ख़ालिक़ गुज्दवानी भी थे। सफ़ीनतुल औलिया में आपके बारे में लिखा है –

"आपके वालिद का नाम इमाम अब्दुल जमील है। आपकी वालिदा रोम के बादशाहों की औलाद में से थीं। सिलसिला–ए–ख़्वाजगान के सरदार

थे। ख़्वाजा बहाउद्दीन नक़्शबन्द क़द्दसा सिर्रहू की निस्बत आपकी तरफ़ है। उलूमे ज़ाहिरी व बातिनी में आलिम कामिल गुज़रे हैं। इत्तेबा–ए–सुन्नत व शरीअते हक़्क़ा आपका तरीक़ा था। हज़रत ख़िज़्र ने आपको अपनी फ़रज़न्दी में लेना क़ुबूल किया था। मअरेफ़ते इलाही के समन्दरे बे पायाँ में ग़ौता लगाना और गहराई–ए–क़ल्ब से ज़िक्रे इलाही में मशगूल रहना हज़रत ख़िज़्र अ.स. से सीखा था। जब ख़्वाजा यूसुफ़ हमदानी बुख़ारा पहुँचे तो आप उनकी सोहबत में हाज़िर रहने लगे। और ख़िरक़ा–ए– विलायत आपसे पहना, विलायत के इस दरजे पर पहुँचे हुए थे कि एक वक़्त की नमाज़ के लिये काबे में जाते और नमाज़ वहाँ पढ़ कर वापस आते।

आपकी विलादते शरीफ़ ग़ुज्दवान में हुई। ग़ुज्दवान छः फ़रसंग फ़ासले पर एक क़स्बे का नाम है वहीं आपकी परवरिश हुई। आपने ख़ुद फ़रमाया– "होश दारम व नज़र बर क़दम सफ़र दर वतन ख़लवत दर अंजुमन"

आपकी वफ़ात 575 हि. में हुई। मज़ारे मुबारक ग़ुज्दवान में है।"

(उर्दू तर्जुमा सफ़ीनतुल औलिया अज मुहम्मद अली लुत्फ़ी, पृ. 109)

21. शेख़ अबू सईद बिन अबुल ख़ैर र.अ.– जब ख़्वाजा मुईनुद्दीन चिश्ती अफ़ग़ानिस्तान के मैमना पहुँचे तो ख़्वाजा अबू सईद अबुल ख़ैर के मज़ार पर हाज़िरी दी। सूफ़ी शायरों में आपका मरतबा बहुत बुलन्द है। आपके हालात दारा शिकोह ने इस तरह क़लमबन्द किये हैं –

"नाम फ़ज़लुल्लाह है। मैमना ख़ुरासान के रहने वाले हैं। अपने वक़्त के बादशाह , अहले तरीक़त के सरदार हैं, गिरोहे हक़ीक़त के पैशवा और इमाम हैं। उलूमे ज़ाहिर व बातिन के बड़े आलिम और अपने हम असरों में मुमताज़ दरजे के मालिक थे। आप को शेख़ अबुल फ़ज़्ल बिन हसन सरहस्नी से निस्बते इरादत हासिल थी। अबू नस्र सिराज के मुरीद और वह अबू मुहम्मद मुरतइश के और वह सैयदुत्ताइफ़ा हज़रत जुनैद बग़दादी र.अ. के मुरीद थे। पीर अबुल फ़ज़ल की वफ़ात के बाद शेख़ अब्दुर्रहमान सल्लमा से ख़िरक़ा–ए–विलायत पहना। बअज़ मुश्किल मसाइल को हल करने और समझने के लिये एक साल कामिल शेख़ अबुल अब्बास क़स्साब आमली की ख़िदमत की। कहते हैं कि एक रात शेख़ अबुल अब्बास ख़ानक़ाह से बाहर आये चूंकि आपने फ़स्द कराई थी। इसलिये रग खुली हुई थी। शेख़ अबू सईद को मालूम हुआ। गोशा–ए–आफ़ियत से बाहर आये और शेख़ की ख़िदमत में हाज़िर हुये। हाथों को धुला कर बांधा। कपड़े उतारे, अपने

कपड़े उनके सामने रखे। शेख़ ने कपड़े ज़ैबे तन किये और अबू सईद ने आपके कपड़ों को धोया और सुखा कर शेख़ के पास ले कर हाज़िर हुए। शेख़ ने कपड़ों को पहनने का हुक्म दिया शेख़ अबू सईद ने कपड़े पहने और गोशे में जाकर बैठ गये। सुब्ह को जब दूसरे असहाब आये तो शेख़ अबू अब्बास के कपड़े शेख़ अबू सईद को और शेख़ अबू सईद के कपड़े शेख़ अबू अब्बास को पहने देखकर मुतअज्जिब हुये।

शेख़ अबू सईद के तसव्वुफ़ पर बेहतरीन अशआर हैं। मिनजुम्ला उनके ये रूबाइयात हैं –

जिस्म हमा अश्क गश्तो चश्मम बगुरीस्त
दर इश्क़े तो बेचश्म हमा बायद ज़ीस्तअज़
मन असरे नमान्द ईं इश्क़ अज़ चीस्तचू मन
हमा माशूक़ शुदम आशिक़ कीस्त

दर राहे यगान्गी न कुफ़्रस्तो न दीं
यक गाम ज़खुद बरूँ न दर राह बबीं
ऐ जाने जहां तो राहे इस्लाम गुज़ीं
बा मारे स्याह नशीनो बाख़ुद मनशीं

ता रूए तुरा बदीदम ऐ शमा तराज़
ने कार कुनम न रोज़ा दारम न नमाज
चूँ बा तो बुदम मजाज़े मन जुम्ला नमाज़
चूं बे तो बुदम नमाज़े मन जुम्ला नमाज़

यह रूबाई भी हज़रत की फ़रमाई हुई है और दफ़ा–ए–बुख़ार के लिये मुजर्रब है इसको कागज़ पर लिख कर बांध लिया जाये –

ऐ दर सिफ़ते ज़ाते तो हैरां कहोमहव
ज़ जुम्ला जहां ख़िदमते दरकारे तो बह
इल्लत तो सितानी व शिफ़ा हम तो दही
या रब तो बफ़ज़ले ख़ेश बिस्तानो बदह

शेख़ से पूछा गया कि तसव्वुफ़ किस को कहते हैं। फ़रमाया जो कुछ राज़ है उसको राज़ रख और जो कुछ हाथ में है वो बख़्शिश करो। और जो कुछ तेरे ऊपर आये उसको बख़ूबी बरदाश्त करें। आप से कहा गया कि फलां शख़्स पानी पर चलता है। फ़रमाया आसान है, बअज़ परिन्दे पानी के नीचे भी चले जाते हैं। किसी ने आपसे कहा कि फलां शख़्स हवा पर उड़ता है, फ़रमाया कि कव्वे और कलसियाँ भी हवा में उड़ती हैं। किसी ने कहा कि फलां शख़्स एक सैकण्ड में एक शहर से दूसरे शहर में पहुँच जाता है। फ़रमाया शैतान बयक नफ़स मशरिक़ से मग़रिब पहुँच जाता है। इस क़िस्म की चीज़ों की कोई क़ीमत नहीं। **मर्द वह है कि ख़ल्क़े ख़ुदा के दरमियान बैठे और लेन देन के मआमलात करे। बीबी बच्चों में रहे। लोगों से भी तअल्लुक़ रखे। और फिर एक लहज़ा के लिये भी अपने ख़ुदा से ग़ाफ़िल न रहे।**

आपकी विलादत यकशंबा माहे मुहर्रम 357 हि. को हुई। वफ़ात शबे जुम्आ 4 शाबान 440 हि. को, उम्र एक हज़ार महीने हुई। हज़रत शेख़ ने वसीयत फ़रमाई कि इन अब्बियात को हमारे जनाज़े के सामने पढ़ा जाये–

ख़ूबतर अन्दर जहां अज़ीं चे बुवद कार
दोस्त बर दोस्त रफ़्त यार ब यार
आं हमा अन्दोह बूद ई हमा शादी
वआं न्हमा गुफ़्तार बूद ई हमा किरदार

आपकी क़ब्र मुबारक मैमना में वाक़ेअ है।

(उर्दू तर्जुमा सफ़ीनतुल औलिया, पृ.सं. 207–208)

उपर्युक्त तमाम बुज़ुर्गों के हालात लिखने का उद्देश्य सिर्फ़ यही है कि हम ख़्वाजा मुईनुद्दीन चिश्ती र.अ. की रूहानी अज़मत को सही तरह से समझ सकें। उनकी शख़्सियत में जलाल व जमाल का जो रंग नज़र आता है। वह इन्हीं बुज़ुर्गों के सान्निध्य और रूहानी सम्पर्क का नतीजा था। इन बुज़ुर्गों ने अपनी दुआओं और शिक्षाओं से ख़्वाजा साहब की ज़िन्दगी पर गहरी छाप छोड़ी थी जिसे ख़्वाजा साहब के जीवन वृत्तान्त में भली भाँति देखा जा सकता है।

❖❖❖

अध्याय-6

ख़्वाजा मुईनुद्दीन चिश्ती र.अ. की मक्का से अजमेर की यात्रा का आश्चर्यजनक सत्य

तज़करों में वर्णित ख़्वाजा मुईनुद्दीन चिश्ती के विभिन्न चमत्कार– ख़्वाजा मुईनुद्दीन चिश्ती के हालात का वर्णन विभिन्न तज़करों और इतिहास की पुस्तकों में मिलता है। समय गुज़रने के साथ साथ श्रद्धालुओं के अनुभव और मिन्नतों के पूर्ण होने से चमत्कारों (करामात) में दिन प्रति दिन वृद्धि हो रही है और ख़्वाजा के अक़ीदतमंदों की तादाद भी बढ़ रही है। ख़्वाजा साहब पर उपलब्ध साहित्य में चमत्कारों का वर्णन इस क़दर है कि हम उसे चमत्कारी साहित्य का नाम दे सकते हैं। उन बेशुमार चमत्कारों में से कुछ इस तरह हैं कि जब ख़्वाजा साहब काबे (मक्का) गए तो उन्हें ईश्वरीय वाणी सुनाई दी और जब मदीने आए तो हज़रत मुहम्मद स.अ.व. ने उन्हें "सुल्तानुल हिन्द" का ख़िताब देकर अजमेर जाने का आदेश दिया और वहाँ की दुखी अवाम के दुखों को दूर करने और उन्हें जीवन का सही मार्ग बताने की ज़िम्मेदारी सौंपी। इसी तरह सब्ज़वार के शासक यादगार मुहम्मद की अय्याशाना (विलासितापूर्ण) ज़िन्दगी को ज़ाहिदाना (बुराइयों से बचती हुई) ज़िन्दगी में बदल डालना, पृथ्वीराज चौहान के ऊंटों का धरती से चिपक जाना, अनासागर के पानी का एक कूज़े (छोटे से बर्तन) में समा जाना, ख़्वाजा से नज़र मिलते ही तान्त्रिक शादी देव की ज़बान से मन्त्रोच्चारण के बजाय "रहीम रहीम" की आवाज़ निकलना, शादी देव का तौबा करना और ख़्वाजा का मुरीद बन जाना, जादूगर अजयपाल जोगी तथा उसके समस्त शिष्यों के ज़बरदस्त जादू से मुक़ाबला करना, अजयपाल जोगी का मुअल्लक़ (निराधार) रस्सी के द्वारा आसमान पर ग़ायब हो जाना तथा ख़्वाजा साहब की जूतियों का उसे आसमान से ज़मीन पर लाना

और उसका आजिज़ आकर ख़्वाजा की मुरीदी इख़्तियार करना तथा ख़्वाजा की मेहरबानी से उसका वली (सिद्ध पुरूष) बन जाना। एक बेगुनाह जिसे फांसी पर चढ़ा दिया गया था उसे दुआ करके ज़िन्दा कर देना। आतिश परस्तों (अग्निपूजकों) को यह चमत्कार दिखाना कि ख़्वाजा तो ख़्वाजा हैं उनकी जूतियों को भी आग नुक़सान नहीं पहुँचा सकती। आतिश परस्तों का यह देखकर ख़्वाजा का शिष्य बन जाना। दार्शनिक मौलाना ज़ियाउद्दीन जो सूफ़ियों का मज़ाक उड़ाता था, ख़्वाजा की नज़र पढ़ते ही अपना तमाम फ़लसफ़ा (दर्शन, हिकमत और ज्ञान को) भूल जाना तथा उसका अपने शागिर्दों (शिष्यों) सहित ख़्वाजा का मुरीद बन जाना। समरक़न्द में क़िब्ले की दिशा पर बहस करने वाले व्यक्ति को गर्दन पकड़ कर काबे का दर्शन करा देना। शहाबुद्दीन मुहम्मद गौरी को ख़्वाब में फ़तह की बिशारत (खुश ख़बरी) देना। इल्तुतमिश जब बारह वर्ष का था उसके बारे में हिन्दुस्तान का सुल्तान बनने की भविष्यवाणी करना। पृथ्वीराज के द्वारा सताए जाने पर ख़्वाजा की ज़बान से यह निकलना कि "मैंने उसे ज़िन्दा लश्करे इस्लाम के हवाले किया" और कुछ ही दिनों बाद पृथ्वीराज चौहान का तराइन के द्वितीय युद्ध (1192 ई.) में पराजित होकर ज़िन्दा पकड़ा जाना। ख़्वाजा बख़्तियार काकी पर फ़ाहेशा (दुराचारी) औरत का इल्ज़ाम लगाना, तमाम गवाहों से मायूस होकर बख़्तियार काकी का अपने पीर ख़्वाजा मुईनुद्दीन चिश्ती को याद करना, ख़्वाजा साहब का दिल्ली आकर मुक़दमे की पैरवी करना तथा दो माह के शिशु की ज़बान से सच कहलवाकर बख़्तियार काकी की बेगुनाही साबित करना। ख़्वाजा मुईनुद्दीन चिश्ती के मुरीद शेख़ अली को क़र्ज़ ख़्वाह (कर्ज़दाता) का तंग करना और ख़्वाजा की चादर के नीचे से अपने क़र्ज़ से ज़्यादा रक़म निकालने पर क़र्ज़ख़्वाह के हाथ का ख़ुश्क हो जाना और मुआफ़ी (क्षमा) मांगने पर हाथ का पुनः असली हालत में आ जाना। ख़्वाजा की हत्या के इरादे से आने वाले व्यक्ति को ख़्वाजा का यह कहना कि जिस काम के लिए आए हो उसे पूरा करो और उसका सही बात बताकर ख़्वाजा का मुरीद बन जाना। ख़्वाजा साहब की मृत्योपरान्त उनके माथे पर "हाज़ा हबीबुल्लाह माता फ़ी हुब्बिल्लाह" अर्थात् आप ईश्वर के दोस्त थे और ईश्वर की मुहब्बत में ही वफ़ात (मृत्यु) पाई, इबारत ज़ाहिर होना, ऐसे चमत्कार हैं जो विभिन्न पुस्तकों में वर्णित हुए हैं।

वो चमत्कार जिनका सिलसिला आज भी जारी है– वफ़ात के बाद भी सुल्तानों, मुग़ल बादशाहों, राजा–महाराजाओं, नवाबों, अमीरों, दरवेशों,

आलिमों, शासकों–प्रशासकों, विभिन्न देशों के मंत्रियों, प्रधानमंत्रियों, राष्ट्रपतियों, उद्योगपतियों, फिल्म अदाकारों तथा खिलाड़ियों का ख़्वाजा के मज़ार से आशीर्वाद लेना तथा अपने कारोबार में कामयाबी प्राप्त करना, सदियों से लंगर व्यवस्था (ग़रीबों को मुफ़्त खाना) का क़ायम रहना और ख़्वाजा की क़ब्र के तुफ़ैल अजमेर की अर्थ व्यवस्था का सुदृढ़ होना आदि ऐसी करामात (चमत्कार) हैं जिन्हें प्रत्यक्ष रूप से देखा जा सकता है। लेकिन आज के दौर में वैज्ञानिक सोच रखने वाले व्यक्ति शायद इसे ख़ुश अक़ीदगी (अन्धभक्ति) का नाम दें या भक्तों की अतिशयोक्ति का नतीजा कह सकते हैं। दरअसल वलियों की ज़िन्दगी के वाक़ेआत (घटनाऐं) करिश्मों और करामतों से कम नहीं होते। उनकी जीवनचर्या, व्यवहार, रहन–सहन, मेलजोल सभी कुछ, गहन अध्ययन की आवश्यकता पर ज़ोर देते हैं। ख़्वाजा साहब के जीवन और कार्यों पर अध्ययन के दौरान जो घटनाएँ और ऐतिहासिक प्रमाण मेरी नज़र से गुज़रे वो किसी चमत्कार से कम नहीं हैं। ये घटनाएँ कुछ इस तरह हैं –

ख़्वाजा मुईनुद्दीन चिश्ती की मक्का से अजमेर की यात्रा– ख़्वाजा मुईनुद्दीन चिश्ती ने सांसारिक शिक्षा के बाद आध्यात्मिक ज्ञान के लिये अपने समय के बड़े बड़े वलियों, दरवेशों, सूफ़ियों आदि से सम्पर्क क़ायम किया। अपने से पूर्व के सिद्धपुरूषों के मज़ारात पर चिल्लाकशी, मुराक़ेबों, कश्फ़ और रियाज़तों (आध्यात्मिक ध्यान अभ्यास) के द्वारा रूहानी शक्तियों में इज़ाफ़ा किया। चूंकि ईश्वर को ख़्वाजा मुईनुद्दीन चिश्ती से हिन्दुस्तान में प्यार, मुहब्बत, भाईचारे और अम्न व अमान की फ़िज़ा क़ायम करनी थी। अन्धविश्वास, छुआछूत, ऊंच–नीच जैसी लानतों (बुराइयों, अभिशापों) से फैलने वाली समाजी बुराइयों से इन्सानों को आगाह करना था इसलिए एक आम बच्चे की तरह पले बढ़े बच्चे की शख़्सियत में हालात से मुक़ाबला करने का हौसला दिया। बाग़बानी से गुज़र औक़ात करने वाले कमसिन बच्चे पर इब्राहीम कुन्दोज़ी की मजज़ूबाना (ईश्वर प्रेम के कारण संसार से विमुक्त) इनायतों से ज़िन्दगी में

काबा शरीफ़, मक्का (सऊदी अरब)

इन्क़िलाब का आना। इल्मे ज़ाहिरी (सांसारिक ज्ञान) में दस्तरस (दक्षता) के बावजूद रूहानियत की तड़प और बेक़रारी ने हज़ारों मील का सफ़र करके साहिबे कश्फ़ो करामात (चमत्कारी, सिद्ध पुरूषों) से दुआएँ और बरकतें हासिल करना और विलायत (ईश्वर से निकटता) के बुलन्द तरीन दरजात (स्तर) को हासिल करना मन्शा ए एज़दी (ईश्वरीय इच्छा) के बग़ैर असम्भव था। जब ख़्वाजा के व्यक्तित्व में वलियों के जौहर (विशेषताएँ) पैदा हुए तो मक्का (MECCA) में उन्हें ईश्वरीय वाणी सुनाई दी और उन्हें मुईनुद्दीन (ईश्वरीय धर्म की सहायता करने वाला) नाम से पुकारा गया। यहाँ ख़्वाजा साहब को एहसास (अनुभूति) हुआ कि ईश्वर के बन्दे जो गुमराही में मुब्तिला हैं उन्हें अब सही मार्ग दिखाने का समय आ गया है। कहा जाता है कि यात्रा करने से जो अनुभव प्राप्त होते हैं, उनसे व्यक्तित्व में निखार आता है, शख़्सियत में आकर्षण पैदा होता है। चुनांचे ख़्वाजा साहब ने अपने व्यक्तित्व को आने वाले मिशन के लिए तैयार किया और अरब के विभिन्न धार्मिक एवं सांस्कृतिक केन्द्रों की यात्राएँ की। मक्का (MECCA), जद्दा (JEDDAH) और ताइफ़ (TAIF) के पवित्र स्थानों पर हाज़िरी दी। अलहुफ़ूफ़ (ALHOFUF) जाकर अरब की पुरानी सभ्यता एवं संस्कृति को क़रीब से देखा और पैग़म्बरों के सरदार हज़रत मुहम्मद मुस्तफ़ा स. अ.व. के रोज़े (मज़ार) पर हाज़िरी देकर मदीने (MADINA) में खुसूसी इबादात कीं और वहाँ पर ख़्वाजा साहब की हज़रत मुहम्मद स.अ.व. से रूहानी मुलाक़ात हुई। हज़रत मुहम्मद स.अ.व. ने उन्हें 'सुल्तानुल हिन्द' का लक़ब दिया, हिन्दुस्तान जाकर दुखी इन्सानियत को अन्धविश्वासों और गुमराही के अन्धेरे से बाहर निकालने तथा मुहब्बत और भाईचारे का पैग़ाम आम करने की ज़िम्मेदारी सौंपी। रूहानी तौर पर ही उन्हें हिन्दुस्तान में उनकी कार्यस्थली

मस्जिद ए नबवी,
मदीना शरीफ़ (सऊदी अरब)

अजमेर का नक़्शा दिखाया गया। ख़्वाजा साहब अपने आक़ा हज़रत मुहम्मद स.अ.व. का आदेश पाकर मदीने से इस्फ़हान (ESFAHAN) पहुँचते हैं जहाँ उन्होंने शेख़ इब्राहीम अलख़वास (वफ़ात 930 ई.) तथा शेख़ इब्राहीम बिन ईसा (वफ़ात 958 ई.) जैसे बड़े बड़े वलियों के मज़ारात की ज़ियारत (दर्शन) कर रूहानी सम्पर्क क़ायम किया। कहा जाता है कि यहाँ शेख़ महमूद इस्फ़हानी से उनकी मुलाक़ात हुई जो अपने ज़माने के वली ए कामिल थे, ख़्वाजा साहिब ने शेख़ महमूद के सान्निध्य में रूहानी तालीमात (शिक्षाओं) में इज़ाफ़ा किया।

इस्फ़हान से रवाना होकर बग़दाद (BAGHDAD) तशरीफ़ ले जाते है। वहाँ ख़्वाजा साहब के वालिद सैयद ग़यासुद्दीन हसन का मज़ार था तथा वलियों के वली शेख़ अब्दुल क़ादिर जीलानी र.अ. और शेख़ ज़िया उद्दीन अबू नजीब सुहरवर्दी के मज़ारात की ज़ियारत की। यहीं पर शेख़ ज़ियाउद्दीन अबू नजीब सुहरवर्दी के मुरीद शेख़ शहाबुद्दीन सुहरवर्दी तथा शेख़ उहदुद्दीन किरमानी से ख़्वाजा साहब के दोस्ताना तअल्लुक़ात (सम्बंध) क़ायम हुए और उन्होंने एक दूसरे से फ़ैज़ हासिल किया, दोनों बुज़ुर्ग ख़्वाजा मुईनुद्दीन चिश्ती से बड़ी मुहब्बत करते थे।

बग़दाद से दमिश्क़ (DAMASCUS) पहुँच कर नबियों, पैग़म्बरों और वलियों के मज़ारात पर हाज़िरी देते हैं तथा मौसुल (MOSUL, बग़दाद) के क़रीब एक पहाड़ी इलाक़े सन्जार में जाकर शेख़ नज्मुद्दीन कुबरा से फ़ैज़याब होते हैं। शेख़ कुबरा सूफ़ियाना जमाल और मुजाहिदाना जलाल में अपनी मिसाल आप थे। ख़्वाजा मुईनुद्दीन ने ढाई माह उनकी सेवा में रहकर जमाल (शांतिपूर्वक भक्ति) और जलाल (जुरअत मन्दाना, बैख़ौफ़ शक्ति) की शिक्षा प्राप्त की। इसके बाद तबरेज़ (TABRIZ) पहुँच कर शेख़ अबू सईद तबरेज़ी से मुलाक़ात की। यह बुज़ुर्ग शेख़ जलालुद्दीन तबरेज़ी के पीरो मुरशिद (आध्यात्मिक गुरू) थे। इनके हज़ारों मुरीद दर्जा ए विलायत को पहुँचे हुए थे। शेख़ अबू सईद तबरेज़ी की सोहबत (सम्पर्क, साथ) हालांकि थोड़े समय की थी किन्तु ख़्वाजा मुईनुद्दीन चिश्ती र.अ. की रूहानियत में जिला (चमक) देने के लिए निहायत फ़ायदेमंद साबित हुई। तबरेज़ से हमदान (HAMADAN) आते हैं और हज़रत एनुल क़ुज़्ज़ात हमदानी के मज़ार पर हाज़िरी देते हैं। कहा जाता है कि हमदान में ख़्वाजा साहब की मुलाक़ात शेख़ यूसुफ़ हमदानी से हुई लेकिन तारीख़ी नज़र से देखें

तो यह मुलाक़ात इस समय मुमकिन नहीं है। क्योंकि शेख़ यूसुफ़ हमदानी की पैदाइश 1048 ई. में हमदान में तथा वफ़ात 1140 ई. में मर्व में हुई। शेख़ हमदानी की वफ़ात (मृत्यु) के समय ख़्वाजा साहब सिर्फ पांच वर्ष के थे। ऐसी सूरत में ख़्वाजा साहब के तज़करा, स्वानेह एवं तारीख़ निगारों से भूल होने का इमकान ज़ाहिर होता है।

हमदान से ख़्वाजा साहब इस्तराबाद (ISTARABAD, GORGAN) जाते हैं जहाँ उनकी मुलाक़ात शेख़ नासिरूद्दीन इस्तराबादी से होती है। जो उस समय 107 बरस के थे। कुछ किताबों में शेख़ नासिरूद्दीन की उस समय उम्र 122 बरस तथा 170 बरस भी लिखी मिलती है। ख़्वाजा साहब ने उनके कमालात देखकर कुछ माह उनके सम्पर्क में रहकर रूहानी फ़ैज़ हासिल किया। इस्तराबाद से रवाना होकर सब्ज़वार (SABZEWAR) क़याम करते हैं और वहाँ के हुक्मरान यादगार मुहम्मद की अय्याशाना ज़िन्दगी (विलासितापूर्ण जीवन) को आरिफ़ाना ज़िन्दगी (ईश्वर की समझ रखने वाला जीवन) में तब्दील कर उसे वली ए कामिल (सिद्धपुरूष) बना देते हैं।

सब्ज़वार से नेशापुर (NESHAPUR) जहाँ शेख़ याहया बिन मआज़ राज़ी (वफ़ात 871 ई.), शेख़ अबू हफ़स हद्दाद (वफ़ात 878–79 ई.), शेख़ ज़करिया बिन दलविया (वफ़ात 906 ई.) शेख़ अबू हम्ज़ा खुरासानी (वफ़ात 904 ई.), शेख़ अबू सईद एराबी (वफ़ात 951 ई.) शेख़ अबुल क़ासिम अल मुक़री (वफ़ात 988 ई.) शेख़ अबू अली दक़्क़ाक़ (वफ़ात 1015 ई.) जैसे बड़े बड़े बुजुर्गों के मज़ारात की ज़ियारत करते हैं। नेशापुर से सिजिस्तान (SIJISTAN) जो ईरान के ख़ुरासान (KHORASAN) में अवस्थित है, पहुँचकर अपने बुजुर्गों के मज़ारात पर हाज़िरी देते हैं। ख़ुरासान से बुख़ारा (BOKHARA) पहुँचते हैं और वहाँ के मशाइख़ (बुजुर्गों) शेख़ अब्दुल ख़ालिक़ गुज्दवानी और शेख़ मुहम्मद आरिफ़ रेवगिर से मुलाक़ात करते हैं तथा ख़्वाजा हसन अन्दाक़ी के मज़ार की ज़ियारत करके समरक़न्द (SAMARQAND) चले जाते हैं और वहाँ पर पैग़म्बर हज़रत दानियाल अ.स. के अलावा हज़रत शेख़ मुहम्मद बिन फ़ुज़ैल (वफ़ात 931 ई.) और हज़रत शेख़ अबुल क़ासिम बिन ईसा बग़दादी (वफ़ात 954 ई.) के मज़ारात पर हाज़िरी देकर रूहानी सम्पर्क क़ायम करते हैं।

समरक़न्द से बदख़्शाँ (BADAKHSHON) जाकर हज़रत जुनैद बग़दादी र.अ. की औलाद में से एक बुज़ुर्ग जिनकी उम्र 140 बरस थी , की ख़िदमत में रहकर रूहानी बरकत हासिल करते हैं। बदख़्शाँ से मुल्तान (MULTAN) तशरीफ़ लाते हैं और कुछ अर्से क़याम करके हिन्दुस्तानी बोलियाँ सीखते हैं। ताकि उनके मिशन में ज़बान या बौली बाधा (रूकावट) न बने। मुल्तान से लाहौर (LAHOR) तशरीफ़ लाते हैं और शेख़ अली हज्वैरी 'दाता गंज बख़्श' के मज़ार पर चालीस दिन की ख़ुसूसी इबादत (चिल्लाकशी) करते हैं और रूहानियत की ज़बरदस्त कुव्वत (शक्ति) तथा इन्सानी मुहब्बत से परिपूर्ण होकर समाना (SAMANA) पटियाला पंजाब में ठहरते है। वहाँ 1200 वर्ष पूर्व का एक मज़ार तहक़ीक़ हुआ है जिसको इमाम सैयद मुश्हिद अली बिन इमाम हज़रत अली रज़ा का बताया जाता है। मेरा ख़याल यह है कि यही वह मक़ाम है जहां ख़्वाजा मुईनुद्दीन चिश्ती ने अपने साथियों के साथ क़याम किया। कहा जाता है कि यहाँ पृथ्वीराज के जासूसों ने उनके साथ दग़ा करना चाही तो ग़ैबी इशारा पाकर ख़्वाजा साहब और उनके साथियों का क़ाफ़ला कुरूक्षैत्र (KURUKSHETRA) , करनाल (KARNAL) , पानीपत (PANIPAT) और सोनीपत (SONIPAT) होता हुआ दिल्ली (DILLI) चला आया।

दातागंज बख़्श, लाहौर

दरगाह इमाम मुश्हिद, समाना, पटियाला

आलेया मस्जिद, महरोली, दिल्ली

दरगाह सैयद महमूद शाह, शिवपुरी, टोंक

तज़करों एवं पुस्तकों में लिखा है कि जहाँ आज शेख़ अब्दुर्रशीद मक्की की क़ब्र है उस स्थान पर ख़्वाजा साहब ने क़याम फ़रमाया था। दिल्ली से तिजारा (TIJARA अलवर), राजगढ़ (RAJGARH अलवर) लालसोट (LALSOT दौसा), बौंली (BONLI सवाई माधोपुर) होते हुए शिवपुरी(SHIVPURI) बनास टोंक में नौ ग़ाज़ी बाबा की दरगाह में क़याम किया, सफ़र की थकान दूर की, इबादतों में मशग़ूल रहे और अपने क़दमों की तासीर से इसे अम्न व अमान का गहवारा बना दिया। टोंक में और भी कुछ मक़ामात हैं जिन्हें ख़्वाजा साहब और उनके साथियों के पड़ाव और गुज़रगाह के रूप में लोगों ने रूहानी तौर पर महसूस किया है। कहा जाता है कि टोंक के मशहूरे ज़माना मुक़र्रिर सैयद ज़ियाउद्दीन शम्सी तहरानी के पूर्वजों में से पीर इमामुद्दीन शाह तहरानी ने ग़ैबी इशारा पाकर इस जगह को ख़रीदा और आस्ताना ए चिश्तिया के नाम से इसे आबाद किया। टोंक की सरज़मीन से रवाना होकर टोडारायसिंह (TODARAISINGH) तशरीफ़ ले गए। टोडारायसिंह में पहाड़ी पर आज भी एक इमारत है जिसे "ग़रीब नवाज़ का चिल्ला" कहा जाता है। मैं स्वंय वहाँ गया हूँ और वहां पर क़ल्बी (दिली) सुकून का एहसास हुआ है। टोडारायसिंह से सरवाड़ (SARWAR) और नसीराबाद (NASIRABAD) होते हुए ख़्वाजा साहब अजमेर पहुँच जाते हैं।

चिल्ला ख़्वाजा साहब, टोडारायसिंह, टोंक

ख़्वाजा साहब की इस यात्रा का आश्चर्यजनक सत्य– कहने को यह एक सफ़र है जो ख़्वाजा मुईनुद्दीन चिश्ती ने किया लेकिन पैग़म्बरों, वलियों तथा सिद्धपुरूषों से होने वाले कार्यों में कुछ बात होती है जिसे गहराई से मनन करने पर माजरा समझ में आता है।

सरसरी तुम जहान से गुज़रे

वरना हर जा जहाने दीगर था

इस सिलसिले में मैंने मध्य एशिया के उन तमाम देशों के नक़्शों में उन मक़ामात को निशानज़द किया जहाँ पहुँच कर ख़्वाजा मुईनुद्दीन चिश्ती ने खुसूसी इबादात, चिल्ले, रियाज़तें और कश्फ़ किए तथा जहाँ उनकी रूहानी तरबियत भी हुई, तो यहाँ एक आश्चर्यजनक सत्य सामने आया। इस करामत (चमत्कार) का वर्णन अब तक लिखी हुई किसी भी पुस्तक में नहीं है। ख़्वाजा साहब के चमत्कारों के अध्ययन में यह नया शोध है कि ख़्वाजा उस्मान हारूनी से ख़िलाफ़त (रूहानी विरासत) पाकर ख़्वाजा मुईनुद्दीन चिश्ती मक्का से अजमेर तक की यात्रा करते हैं और रास्ते में कई स्थानों पर रूक कर अपने ज़माने के बड़े बड़े सिद्ध पुरूषों से मुलाक़ातें करते हैं, दरगाहों, मज़ारों आदि पर कश्फ़ व मुराक़ेबा करते हैं तथा विशेष क़िस्म की इबादतें व रियाज़तें (चिल्लाकशी) आदि करते हैं और यात्रा की थकान भी दूर करते हैं।

ख़्वाजा साहब के यात्रा मार्ग से "मुहम्मद" लफ़्ज़ की तहरीर स्पष्ट होना– उन तमाम स्थानों को, जहाँ जहाँ की ख़्वाजा साहब ने यात्राएँ की, चिन्हित कर बिन्दुओं को आपस में मिलाऐं तो संसार के मानचित्र पर "मुहम्मद" लिखा हुआ स्पष्ट दिखाई देता है। इसमें "मुहम्मद" लफ़्ज़ पर लिखी जाने वाली तशदीद भी मौजूद है। तशदीद का अर्थ शिद्दत (तेज़ी) पैदा करना होता है। यह चिन्ह जिस हर्फ़ (अक्षर) पर लिखा जाता है उसे दो बार पढ़ा जाता है। ख़्वाजा साहब ने किरमान (KIRMAN), हिरात (HERAT), फ़राह (FARAH) , मैमना (MEYMANEH) और ग़ज़नी (GHAZNI) में रहकर कश्फ़े रूहानी (बुज़ुर्गों की रूहों से पहचान व सम्पर्क) व रोयाए सादिक़ा (सच्चे ख़्वाबों) के ज़रीए हिदायात हासिल कीं। इन मक़ामात (स्थानों) को मिलाने से तशदीद की शक्ल पैदा हुई और मक्का से अजमेर तक के सफ़र से "मुहम्मद" की आकृति चिन्हित हुई।

यहाँ कुछ नक़्शे दिए जा रहे है जो ख़्वाजा साहब की मक्का से अजमेर तक की यात्रा से बनने वाली तहरीर को स्पष्ट करते हैं –

नक़्शा नं. 1 में उन देशों को दर्शाया गया है जहां की ख़्वाजा मुईनुद्दीन चिश्ती र.अ. ने यात्राएँ की।

1. सऊदी अरब 2. कुवैत 3. इराक़
4. सीरिया 5. ईरान 6. तुर्कमेनिस्तान
7. उज़्बेकिस्तान 8. तज़ाकिस्तान
9. अफ़ग़ानिस्तान 10. पाकिस्तान 11. हिन्दुस्तान

नक़्शा नं. 2 में उन स्थानों को दर्शाया गया है जहां ख़्वाजा मुईनुद्दीन चिश्ती ने ख़ास इबादतें कीं।

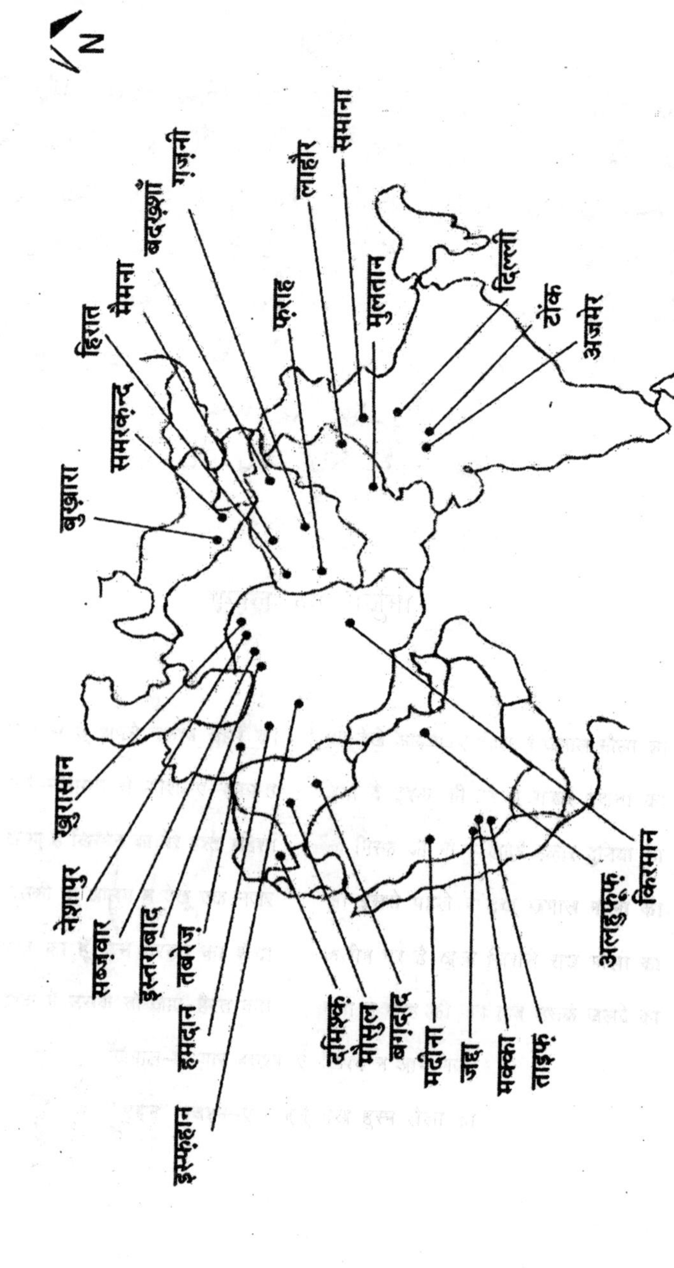

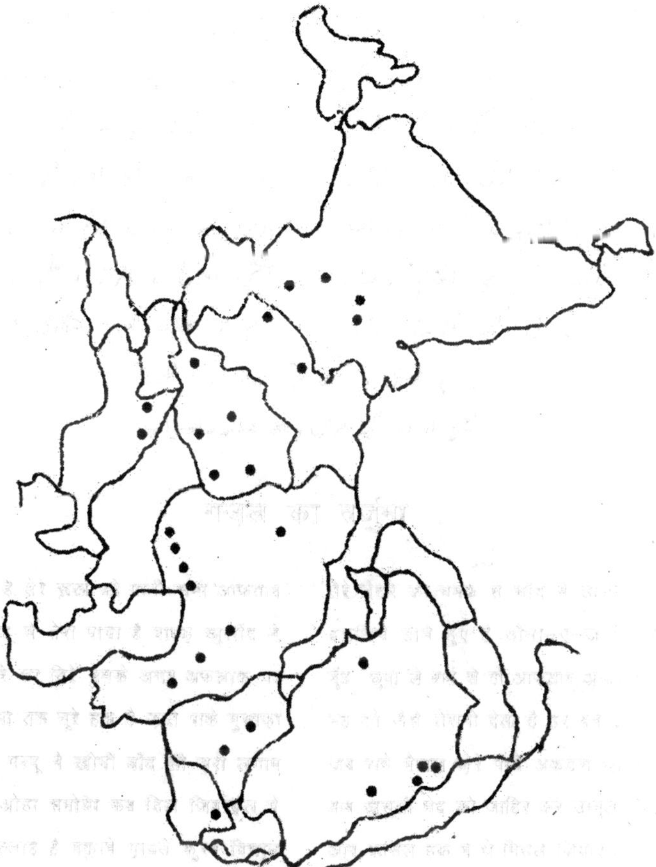

नक़्शा नं. 3 में ख़्वाजा मुईनुद्दीन चिश्ती की ख़ास इबादतों के स्थानों को बिन्दुओं से दर्शाया गया है।

नक़्शा नं. 4 में बिन्दुओं को मिलाने से अरबी भाषा में बनने वाली आकृति 'मुहम्मद' को दर्शाया गया है।

ख़्वाजा साहब की यात्रा का यह ऐसा रहस्य है जिसे हम भक्तों की अतिश्योक्ति या श्रद्धालुओं की अन्धभक्ति नहीं कह सकते। ईश्वर अपने से मुहब्बत रखने वाले का ज़िक्र क़यामत तक के लिए बुलन्द कर देता है। चुनांचे हर दौर में कुछ ऐसी निशानियां ज़ाहिर होती हैं जो उस दौर के इन्सानी ज़हन को हक़ीक़त से रूशनास कर क़ायल कर देती हैं। एक साधारण से बच्चे (मुईनुद्दीन) ने हालात के पेशे नज़र अपनी भौतिक इच्छाओं पर विजय प्राप्त कर आध्यात्मिक ऊँचाई को छुआ और ईश्वरीय इच्छानुरूप इस्लाम की सच्ची तस्वीर लेकर एक अजनबी देश में करोड़ों श्रद्धालु बना लिये तो उसके मालिक (ईश्वर) ने उसकी सजदा रेज़ पेशानी (ईश्वर के सामने झुकने वाला माथा) से अपने आख़िरी नबी "मुहम्मद" का नाम संसार के मानचित्र पर अंकित करा दिया। इसे हर कोई क़यामत तक प्रत्यक्ष रूप से देख सकता है। यह करामत इस बात का इशारा करती है कि ख़्वाजा मुईनुद्दीन चिश्ती ने हज़रत मुहम्मद के फ़िक्री (वैचारिक) और अमली (व्यावहारिक) अख़लाक़ (आचरण) की व्याख्या करते हुए दुनिया में उनकी सच्ची शिक्षाओं से इन्सानियत को फ़ैज़ पहुँचाया है।

❖❖❖

अध्याय–7

ख़्वाजा मुईनुद्दीन चिश्ती र.अ. से मनसूब रचनाएँ एवं कृतियाँ

ख़्वाजा मुईनुद्दीन चिश्ती ने अपनी माता की प्रेरणा पर उस ज़माने के बड़े बड़े शिक्षा केन्द्रों में जाकर उच्चकोटि की शिक्षा प्राप्त की थी। शिक्षा के लिए समरक़न्द, बुख़ारा जैसे सांस्कृतिक केन्द्रों में जाकर उस समय के बड़े बड़े विद्वानों से ज्ञान प्राप्त किया था। कुरआन कण्ठस्थ करने और पारम्परिक शिक्षा में दक्षता प्राप्त करके उन्होंने भूगोल, इतिहास एवं विभिन्न भाषाओं के साहित्य का अध्ययन भी किया था। अरबी और फ़ारसी भाषाओं पर तो उन्हें महारत थी ही हिन्दुस्तानी भाषाओं को भी उन्होंने मुल्तान में रहकर सीखा था। इसीलिये तो अजमेर आकर वह यहाँ के स्थानीय निवासियों से घुल मिल सके, उनके दुख दर्द में शरीक हो सके, उनके अन्धविश्वासों को दूर करके सच की राह दिखाने में कामयाब हुए। अपनी ख़ानक़ाह में मजलिसों (तक़रीरों, उपदेशों) के अलावा उनकी धार्मिक, नैतिक एवं साहित्यिक कृतियां भी सामने आई हैं। कई लोगों का मानना है कि वह शायर भी थे उनके नाम से काव्य का एक संग्रह भी प्रकाशित हो चुका है लेकिन प्रो. महमूद शीरानी ने इस संग्रह को ख़्वाजा साहब का होने में शक ज़ाहिर किया है चूंकि ख़्वाजा साहब की गुफ़्तुगू निहायत शीरीं, असरदार और अदबियत से पुर होती थी, कभी कभार दौराने गुफ़्तुगू मौक़ा बमौक़ा शेर भी पढ़ते थे इससे अन्दाज़ा होता है कि मिज़ाज में शैरियत ज़रूर थी और संगीत में तो उनकी दिलचस्पी ही दरअस्ल हिन्दुस्तान में मुस्लिम मौसीक़ी का आग़ाज़ जानिए। ख़्वाजा साहब की महफ़िले समाअ से जो रूहानी मौसीक़ी की ख़ुश्बू फैली वह दरअस्ल एक अजनबी देश में भी

उन्हें सबका बना गई। उनकी ज़बान से अजनबी लोग भी अपने दिल में कशिश महसूस करते थे और ख़्वाजा की बातों को अपनाते थे।

ख़्वाजा साहब से मन्सूब कई कृतियों के शीर्षक और नाम तज़करों आदि में मिलते हैं। कुछ पर कुछ साहित्यकारों एवं इतिहासकारों ने सन्देह ज़ाहिर किया है लेकिन दोनों पक्षों के अपने अपने तर्क हैं। बहर हाल उन कृतियों का वर्णन इस तरह है–

(1) इल्हामात–ए–ख़्वाजा (ख़्वाजा की ईश्वरीय अनुभूतियाँ),

(2) अनीसुल अरवाह (रूहों की हमदर्द) यह पुस्तक उनके पीर (गुरू) हज़रत उस्मान हारूनी र.अ. के इरशादात (उपदेश) का संग्रह है। ख़्वाजा उस्मान हारूनी ने ख़्वाजा मुईनुद्दीन चिश्ती र.अ. को उपदेश स्वरूप जो बातें बताईं, उन्हें वह लिख लेते थे।

इस पुस्तक से उस समय के सांस्कृतिक एवं नैतिक मूल्यों का अनुमान लगाया जा सकता है। यह पुस्तक मूलतः फ़ारसी भाषा में है। बग़दाद में उस्मान हारूनी एतेकाफ़ में बैठे तो सिर्फ़ ख़्वाजा साहब को चाश्त के वक़्त उनसे मिलने की इजाज़त थी। उस अर्से में ख़्वाजा उस्मान हारूनी की ज़बान से ख़्वाजा मुईनुद्दीन ने जो सुना वो अठ्ठाईस मजलिसों (सभाओं) पर आधारित है। इस रिसाले का नाम "अनीसुल अरवाह" रखा गया। ये अठ्ठाईस मजालिस इस तरह हैं –

मजलिस नं. 1 ईमान के बारे में

मजलिस नं. 2 मुनाजात के बारे में

मजलिस नं. 3 शहर की तबाही के बयान में।

मजलिस नं. 4 औरतों की फ़रमाँबरदारी और गुलाम आज़ाद करने के बयान में।

मजलिस नं. 5 सदक़े के बयान में।

मजलिस नं. 6 शराब की बुराई में।

मजलिस नं. 7 मोमिन को सताने की बुराई में।

मजलिस नं. 8 गाली गलौंच की बुराई में।

मजलिस नं. 9 काम करने और कमाने के बयान में।

मजलिस नं. 10 मुसीबत में सब्र की तलक़ीन के बयान में।

मजलिस नं. 11 जानवरों को मारने और उन पर ज़ुल्म करने की बुराई में।

मजलिस नं. 12 सलाम करने के बयान में।

मजलिस नं. 13 नमाज़ के कफ़्फ़ारे के बयान में।

मजलिस नं. 14 सूरह–ए–फ़ातेहा और सूरह–ए–इख़लास के फ़ज़ाइल में।

मजलिस नं. 15 बहिश्त और एहले बहिश्त के बयान में।

मजलिस नं. 16 मस्जिद की फ़ज़ीलत में।

मजलिस नं. 17 दुनियावी साज़ो सामान जमा करने की बुराई में।

मजलिस नं. 18 छींकने के बयान में।

मजलिस नं. 19 अज़ान देने की फ़ज़ीलत में।

मजलिस नं. 20 मोमिन के बयान में।

मजलिस नं. 21 किसी की हाजत रवा करने के बयान में।

मजलिस नं. 22 आख़िरी ज़माने की निशानियों के बयान में।

मजलिस नं. 23 मौत को याद करने के बयान में।

मजलिस नं. 24 मस्जिद में चिराग़ भेजने के बयान में।

मजलिस नं. 25 दरवेशों के बयान में।

मजलिस नं. 26 शलवार के पांयचे दराज़ रखने की बुराई में।

मजलिस नं. 27 आलिमों के बारे में।

मजलिस नं. 28 तौबा के बयान में।

जसीम बुक डिपो देहली द्वारा प्रकाशित "हश्त बहिश्त" में से अनीसुल अरवाह की कुछ मजलिसों के उर्दू तर्जुमे पेश किए जा रहे हैं जिससे ख़्वाजा मुईनुद्दीन चिश्ती की तरबियत में उनके गुरू द्वारा दी गई आध्यात्मिक एवं नैतिक शिक्षाओं की जानकारी प्राप्त होती है। इसी के साथ साथ ख़्वाजा मुईनुद्दीन चिश्ती की लेखन शैली का परिचय भी मिलता है।

मजलिस नं. 5 (सदक़े के बयान में)

सदक़ा देने के बारे में गुफ़्तुगू शुरू हुई। आपने ज़बाने मुबारक से फ़रमाया कि ख़्वाजा साहब यूसुफ़ चिश्ती र.अ. के फ़तावा में मैंने लिखा

देखा कि अबू हुरैरा रज़ि. रिवायत करते हैं कि मैंने रसूल स.अ.व. की ख़िदमत में अर्ज़ की कि सब अमलों से अच्छा अमल कौनसा है? तो आँहज़रत ने फ़रमाया कि **सदक़ा देना दौज़ख़ की आग के लिये पर्दा होता है।** फिर फ़रमाया कि एक दफ़ा आँहज़रत स.अ.व. से पूछा गया कि सदक़े के बाद दूसरे दर्जे पर कौनसा नेक अमल है? आपने फ़रमाया कि क़ुरआन पढ़ना। फिर फ़रमाया कि अब्दुल्लाह बिन मुबारक ने कहा कि मैंने सत्तर साल तक अपने नफ़्स के साथ मुजाहिदा किया है। मुझे मालूम हुआ कि मैंने मुसीबतें बहुत उठाई हैं लेकिन बारगाहे इलाही का दरवाज़ा नहीं खुला। ज्योंही कि मैंने अपनी तरफ़ ख़याल किया और जो माल मेरी मिल्कियत में था सब राहे ख़ुदा में सर्फ़ किया तो दोस्त यानि ख़ुदा मेरा बन गया और जो दोस्त की मिल्कियत थी सब मेरी मिल्कियत हो गई।

फिर फ़रमाया कि इब्राहीम अदहम र.अ. ने आसारे औलिया में लिखा है कि **एक दिरम सदक़ा देना एक साल की ऐसी इबादत से बेहतर है जिस में दिन को रोज़ा रखा जाये और रात को खड़े होकर इबादत की जाये।** फिर फ़रमाया कि जिस रोज़ अमीरूल मोमिनीन हज़रत अबू बक्र सिद्दीक़ रज़ि. ने अस्सी हज़ार दीनार ख़ुदा की राह में ख़र्च किये और गुदड़ी पहन कर सय्यदे आलम स.अ.व. की ख़िदमत में हाज़िर हुए तो आँजनाब ने पूछा कि ऐ अबू बक्र! दुनियावी ज़ख़ीरे में से कुछ बाक़ी रखा है? तो आपने अर्ज़ की कि ऐ रसूलुल्लाह स.अ.व.! ख़ुदा और रसूल या ख़ुदा और ख़ुदा का रसूल काफ़ी है। ज्योंही कि अबू बक्र ने यह कहा फ़ौरन महतर जिबराईल अ.स. मय सत्तर हज़ार मुक़र्रब फ़रिश्तों के गुदड़ी पहने हुये नाज़िल हुये और सलाम के बाद अर्ज़ की कि ऐ रसूलुल्लाह! हुक्मे इलाही इसी तरह पर है कि आज अबू बक्र ने हमारी राह में अपना माल ख़र्च किया है और इसको हमारा सलाम दो और कहो कि तूने वह काम किया जिस में हमारी रज़ा थी। और हम वो काम करते हैं जिसमें तेरी रज़ा है और मुहम्मद स.अ.व. और तमाम फ़रिश्तों को हुक्म हुआ कि अबू बक्र की मुवाफ़ेक़त की वजह से सब गुदड़ी पहनें। क्योंकि **क़यामत के दिन गुदड़ी पहनने वालों को अबू बक्र की गुदड़ी के सदक़े में हम बख़्शेंगे।**

फिर फ़रमाया कि एक दफ़ा अमीरूल मोमिनीन हज़रत अली रज़ि. ने पूछा कि ऐ रसूलुल्लाह स.अ.व. क़ुरआन शरीफ़ पढ़ना बेहतर है या सदक़ा

देना। तो आँहज़रत स.अ.व. ने फ़रमाया कि सदक़ा देना बेहतर है। क्योंकि सदक़ा दोज़ख़ की आग से बचाता है।

फिर फ़रमाया कि एक दफ़ा एक यहूदी रास्ते में खड़ा एक कुत्ते को रोटी का टुकड़ा खिला रहा था। इत्तेफ़ाक़ से ख़्वाजा हसन बसरी रह. का भी उधर से गुज़र हुआ। आपने उससे पूछा कि अपना है या बेगाना? उसने कहा कि मर्दे बेगाने का है। ख़्वाजा साहब ने कहा जब यह हालत है तो तू क्या करता है? क्योंकि यह क़ुबूल नहीं। उसने कहा कि अगर चे क़ुबूल नहीं ताहम वह (खुदा) तो देखता है कि मैं क्या कर रहा हूं। अलग़रज़ मुद्दत के बाद ख़्वाजा हसन बसरी र.अ. काबा मुअज़्ज़मा में पहुँचे तो परनाले के नीचे से आवाज़ आई कि रब्बी (यानी ऐ मेरे रब) फिर ग़ैब से आवाज़ आई कि लब्बेका अब्दी! (ऐ मेरे बन्दे। मैं हाज़िर हूं) ख़्वाजा साहब हैरान हुये कि चल कर देखूं तो सही वह कैसा नेक बख़्त बन्दा है। ज्योंही कि आप वहाँ पहुँचे क्या देखते हैं कि एक शख़्स सज्दे में सिर रख कर रब्बी! (ऐ मेरे रब) पुकारता है। आप थोड़ी देर वहाँ ठहरे। इतने में उस शख़्स ने सर उठाया और ख़्वाजा साहब से कहा क्या तू मुझे पहचानता है? ख़्वाजा साहब ने कहा नहीं, उसने कहा मैं वही आदमी हूँ जिसे तू कहता था कि मेरी नेकी क़ुबूल नहीं। देखा मेरी चीज़ को उसने क़ुबूल किया और मुझे बुला लिया।

फिर फ़रमाया कि आसारे औलिया में मैंने लिखा देखा है कि सद्क़ा नूरी है और हूरों की ख़ूबसूरती का बाइस और **सदक़ा हज़ार रकअत नमाज़ से बेहतर है।** फिर फ़रमाया कि जब क़यामत का दिन होगा तो सद्क़ा देने वालों का एक गिरोह अर्श के नीचे मक़ाम पायेगा। और जिन लोगों ने मौत से पहले सद्क़ा दिया है मौत के बाद वह उनके लिये गुम्बद बनेगा।

फिर फ़रमाया कि सदक़ा बहिश्त की सीधी राह है। और जो शख़्स सदक़ा देता है वह ख़ुदा की रहमत से दूर नहीं होता।

फिर फ़रमाया ख़्वाजा हाजी र.अ. के जमाअत ख़ाने में मैंने उन अशख़ास से जो सुबह से शाम तक आते थे, कोई भी ऐसा नहीं देखा जो कुछ खाकर न जाता हो। और अगर उस वक़्त कोई चीज़ मुहैय्या न होती तो ख़ादिम को आप फ़रमाते कि पानी पिला दो ताकि दिन देने से ख़ाली न जावे।

फिर फ़रमाया ऐ दरवेश! **ज़मीन सख़ी आदमी पर फ़ख़्र करती है और रात और दिन जब ज़मीन पर चलता है तो नेकियाँ उसके आमाल नामे में लिखी जाती हैं।**

फिर फ़रमाया कि **सख़ी लोग एक हज़ार साल सब से पहले बहिश्त की बू सूंघेगें और हर रोज़ उनको पैग़म्बरी का सवाब मिलता रहेगा।** ज्योंहि ये फ़वाइद ख़्वाजा साहब ने ख़त्म किये ख़लक़त और दुआगो वापस आये। अलहम्दु लिल्लाहि अला ज़ालेका।

मजलिस नं. 9 (काम करने और कमाने के बयान में)

रोज़ी कमाने और काम करने के बारे में गुफ़्तुगू हुई तो आपने ज़ुबाने मुबारक से फ़रमाया कि एक दफ़ा रसूल स.अ.व. बैठे हुये थे। एक शख़्स ने उठ कर पूछा ऐ रसूलुल्लाह स.अ.व.! मेरे पैशे के बारे में आप की क्या राय है? आँहज़रत ने फ़रमाया कि तेरा पैशा क्या है? उसने अर्ज़ किया कि दर्ज़ी का काम। आपने फ़रमाया अगर तू रास्ती से यह काम करे तो बहुत अच्छा है। क़यामत के दिन तू **इदरीस पैग़म्बर** के हमराह बहिश्त में जायेगा। फिर एक और आदमी ने उठ कर अर्ज़ की कि ऐ रसूलु ल्लाह स.अ.व.! मेरे पैशे की निस्बत आप की क्या राय है? आँहज़रत ने फ़रमाया कि तू क्या काम करता है? उसने अर्ज़ कि खेती बाड़ी। आँजनाब ने फ़रमाया यह बहुत अच्छा काम है इस वास्ते कि यह काम मेहतर इब्राहीम अलैहिस्सलाम का था। यह मुबारक और फ़ायदेमंद काम है। खुदावँद तआला मेहतर इब्राहीम अलैहिस्सलाम की दुआ से तुझे बरकत देगा और क़यामत के दिन बहिश्त में तू मेहतर **इब्राहीम अलैहिस्सलाम** के नज़दीक होगा। फिर एक और आदमी ने उठ कर अर्ज़ की कि ऐ रसूलुल्लाह स.अ.व. आप की राय में मेरा पैशा कैसा है? आँहज़रत ने फ़रमाया कि तू क्या काम करता है? उसने अर्ज़ की कि मेरा काम तालीम है। आपने फ़रमाया तेरे काम को खुदावंद तआला बहुत ही अच्छा जानता है। अगर तू ख़लक़त को नसीहत करेगा। तो क़यामत के दिन मेहतर ख़िज़्र अलैहिस्सलाम का सा सवाब तुझे मिलेगा और अगर तू अद्ल करेगा आसमान के फ़रिश्ते तेरे लिये मुआफ़ी के ख़्वास्तगार होंगे फिर एक और आदमी ने उठ कर अर्ज़ की कि ए नबी! रसूल्लल्लाहु अलैहिवसल्लम! मेरे पेशे की निस्बत आप क्या फ़रमाते हैं? आँहज़रत ने फ़रमाया कि तेरा पेशा क्या है? उसने अर्ज़

की कि सौदागरी। आँहज़रत ने फ़रमाया कि अगर तू रास्ती से काम करेगा तो बहिश्त में पैग़म्बरी का हमराही होगा।

फिर फ़रमाया कि **रोज़ी कमाने वाला ख़ुदा का दोस्त होता है।** लेकिन उसे चाहिये कि नमाज़ हर वक़्त अदा करे और शरीअत की हद से क़दम बाहर न रखे। क्योंकि हदीस में है कि ऐसा रोज़ी कमाने वाला ख़ुदा का प्यारा है और ख़ुदा का सिद्दीक़ है। फिर फ़रमाया कि अबू दरदा रज़ि. दुकानदारी किया करते थे जब आख़री ज़माने में आपको मुसलमानी की हक़ीक़त मालूम हुई तो आपने दुकानदारी तर्क कर दी। लोगों ने कहा कि आपने दुकान क्यों छोड़ दी? आपने फरमाया कि जब मुझे मालूम हुआ कि दुकानदारी के हमराह मुसलमानी ठीक तौर पर नहीं रहत्ती तो मैंने दुकानदारी छोड़ दी। फिर फ़रमाया कि रोज़ी कमाने वाला ख़ुदा का सिद्दीक़ होता है। क्योंकि उस शख़्स को ख़ुदा पर भरोसा होता है। और उस शख़्स पर रोज़ी कमाना कुफ़्र है बशर्ते कि जिस वक़्त नमाज़ का वक़्त क़रीब हो। **सब काम धंधे छोड़ कर नमाज़ अदा करे तो ऐसा रोज़ी कमाने वाला सिद्दीक़ है।**

ज्योंही ख़्वाजा साहब ने अपनी फ़वाइद को ख़त्म किया। ख़लक़त और दुआगो वापस चले गये। अलहम्दु लिल्लाही अला ज़ालेका।

मजलिस नं. 20 (मोमिन के बयान में)

मोमिन के बारे में गुफ़्तुगू शुरू हुई तो आपने ज़ुबाने मुबारक से फ़रमाया कि मोमिन वह शख़्स है जो तीन चीज़ों को दोस्त रखे। **अव्वल मौत, दोवम दुरवेशी, सोवम फ़ातिहा।** पस जो शख़्स इन तीनों चीज़ों को दोस्त रखता है। फ़रिश्ते उसे दोस्त रखते हैं। और उसका बदला बहिश्त होता है।

फिर फ़रमाया कि ख़ुदावंद तआला दरवेश को दोस्त रखता है और मोमिन ख़ुदावंद तआला के दोस्त होते हैं।

फिर फ़रमाया कि अनस बिन मालिक रज़ि. फ़रमाते हैं कि जिस शख़्स के पास आठ हज़ार दिरम हों वह दौलतमंद होता है जिसके पास उससे कम हों वह दरवेश है और जिसके पास उनमें से कुछ भी न हो वह दिन रात शुक्र बजा लाये। वह पैग़म्बर अय्यूब अलैहिस्सलाम का मर्तबा पायेगा।

फिर फ़रमाया कि मैंने ख़्वाजा मोदूद चिश्ती रह. की ज़बानी सुना है कि ख़ुदावंद तआला तीन गिरोह की तरफ़ नज़रे रहमत से देखता है।

और वो लोग अर्श के नीचे होंगे। अव्वल **जो हमेशा हिम्मत करते हैं।** दूसरे वो जो **हमसायों और औरतों** को खुश रखें। तीसरे वो जो दरवेशों और आजिज़ों को खाना खिलाते हैं।

फिर फ़रमाया कि रसूलुल्लाह स.अ.व. ने फ़रमाया कि सब से अफ़ज़ल **नमाज़** और दूसरे दर्जे पर **सदक़ा** और तीसरे दर्जे पर **कुरआन शरीफ़ पढ़ना।** पस जो शख़्स इन तीनों को बजा लाने में कोशिश करता है। वह मेरी उम्मत से है। और बहिश्त में जायेगा।

फिर फ़रमाया कि अमीरूल मोमिनीन हज़रत अली रज़ि. ने फ़रमाया है कि रसूलुल्लाह स.अ.व. ने हमसाये की बाबत इस क़दर ज़िक्र फ़रमाया कि मुझे गुमान पैदा हुआ और पूछा कि ऐ रसूलुल्लाह स.अ.व.! क्या हमसाये के फ़ौत हो जाने के बाद उसके विरसे का मालिक हमसाया हो सकता है या नहीं? आँहज़रत ने फ़रमाया – हाँ। हो सकता है। अगर कोई वारिस न हो।

फिर फ़रमाया कि रसूलुल्लाह स.अ.व. ने फ़रमाया कि जो शख़्स हमसाये के साथ हत्तुलवुस्अ मेहरबानी से पेश आये। इन्शा अल्लाह वह क़यामत के दिन मेरे हमराह होगा और बहिश्त में जायेगा।

जूँही कि ख़्वाजा साहब ने इन फ़वाइद को ख़त्म किया आप यादे इलाही में मशगूल हुये और ख़लक़त और दुआगो वापस चले आये। अलहम्दु लिल्लाहि अला ज़ालेका।

मजलिस नं. 21 (हाजत रवा करने के बयान में)

हाजत रवाई के बारे में गुफ़्तुगू हुई तो आपने अपनी ज़ुबाने मुबारक से फ़रमाया कि उस मोमिन से खुदावंद तआला खुश होता है जो मोमिन की ज़रूरत को पूरा करे और बहिश्त में उस का मक़ाम होता है और फ़रमाया कि **जो शख़्स मोमिन की इज़्ज़त करता है उसकी जगह बहिश्त में होती है** और ख़ुदावंद तआला उसके तमाम गुनाहों को बख़्श देता है। अगर बन्दा किसी की जूती सीधी करे या मोमिन के पांव से कांटा निकाले तो ख़ुदावंद तआला उसे सिद्दीक़ों और शहीदों में शुमार करता है।

फिर फ़रमाया कि मशाइख़ तबक़ाते औलिया ने फ़रमाया है कि अगर फ़र्ज़न **कोई शख़्स दुरूदों या बन्दगी में मशगूल हो और कोई हाजतमंद**

आवे और उससे मिलना चाहे तो उसे लाज़िम है कि सब काम छोड़ कर उसके काम में मशगूल हो जाये। और जिस क़दर मक़दूर हो उसमें कोशिश करे और रसूलुल्लाह स.अ.व. से हदीस में है कि जो शख़्स अपने भाई मोमिन की हाजत को पूरा करता है ख़ुदावंद तआला उसकी दुनिया और आख़ेरत की हाजतों को पूरा करता है और क़यामत के दिन बहिश्त में जायेगा और मेहतर आदम अलैहिस्सलाम का हमसाया होगा।

जूँही कि ख़्वाजा साहब ने इन फ़वाइद को ख़त्म किया। आप यादे इलाही में मशगूल हुये और ख़लक़त और दुआगो दापिस चले गये। अलहम्दु लिल्लाहि अला ज़ालेका।

मजलिस नं. 27 (आलिमों के बयान में)

आलिमों का ज़िक्र करते हुए आपने ज़ुबाने मुबारक से फ़रमाया कि हदीस में है कि जब आख़िरी ज़माना आयेगा। अमीर ज़बरदस्त हो जाएँगे। और आलिम रोज़ी की ख़ातिर मेहनत मशक़्क़त करेंगे। और जहां में फ़साद बरपा होगा और ज़मीनों और पहाड़ों में उन पर ऐश तंग हो जायेंगे।

फिर फ़रमाया कि अमीर लोग ज़बरदस्त हो जाएँगे। और आलिम आजिज़ फिर ख़ुदावंद तआला ख़लक़त से अपनी बरकत उठायेगा और शहर वीरान हो जायेंगे। और दीन में फ़साद वाक़ेअ होगा। बस तुम्हें याद रहे कि वो लोग अहले दोज़ख़ हैं। नऊज़ु बिल्लाहि मिन्हा।

फिर सदक़े के बारे में आप रह. ने फ़रमाया कि ऐसे शख़्स को सदक़ा दें जो दरवेश को महमान रखता है। दस गुना सवाब मिलता है। और अपने क़रीबियों को सदक़ा देने से हज़ार गुना सवाब मिलता है। बस इन्सान को लाज़िम है कि सदक़ा ऐसे तौर पर दें कि ख़ुदावंद तआला ख़ुश हो।

जूँही ख़्वाजा साहब ने इस बयान को ख़त्म किया। आप यादे इलाही में मशगूल हुये और ख़लक़त और दुआ गो वापस चले आये। अलहम्दु लिल्लाहि अला ज़ालेका।

(3) कश्फ़ुल असरार (फ़ारसी) मारूफ़ ब मैराजुल अनवार (रोशनियों की पराकाष्ठा) – इस पुस्तक में सूफ़िज़्म के विभिन्न पहलुओं पर रोशनी डालते हुए सूफ़िज़्म के अभ्यास के साथ साथ कायनात से तसव्वुफ़ का रिश्ता जोड़ा गया है।

(4) गंज–ए–असरार (फ़ारसी) – यह पुस्तक सुल्तान शम्सुद्दीन इल्तुतमिश को तसव्वुफ़ और नैतिकता की शिक्षा देने के लिए लिखी गई थी। 611 हि. से 615 हि. अर्थात 1214 ई. से 1219 ई. के दौरान ख़्वाजा साहब ने दिल्ली में क़याम किया तथा आध्यात्म की उच्च शिक्षा से भरी यह पुस्तक लिखी। इस पुस्तक से इल्तुतमिश को कुरआन, हदीस और बड़े बड़े विद्वानों के हालात, कथन और शैरों के द्वारा नैतिक शिक्षा का पाठ पढ़ाया है। इस पुस्तक के पच्चीस अध्याय इस तरह हैं : –

प्रथम अध्याय	–	शरीअत (इस्लामी क़ानून) को जानने और समझने से सम्बन्धित है।
दूसरा अध्याय	–	आन्तरिक और बाह्य शुद्धि से सम्बंधित है।
तीसरा अध्याय	–	सूफ़िज़्म की चार सीढ़ियों : शरीअत, तरीक़त, हक़ीक़त और मारेफ़त से सम्बंधित है।
चौथा अध्याय	–	आन्तरिक शुद्धि की भावना को समझने और हक़ीक़त की राह पर टिके रहने से सम्बंधित है।
पाँचवा अध्याय	–	अल्लाह और रसूल (हज़रत मुहम्मद स.अ.व.) के बारे में।
छठा अध्याय	–	कुरआन (अल्लाह की किताब) के बारे में।
सातवाँ अध्याय	–	हज़रत मुहम्मद स.अ.व. की तरबियतों और इबादत की समझ के बारे में।
आठवाँ अध्याय	–	कुफ़्र (ईश्वर की नैमतों का इन्कार) और तौबा (मआफ़ी) के बारे में।
नवाँ अध्याय	–	सच्चे मज़हब की पहचान के बारे में।
दसवाँ अध्याय	–	जुमऐ की मालूमात के बारे में।
ग्यारहवाँ अध्याय	–	इल्मे तौहीद(एकेश्वरवाद) का ज्ञान
बारहवाँ अध्याय	–	मारेफ़त (इन्सान, खुदा, कायनात को जानना)
तेरहवाँ अध्याय	–	तलक़ीने मुरशिदे कामिल (सर्वज्ञ गुरू की सीख)
चौदहवाँ अध्याय	–	ज़िक्र फ़िल क़ल्ब (दिल में बयान करना)
पन्द्रहवाँ अध्याय	–	मुरशिद (गुरू) की ज़रूरत
सोलहवाँ अध्याय	–	क़ल्बी आमाल (दिल में रूहानी ताक़त पैदा करने वाले अभ्यास)
सत्रहवाँ अध्याय	–	इबादते जली व ख़फ़ी (स्पष्ट और छुपी हुई इबादत)
अठारहवाँ अध्याय	–	फ़ैज़े साहिब दिल (रूहानियत से परिपूर्ण व्यक्तित्व एवं उससे मिलने वाला लाभ)
उन्नीसवाँ अध्याय	–	हज़रत उस्मान हारूनी का दिल्ली आगमन

बीसवाँ अध्याय	–	मक़ामे आलमे तहय्युरो महवियत (आश्चर्य एवं तल्लीनता की स्थिति)
इक्कीसवाँ अध्याय	–	पैवस्तने मस्तिए समाअ (रूहानी संगीत से जुड़ना)
बाईसवाँ अध्याय	–	दरबारे रिसालत (हज़रत मुहम्मद स.अ.व.का दरबार)
तेईसवाँ अध्याय	–	ख़्वाजगाने चिश्त के पन्द्रह मक़ामात
चौबीसवाँ अध्याय	–	चौदह इल्म(ज्ञान)
पच्चीसवाँ अध्याय	–	फ़ना और बक़ा (मिटना और बाक़ी रहना)

उक्त अंध्यायों से अनुमान लगाया जा सकता है कि तसव्वुफ़, नैतिकता आदि की शिक्षा के साथ साथ विभिन्न ज्ञानों से भी ख़्वाजा साहब को दिलचस्पी थी। व्यक्तित्व के विकास के लिए नैतिकता, आध्यात्म और दुनिया के दीगर उलूम की जानकारी भी ज़रूरी है चुनांचे पांच वर्ष देहली रहकर ख़्वाजा साहब ने इल्तुतमिश को तसव्वुफ़ की तालीम दी। यह पुस्तक दरअस्ल रूहानी सुल्तान के ज़रीए दुनियावी सुल्तान की तरबियत का सामान है। इस पुस्तक के अध्याय बताते है कि इसमें बड़ी उम्र और छोटी उम्र सभी के लिए दीनदारी (धार्मिक आचरण), नैतिकता और आन्तरिक शुद्धि की शिक्षाएँ हैं। इसलिये इल्तुतमिश ने स्वयं के साथ साथ अपनी औलाद में भी उक्त गुणों को पैदा करने और एक सिद्धपुरूष के सान्निध्य से रूहानी फ़ैज़ प्राप्त करने के लिये ख़्वाजा साहब को दिल्ली में रखकर स्वयं के साथ साथ अपने पुत्र नासिरूद्दीन महमूद एवं रज़िया को भी इसकी तालीम दिलाई होगी। क्योंकि अपने शासनकाल के प्रारम्भ में तो वह स्वयं अपने दुश्मनों से निपटने में लगा हुआ था। ख़्वाजा साहब की अतालीक़ी में उसने स्वयं भी तसव्वुफ़ का ज्ञान अर्जित किया और बच्चों को भी तरबियत दिलाई। यह ख़्वाजा साहब की दुआओं का ही परिणाम था कि यल्दौज, क़ुबाचा जैसे प्रतिद्वन्दियों एवं चंगेज़ ख़ां जैसे शक्तिशाली एवं बर्बर सेनानायक से इल्तुतमिश अपने साम्राज्य की हिफ़ाज़त कर सका।

(5) रिसाला–ए–तसव्वुफ़ मन्ज़ूम – फ़ारसी काव्य में लिखी यह पुस्तक तसव्वुफ़ से मुतअल्लिक़ विचारों पर आधारित है तथा इसमें ख़्वाजा साहब की काव्यशैली देखने को मिलती है।

(6) रिसाला–ए–अनफ़ुक़ो आफ़ाक़ (फ़ारसी) पाण्डुलिपि है तथा इसमें तसव्वुफ़ के कायनाती पहलू पर बहस की गई है।

(7) हदीसुल मआरिफ़ इस किताब का सिर्फ़ नाम ही मिलता है अब यह दुर्लभ है।

(8) रिसाला–ए–वुजूदिया : बक़ौल मअनी अजमेरी – "इस रिसाले में वुजूदे इन्सानी से बहस की गई है। नफ़्स की चारों क़िस्मों का तअल्लुक़ चारों अनासिर से बताया है, दुनिया के तीनों मौसमों से इन्सानी ज़िन्दगी के तीनों दौरों की मुताबिक़त बताई है। निज़ामे फ़लकी के मुताबिक़ आज़ाए इन्सानी की तशरीह की है।"

(हज़रत सुल्तानुलहिन्द की तसनीफ़ात पर एक मोर्रिख़ाना नज़र : अज़ मअनी अजमेरी मशमूला "शफ़क़" ख़्वाजा ग़रीब नवाज़ नम्बर, पृ. 58)

(9) दीवाने मुईन – ख़्वाजा साहब का शायराना कलाम है। इसको कुछ लोग मुईनुद्दीन (हरवी, फ़राही, काशिफ़ी) का बताते हैं (जो 833 हि.–907 हि. /1429ई.–1501ई.के बुंज़ुर्ग थे) ख़्वाजा मुईनुद्दीन चिश्ती से मन्सूब जो कलाम मिला उसमें से उदाहरणार्थ कुछ कलाम इस तरह है –

ख़्वाजा मुईनुद्दीन चिश्ती र.अ. से मन्सूब शैरी कलाम का नमूना

غزل

زپیشِ خویش برافگن نقاب دعویٰ را
ببیں بسکوتِ صورت جمالِ معنیٰ را

بزن بسنگِ ملالت زُجاجۂ ناموس
بکوئے عشق بریز، آبروئے تقویٰ را

چو ہشت باغ جناں خوشۂ زخرمنِ ماست
بہ نیم جو نہ خرم کشت زارِ دنیا را

بحق او کہ بہ کونین چشم نکشایم
کہ تا نخست نہ بینم جمالِ مولیٰ را

زبرگ برگِ درختِ وجود خوشنودم
رموزِ عشق کہ گفت آں درختِ موسیٰ را

اگر ز آتش عشقے بسوختم چہ عجب
کہ کوہ تاب نیاورد یک تجلّی را

معینؔ بچشمِ خرد حسنِ دوست ننماید
ببیں بدیدۂ مجنوں جمالِ لیلیٰ را

ग़ज़ल का तर्जुमा

उठा दे दिल से तू अपने नक़ाब चेहरे का
तो देखे आईना–ए–दिल में जमाल मौला का

दे तोड़ संगे मलामत से शीश–ए–इफ़्फ़त
बहा दे इश्क़ की रह में ग़रूर तक़वा का

जब एक ख़ोशा है ख़िरमन का मेरे हश्त बहिश्त
तो निस्फ़ जौ भी न ख़ाऊँ हक़ीर दुनिया का

क़सम है उसकी दो आलम न देखूं एक नज़र
जो इससे पहले न देखूं जमाल मौला का

मैं पत्ते पत्ते का हूँ उस दरख़्त का शैदा
कलीम पर है खुला जिससे राज़ मौला का

जला मैं इश्क़ में उसके तो जाए–हैरत क्या
हुआ न कोह को जब ताब उसके जलवे का

जमाल–ए–यार बचश्म–ए–ख़िरद न आये नज़र
"मुईन" बचश्म–ए– जुनूँ देख हुस्न लैला का

غزل

اے ز شرمِ روئے ماہت عرق عرق آفتاب — وزفروغ ماہِ رخسارِ تو ماہ اندر نقاب
آفتاب از خاکِ راہت یافت حشمت لا جرم — در فضائے آسمان زدخیمۂ زریں طناب
گرزِ انوارِ رخت یک شعلہ تا بدبر فلک — ازحیا مستور گردد آفتاب اندر نقاب
نورِ ھست آں مجسم گشتہ در ذاتِ نبیؐ — ہمچو نورِ ماہ کزخورشید کردست اکتساب
نقرہ خنگِ چرخ را از مہ کشد زرّیں لگام — در شب اسریٰ چو آرد پائے ہمت در رکاب
سرِّ مَـــا اوحـــیٰ نہ گنجد در ضمیر جبرئیل — کشفِ اسرارِ لـدنّی کے کند ام الـکتاب
از مـحـمدؐ دیدہ باید فرض کردن در بہشت — چوں کہ بیروں آید انوارِ تجلّی از حساب
یا رسولؐ اللہ شفاعت از تو می دارم امید — باوجودِ صد ہزاراں جرم در روزِ حساب
اندراں روزے کہ بہرِ انتقامِ عاصیاں — آتشِ دوزخ بر افروز و علَم از التہاب
در خیالِ من نمی گنجد تمنائے بہشت — دارم از فضلت امیدِ رستگاری از عذاب

ہر چہ خواہی با معینؔی پیش براز مہر و لطف
لیکن از در گہہ مراں و اللہ علـم بـاصواب

ग़ज़ल का तर्जुमा

शर्म से है तेरे रूख की पानी पानी आफ़ताब — तेरे चेहरे की चमक से चाँद ने डाली नक़ाब
ख़ाके रह से तेरी पाया है शरफ़ ख़ुर्शीद ने — इसलिये ताने हुए है ख़ैमा–ए–ज़र्रीं तनाब
नूर चेहरे का तिरे चमके अगर अफ़लाक पर — मुँह छुपा ले शर्म से हो आफ़ताब अन्दर नक़ाब
सर से पा तक नूरे हक़ है ज़ाते पाके मुस्तफ़ा — मह को जैसे रोशनी देता है हर दम आफ़ताब
अशहिबे गरदूं ने खीचीं चाँद सी ज़र्री लगाम — जब शबे मैराज ज़ेरे पाये अक़दस थी रकाब
सिर्रेमा ओहा समोया कब दिले जिबरईल में — कब खुसूसी भेद को ज़ाहिर करे उम्मुल किताब
ली मअल्लाह है मक़ामे ग़ायते क़ुरबे विसाल — आप वासिल हक़ में थे मिसले ज़ियाए आफ़ताब
बहरे दीदारे मुहम्मद हुक्म जन्नत का हुआ — ताकि अनवारे तजल्ली हो अयां रोज़े हिसाब
या रसूल अल्लाह शफ़ाअत की में रखता हूँ उम्मीद — बावजूदे जुर्मे बेहद सुबहे फ़रदाए हिसाब
हश्र के दिन आसियों के वास्ते बहरे सज़ा — आतिशे दोज़ख़ भड़क उठेगी देने को अज़ाब

जो भी चाहे कर मुईन के साथ तू बहरे करम
कर न दरगाह से अपनी जुदा वल्लाहु आलम बिस्सवाब .

غزل

توئی کہ جز تو ترا خود حجابِ دیگر نیست بغیرِ نورِ رخت را دیگر نیست
تئی معرّفِ خود لا جرم بدیہی گشت کہ در تصوّرِ تو اکتسابِ نیست
رموزِ عشق زِ لوحِ دلم مطالعہ کن کہ حلِ نکتۂ عشق از کتابِ دیگر نیست
شہودِ حق طلبی از وجدِ خود بگذر کہ جز وجودِ تو اورا حجاب دیگر نیست
ز قصرِ تن بگذر، در لبابِ جان بنگر دراں لبابِ عجب گر کتابِ دیگر نیست
بمرد زاہدِ ما• در خمارِ خمر بہشت گمان برد کہ جز آں مے شرابِ دیگر نیست

چو محوِ تست معیّن نامِ اوچہ می پرسی
کہ جز خموشی اش اکنوں جوابِ دیگر نیست

ग़ज़ल का तर्जुमा

सिवाए नूर के तेरा कोई नक़ाब नहीं तू है कि तेरे सिवा दूसरा हिजाब नहीं
तेरे ख़ायाल में गैरों का इक्तिसाब नहीं फ़कत तू ही है कि वाक़िफ़ है ज़ात से अपनी
कि उसके नुक्ते के हल की कोई किताब नहीं रमूज़े इश्क को पढ़ दिल की लोह पर अपने
सिवा वुजूद के तेरे कोई हिजाब नहीं गुज़र वुजूद से अपने जो हो ख़ुदा तलबी
कि लोहे जां के अलावा कोई किताब नहीं गुज़र के जिल्दे बदन से तू मग़ज़े जान को देख
गुमां उसे था कि उसके सिवा शराब नहीं ख़ुमारे बादाए जन्नत में मर गया ज़ाहिद

जब उसमें महव है तो ऐ मुईन ! नाम न पूछ

सिवा सुकूत के इस दम कोई जवाब नहीं

غزل

مستم امروز ازاں بادہ کہ درجامِ دل است
تا ابد چاشنیِ عشقِ تو در کامِ دل است

تشنگیِ دل ازاں نیست کہ باید تسکیں
کہ ہمہ جوئے بہشت است کہ در جامِ دل است

تن پرستی ست کہ میلش بہ نعیمِ دو جہاں است
جامِ دیدارِ خدا وعدۂ انعامِ دل است

اضطرابِ دلم آرام نہ گیرد بہ بہشت
دیدنِ روئے دلارامِ من آرامِ دل است

می رود ہر نفس از دل بخدا پیکِ دعا .
قدسیاں را بفلک گوش بہ پیغامِ دل است

چوں دل از عالمِ پاک آمدہ در کشورِ خاک
ہم بآنجا رود آخر کہ سر انجامِ دل است

از تو تا دوست گر از عرش بود تاثیری
از کم و بیش میندیش کہ یک گامِ دل است

سَرکشی چوں کند آں تن کہ دلش گشت سوار
تو ببیں نفس جموجست و لے رامِ دل است

ظلمتِ غارِ بدن گشتہ حجابت ورنہ
تابشِ نورِ خدا، بر در و بر بامِ دل است

خطبۂ سلطنت و سکّۂ دولت کہ زند
تاجدارانِ ملائک ہمہ بر بامِ دل است

نکتۂ عشق کہ بر لوحِ بیاں ثبت نیست
بر معینی ہمہ مردم بہ اعلامِ دل است

गज़ल का तर्जुमा

मस्त हूँ आज जो मय दिल की मिरे जाम में है
इश्क़ की चाशनी ता हश्र मिरे काम में है

तशनगी ऐसी नहीं दिल में जो चाहूं तस्कीं
नहरे फिरदोसे बरीं दिल की मिरे जाम में है

तनपरस्ती है ऐ दिल दोनों जहां की ख़्वाहिश
जामे दीदारे ख़ुदा वादा–ए–पैग़ाम में है

क़ल्बे बैचेन को जन्नत में न होगा आराम
दिल को आराम तिरी दीद के इनआम में है

जो नफ़स मेरा है पैकाने दुआ है सरे अर्श
हर मलकगोश बर आवाज़ दरो बाम में है

आलमे पाक से दिल जब कि जमीं पर आया
फिर वहीं जायेगा जिस जां वह फँसा दाम में है

उसको पाने के लिये अर्श पे उसको न समझ
फ़ासला दिल का वहाँ तक मिरे इक गाम में है

सरकशी जब करे तन दिल पे हो तू अपने सवार
नफ़्स को देख कि ताबे तिरे अहकाम में है

ज़ुल्मते ख़ाके बदन तेरी है परदा वरना
ताबिशे नूरे ख़ुदा दिल के दरो बाम में है

बुलबुले इश्क़ तो है कोनो मकां से आज़ाद
मुर्गे हुशयार है उलझा जो तिरे दाम में है

सिक्कए सल्तनत व ज़र तुझे बहकाता है
वरना शाही तो मकीं दिल के दरो बाम में है

नुक्ताए इश्क नहीं लोहे बयां पर है लिक्खा
ऐ मुईन सब यह तिरे दिल ही के ऐलाम में है

نعت

درجاں چوں گرد منزل ما محمدؐ
صد در کشاد در دل از جانِ ما محمدؐ

ما بلبلیم نالا در گلستانِ احمدؐ
ما لولیئم مرجاں عمانِ ما محمدؐ

مستغرقِ گناہیم ہر چند عذر خواہیم
پژمردہ چوں گیاہیم بارانِ ما محمدؐ

از درد زخم عصیاں مارا چہ غم چو سازد
از مرہم شفاعت درمانِ ما محمدؐ

امروز خونِ عاشق در عشق گر بدرشد
فردا ز دوست خواہد تاوانِ ما محمدؐ

ما طالب خدائیم بردینِ مصطفیٰ ایم
بر درگہش گدائیم سلطانِ ما محمدؐ

از امتانِ دیگر آمدیم برسر
واں را کہ نیست یا در برہانِ ما محمدؐ

اے آب وگل سرودے وے جان و دل درودے
تابشنود بہ یثرب افغانِ ما محمدؐ

در باغ و بوستانم دیگر مخواں معینی
باغم بس است قرآں بستانِ ما محمدؐ

नअत

आया हरीमे दिल में जानां मिरा मुहम्मद
सौ दर खुले हैं दिल में मेहमां मिरा मुहम्मद

बुलबुल हूँ मैं फ़सुरदा गुलज़ारे मुस्तफ़ा का
मरजानो दुर सरासर अम्मां मिरा मुहम्मद

इस्याँ में हूँ मैं डूबा शर्मिंदा–ए–गुनाह हूँ
यानी गयाहे मुर्दा बारां मिरा मुहम्मद

क्या रंजे ज़ख़्मे इस्याँ मेरा जो है वह हामी
है मरहमे शिफ़ाअत दरमां मिरा मुहम्मद

आशिक़ का ख़ून ज़ाये गर आज कोई कर दे
माँगेगा कल ख़ुदा से तावां मिरा मुहम्मद

तालिब हूँ मैं ख़ुदा का दीने नबी पे क़ायम
इस दर का मैं गदा हूँ सुल्ताँ मिरा मुहम्मद

सा: नबी की उम्मत से जबकि हूँ मैं अफ़ज़ल
जिसका न कोई हामी बुरहाँ मिरा मुहम्मद

नग़मा हूँ आबो गिल में आवाज़े जानो दिल हूँ
यसरिब में सुन सके इल्हाँ मिरा मुहम्मद

गुलशन में जब 'मुई' है फिर क्यों चमन को ढूंढे
मेरा चमन है कुरआं बुस्ताँ मिरा मुहम्मद

غزل

مگر صبا ز سر کوئے دوست می آید — کہ از زمین و زماں بوئے دوست می آید
چہ اشکہاست کہ از یاد می برم ہر شب — کہ روئے او ز چہ بر روئے دوست می آید
زکوئے دوست چو عاشق کشیدہ دارد پائے — کمند شوق ہم از موئے دوست می آید
وفا چگونہ کند عقل و ہوش بامنِ مست — چنیں کہ جام ہیا ہوئے دوست می آید
ہر آنچہ آیدت از غیب نیک و بد منگر — ہمیں بس است کہ از سوئے دوست می آید
ازیں مصائبِ دوراں منال و شاداں باش — کہ تیر دوست بہ پہلوے دوست می آید

بیا بوعظِ معینیؔ رموزِ عشق شنو
کہ از حکایتِ او بوئے دوست می آید

ग़ज़ल का तर्जुमा

सबा बनाज़े सरे कूऐ दोस्त आये है — कि आस्मां ताज़मीं बूऐ दोस्त आये हैं

जो उसके ग़म में बहाता हूं अश्क मैं हर शब — तो हुस्ने अश्के नज़र रूऐ दोस्त आये है

गली से यार के आशिक़ जो खींचता है पाँव — कमन्दे ज़ुल्फ़ मूए सूए दोस्त आये हैं

वफ़ा क्या अक़्ल करे साथ होश जब है मस्त — हमेशा जामे ह़ियाहूए दोस्त आये हैं

तुझे जो ग़ैब से आये बुरा भला मत देख — तू ख़ुश नसीब है जो सूए दोस्त आये हैं

न रो तू दौरे ज़माना के ग़म से शादां रह — कि तीरे दोस्त ब पहलू–ए– दोस्त आये हैं

सुनो मुईन की तक़रीर से रमूज़े इश्क़

उसके वअज़ से अब बूए दोस्त आये हैं

غزل

نفحۂ عشق گر آں سوئے جہاں می آید — بمشامِ دلم از عالمِ جاں می آید
تازہ شو اے دلِ پژمردہ کہ چوں آبِ حیات — بحر جودے ست کہ سوئے تو رواں می آید
خیز اے عقل تو از چار سوئے پنج حواس — کہ نگارِ من ازاں راہِ نہاں می آید
ہمچو خورشید نما روئے کہ ذرّات جہاں — از زمیں تا بہ فلک چرخ زناں می آید
دل کہ بایار نشیند برت اے جاں چہ کند — بسکہ از صحبتِ اغیار بجاں می آید
ایں ہمہ گل کہ بہ گلزار جمالت بشگفت — بلبلِ دل چہ عجب گر بہ فغاں می آید
آتشے ہست نہاں در جگرِ سوختگان — آہ کاں آتشِ پنہاں بعیاں می آید
گر چہ ہر موئے زبانے شود از سرِ نہاں — بخدا گر سرِ موئے بہ بیاں می آید
رقمِ عشق کشیدہ است بطغرائے وجود — ہر چہ اندر عدم آباد جہاں می آید
ہیچ کس نقطہ صفت خارج ازیں دائرہ نیست — گر چہ بیروں رود آخر بمیاں می آید

गजल का तर्जुमा

इश्क की बू जो कभी सूए जहाँ आये है — मग़ज़े दिल होते हुये जाँ में समा जाये है
ताज़ा हो ऐ दिले पज़मुर्दा कि अब आबे हयात — बहरे अलताफ़े ख़ुदा मौज ज़नाँ आये है
उठ अब ऐ अक़्ल तू पाँचों हवासे ख़म्सा से — मेरा दिलदार इसी राहे निहाँ आये है
रूए ज़र्रात हुये जाते हैं खुर्शीदनुमा — वह फ़लक ता बा ज़मीं चर्ख़ ज़नाँ आये है
यार हो दिल के क़रीं क्या करे फिर जां उस दम — जान फिर सुहबते अग़यार में आ जाये है
फूल खिलते हैं बसद हुस्न चमन में तेरे — बुलबुले दिल चे अजब गिरया फ़ुग़ाँ आये है
इश्क़ की आग है इक सोख़्ता . जिगरों में छुपी — आह ज़ाहिर वही फिर आग हुई जाये है
आतिशे ग़म का जो तन्दूर है दिल में रोशन — लौ उसी की है, ज़ुबां पर कभी आ जाये है
गरचे हर बाल करे ज़िक्र तिरा राज़े निहां — बख़ुदा इक सरे मू शरह न हो पाये है
इश्क़ का तुग़रा हर इक जिस्म पे रहता है खिंचा — जो अदम से सरे फ़ानीए जहां आये है
दायरा–ए–हक़ से कोई नुक़्ता नहीं है ख़ारिज — गर वह समझे भी जुदा . घूम के फिर आये है

غزل

اگر بے پردہ نتوانی کہ بینی پر توِ ذاتش   بہ ذرّاتِ جہاں بنگر کہ ہر ذرّات مر آتش
جمالِ حق ز مرآتِ صفاتش می کند جلوہ   صفت در کسوتِ افعال و فعل از عین آیاتش
چو جسمت مظہرِ جانست وجانت مظہرِ اعیاں   چو اعیاں مظہرِ اسماء و اسماء مظہر ذاتش
تجلی طور را گر چہ زہیبت ساخت صدپارہ   ولیکن تا ابد تا بدجمالِ حق و ذرّاتش
من از کنجِ خراباتے جمالے دیدہ ام واللہ   کہ چندیں سال می جستم محرابِ مناجاتش
مرا از یک دو جام مے چناں حالے بدست آید   کہ صد سالک نخواہد یافت در طے مقاماتش

معینؔ را عشق برد از رہ دریغ از فہم و دانائی
وزاں تحصیل بے حاصل کہ ضائع کرد اوقاتش

ग़ज़ल का तर्जुमा

जो ताबे दीद न हो हुस्न अक्से ज़ात में देख   जमाले यार को आईना–ए– ज़र्रात में देख
जमाले हक़ है सिफ़ातों के आईने में अयां   सिफ़त है आईना तो फ़ेएल के आयात में देख
यह जिस्म जान का मज़हर है , जान जब है वही   वह जब है नाम में ज़ाहिर तो उसकी ज़ात में देख
हुआ तजल्ली की हैबत से कोह सद पारह   जमाले हक़ है अयां तूर के ज़र्रात में देख
जिसे दुआओं में बरसों से ढूंढता था मैं   मिला वह मुझको यहीं , फ़ैज़े ख़राबात में देख
दो एक जाम मुझे ऐसा हाथ आया इधर   न तय किया किसी सालिक ने मक़ामात में देख

'मुईं' को इश्क़ ने अक़्ल व ख़िरद से दूर किया
तमाम ज़ाए हुए काविशे औक़ात में देख

غزل

من ذرے بودم نہاں در قعرِ بحرِ لم یزل
عشق غواصانہ ام آورد بیروں زاں محل

من ذرے دریائے عشقم چند مانم در صدف
من چو مرآتِ خدایم چند باشم در بغل

از صدف آیم بروں بر تاج عزت جا کنم
نور گیرند از فروغم ماہ و خورشید و زحل

من غلامِ روئے یارم گرچہ ماہم درجہاں
من گدائے کوئے عشقم گر چہ شاہم فی المثل

گر کند دستِ اجل قصرِ وجودم خشت خشت
اصل بنیادِ محبت ہیچ نہ پذیرد خلل

دل زمن بر دی و گفتی در بدل وصلت دہم
چو مبیع خود پسندیدی چرانہ دہی بدل

من چو از اہلِ دلم فانی نخواہم شد ز مرگ
چوں نوید وصل می آرد چہ ترسم از اجل

طالباں در خورِ خود ہر یک مرادے خواستند
عاشقاں دیدار یار و زاہداں حسنِ عمل

سرِ عشق از عرش و فرش و لوح و کرسی حل نہ شد
اے معینی کے تواں کردن بیاں دریک غزل

ग़ज़ल का तर्जुमा

लम यज़ल के बहर में मैं मिस्ल मोती था निहां
इश्क ने ग़ौता लगा कर कर दिया मुझ को अयाँ

सीप में कब तक छुपूं जब हूँ दुरे दरयाए इश्क़
जब खुदा का आईना हूं क्यों रहूँ अन्दर निहाँ

सीप से बाहर निकल कर ताज की जीनत बना
रोशनी पाते है मुझ से चांदो सूरज बेगुमाँ

चाँद हूँ मैं गरचे रूऐ यार का हूँ मैं गुलाम
शाह हूँ में पर गदा हूँ रूए शाहे दोजहाँ

टुकड़े टुकड़े गर करे दस्ते अजल क़सरे वुजूद
असले बुनियादे मुहब्बत को ख़लल पहुचें कहाँ

दिल मिरा ले कर कहा दूंगा एवज़ में वस्ल में
जब ख़रीदा है सिला देता न क्यों जाने जहाँ

अहले दिल हूँ मौत कर सकती नहीं मुझ को फ़ना
जब नवेदे वस्ल आये क्यों हो मुझको ख़ौफ़े जाँ

अपनी मर्ज़ी के मुताबिक़ मांगते हैं सब मुराद
जाहिदाँ हुस्ने अमल दीदार चाहें आशिक़ाँ

अर्श कुर्सी से नहीं जब हल हुआ यह राज़े इश्क़
ऐ 'मुई' फिर इक ग़ज़ल में किस तरह होवे बयाँ

غزل

صفات و ذات چو از ہم جدا نمی بینم — بہر چہ می نگرم جز خدا نمی بینم
مگو کہ دیدۂ حادث قدیم کے بیند — ہمیں بس است کہ من خویش را نمی بینم
ترا چو آئینہ تیرہ است چشم نابینا — مخور فسوس کہ من ہم چرا نمی بینم
زمن مپرس کہ آں ماہ را کجا دیدی — چو من ز جائے برفتم بجائی بینم
بہر بلا کہ تو خواہی بیاز مائے مرا — کہ ہر چہ مشاہدۂ تو بلا نمی بینم
زمن بہر چہ کنی یاد راضیم حقا — کہ ہر چہ از تو رسد جز عطا نمی بینم
بہر طرف کہ مرا می بری بحمداللہ — کہ خویش راز تو یک دم جدا نمی بینم

عروج جان معینی برواج او ادنیٰ
بجز متابعتِ مصطفیٰ نمی بینم

ग़ज़ल का तर्जुमा

सिफ़त को ज़ात से हम ने जुदा नहीं देखा — जो देखा मैंने सिवाए ख़ुदा नहीं देखा

न कह कि जलवाऐ हक़ . फ़ानी आँखं क्या देखे — यही है ख़ूब कि ख़ुद का पता नहीं देखा

तिरी हो आँख अगर धुँधले आईने की तरह — न खा तू ग़म कि क्यों उसकी ज़िया नहीं देखा

न पूछ मुझसे कि उस माह को कहाँ देखा — गया हूँ जिस जगह उसके सिवा नहीं देखा

बला जो चाहे मिरी जाँ पे दे बहम्दुलिल्लाह — मुशाहेदे में बला को बला नहीं देखा

किसी तरह तू मुझे याद कर मैं राज़ी हूँ — मिला जो तुझ से सिवाऐ अता नहीं देखा

किसी तरफ़ मुझे ले चल हज़ार शुक्र तिरा — कि तुझ से अपने को इक दम जुदा नहीं देखा

उरूज जाने मुईन का है औजे अदना

बजुज मुताबिअते मुस्तफ़ा नहीं देखा

غزل

ایں منم یارب کہ اندر نورِ حق فانی شدم
مطلعِ انوارِ فیضِ ذاتِ سبحانی شدم

ذرہ ذرہ از وجودم طالبِ دیدار گشت
تا کہ من مست از تجلی ہائے ربانی شدم

من چناں بیروں شدم از ظلمتِ ہستی خویش
تاز نورِ ہستی او آں کہ می دانی شدم

زنگ غیرت راز مرآتِ دلم بزدود عشق
تا بہ کلی واقفِ اسرارِ پنہانی شدم

گر زدودِ نفس ظلمتِ پاک بودم سوختہ
زامتزاجِ آتشِ عشقِ تو نورانی شدم

خلق می گفتند کین رہ را بہ دشواری روند
اے عفاک اللہ کہ من باری بآسانی شدم

دمبدم روح القدس اندر معینی می دمد
من نمی دانم مگر من عیسیٰ ثانی شدم

ग़ज़ल का तर्जुमा

ऐ मिरे मौला मैं तेरे नूर में फ़ानी हुआ
मतलऐ अनवारे फ़ैज़े ज़ाते सुब्हानी हुआ

जिस्म का हर ज़र्रा सरगश्ता पऐ दीदार है
फिर तजल्लियों से तेरी मस्ते रब्बानी हुआ

ज़ुल्मते हस्ती से अपनी हो चुका जब बेनियाज़
नूरे हस्ती से उसी के नूरे यज़दानी हुआ

दिल का आईना धुला जब ग़ैरियत के ज़ंग से
तब कहीं मैं वाक़िफ़े असरारे पिनहानी हुआ

नफ़्स की ज़ुल्मत मिटी जल कर मुजल्ला हो गया
जल के तेरे इश्क़ की आतिश में नूरानी हुआ

ख़ल्क़ कहती है कि यह रस्ता बहुत दुश्वार है
मैं गया जिस रास्ते से फ़ज़्ले रब्बानी हुआ

जगमगाते हैं मुईं में दमबदम रूहुल क़ुदुस
कुछ ख़बर मुझ को नहीं मैं ईसा सानी हुआ

غزل

چشمِ دیگر بایدت تا حسن او دیدن تواں — گوش دیگر تا کلامِ دوست بشنیدن تواں
رشتۂ جاں را اگر پیوند با وصلت بود — خرقۂ تن رازِ سرتا پائے بدریدن تواں
چوں بگوشِ مرغ جاں آمد ندائے ارجعی — ایں قفس بشکس و سوئے تو پریدن تواں
گر تو خواہی تیغ راندن وقت بسمل بر گلو — درمیانِ خاک و خوں و چوں مرغ غلطیدن تواں
برامید آں کہ دامانِ تو گیرد دوست من — در لحد ریزیدن و در کاک پوشیدن تواں
ہر زماں در باغ رخسارت گل دیگر شگفت — یا رب از گلزار تو ہر گز گلے چیدن تواں

از غمت مسکین معینؔ ہر دم بہ دردے مبتلاست
اے طبیبِ عاشقاں بیمار پرسیدن تواں

ग़ज़ल का तर्जुमा

हुस्न उसका देखने को चश्मे बीना चाहिए — बात सुनने को दिगर इक कान होना चाहिए
वस्ल की हो आरज़ू गरचे रगो जां को तिरे — जिस्म के ख़रके को पैहम चाक करना चाहिए
मुरग़े जां को जब निदा आये कि आ तू लौट आ — इस क़फ़स को तोड़ कर परवाज़ करना चाहिए
तैग़ बिस्मिल के गले पर गरचे चाहो फैरना — मुरग़े बिस्मिल की तरह ख़ूँ में तड़पना चाहिए
हो जो यह उम्मीद, दामन दोस्त तेरा थाम ले — लाश अपनी क़ब्र में तुझ को छुपाना चाहिए
गुलसिताने हुस्न में तेरे नये खिलते हैं गुल — ऐ खुदा इक फूल भी तो तुझ को चुनना चाहिए

मुब्तिला ग़म में तेरे रहता है हर लहज़ा 'मुईं'
हाल पुरसां ऐ तबीबे इश्क़ आना चाहिए

غزل

این درد کہ من دارم باکس نتواں گفتن — سوزِ دلِ عاشق را باخس نتواں گفتن
پیشِ دلِ خود گہہ گہہ دردِ تو ہمہ گفتم — دل نیز رمیداز من زیں پس نتوان گفتن
ہر چند بہ تن زیں در واپس ترم از ہر کس — چوں پیش تو جاں بازم واپس نتواں گفتن
بردار دلم از تن تا صید کنم جاں را — شہباز ہمایوں را کرگس نتواں گفتن
بیمار لبِ لعلت بر بسترِ خوش خسپد — بالینِ غریباں را اطلس نتواں گفتن
تقصیر بسے دارم پیشِ تو ولے عیم — در رویم اگر گوئی در پس نتواں گفتن

سرِ غم عشقش را با خلق معین کم گوے
احوالِ سلاطیں را باکس نتواں گفتن

ग़ज़ल का तर्जुमा

दर्दे दिल हर शख़्स से अपना छुपाना चाहिए — घांस से सोज़े दिले आशिक़ न कहना चाहिए
मैं कभी दिल ही से ख़ुद ग़म का फ़साना कहता हूँ — दिल ही जब फिर जाये तो ख़ामोश रहना चाहिए
हर किसी में जाके आ जाता हूँ वापिस हर घड़ी — जब तिरा जांबाज़ हूँ, वापिस न आना चाहिए
जिस्म से दिल को अलग कर, ता करूं जां को शिकार — ज़ोरे परे शहबाज़ को गिद्ध से न कहना चाहिए
थूक ख़ूं का है निशां यह हुस्न के बीमार का — आशिक़ों के तकिये को अतलस न कहना चाहिए
तेरे आगे यूं तो रखता हूं गुनाह मैं बेहिसाब — गर कहे तू रूबरू होकर सुनाना चाहिए

ऐ 'मुई' लोगों से कम कह राज़ उसके इश्क़ का
हर किसी से हाल शाहों का न कहना चाहिए

غزل

تن چو از خاک سب اورا خاک می باید شدن — جاں ز افلاک ست بر افلاک می باید شدن

گر تو خواہی ورنہ در آتش بباید سوختن — چوں زر مغشوش او را پاک می باید شدن

در طریق عشق وادی ہاست کاندر قطع آں — کاہلی کے می تواں چالاک می باید شدن

اے دل از تیر قضا تا کے تواں کردن حذر — ہمچو صیدت بستۂ فتراک می باید شدن

گر عروج جاں معینی بایدت بر نہ فلک
در رکابِ خواجہ لولاک می باید شدن

ग़ज़ल का तर्जुमा

जिस्म जब मिट्टी है इसको ख़ाक होना चाहिए — रूह अफ़लाकी है बरअफ़लाक रहना चाहिए

चाहता है इश्क़ की आतिश में तू जलना अगर — मिस्ल खोटे ज़र के जल कर पाक होना चाहिए

इश्क़ के रस्ते में हाइल वादियों को कर उबूर — ताबके यह काहिली , चालाक रहना चाहिए

मौत के इस तीर से परहेज़ ऐ दिल ता बके — मिस्ले मुर्दा क़ैदी ए फ़ितराक रहना चाहिए

गर नवें अफ़लाक पर तू जां को चाहे ऐ 'मुई'
ख़ुद रकाबे ख़्वाजा–ए–लोलाक बंधना चाहिए

رباعی

اے باج نبیؑ بر سر تو تاج نبیؑ   اے داد شہنشاہ ز تیغ تو باج نبیؑ

اے تو کہ ز معراج تو بالا تر شد   یک قامت احمدی ز معراج نبیؑ

तर्जुमा रूबाई

ऐ बाजे नबी सर पे तिरे ताजे नबी   शाहों की पनाह तेग़ तिरी बाजे नबी

रूतबा हुआ मैराज ही से तेरा बुलन्द   है ज़ात तेरी पर तवे मैराजे नबी

رباعی

اوصاف علی بگفتگو ممکن نیست   گنجائش بحر در سبو ممکن نیست

من ذات را بہ واجبی کے دانم   الا دانم کہ مثل او ممکن نیست

तर्जुमा रूबाई

अली का वस्फ़ ज़ुबां से बयां हो नामुमकिन   यह एक कूज़े में दरया रवां हो नामुमकिन

न हक़्के वस्फ अदा कर सकूं, यह इल्म तो है   नज़ीर देह्र में उनकी अयां हो नामुमकिन

رباعی

شاہ ست حسینؑ بادشاہ ست حسینؑ   دین ست حسینؑ دین پناہ ست حسینؑ

سرداد نہ داد دست دردست یزید   حقا کہ بنائے لا الــــــہ ست حسینؑ

तर्जुमा रूबाई

हुसैन शाह भी हैं और बादशाह भी हैं   हुसैन दीन भी है दीन के पनाह भी हैं

कटाया सर न दिया हाथ में यज़ीद के हाथ   हुसैन बाख़ुदा बुनियादे ला इलाह भी हैं

(अज़ कलामे इरफ़ाँ तराज़ : मौल्लिफ़ – दीवान सैयद सौलत हुसैन – मकतबा रूबी नई देहली – 1992 ई.)

उक्त पुस्तकों के अतिरिक्त ख़्वाजा मुईनुद्दीन चिश्ती के उपदेश एवं पत्रादि जो प्राप्त हुए हैं उनसे सम्बंधित दो और पुस्तकों के नाम विभिन्न तज़करों में देखे गए हैं जो इस तरह हैं –

1. **दलीलुल आरिफ़ीन** – वह किताब है जिसमें ख़्वाजा बख़्तियार काकी र.अ. ने ग़रीब नवाज़ के उपदेशों को संकलित किया। इस पुस्तक से हमें ख़्वाजा साहब के कुछ हालात और उनका रूहानी मरतबा मालूम होता है। इसकी भाषा ख़्वाजा बख़्तियार काकी की है लेकिन भावना ख़्वाजा मुईनुद्दीन चिश्ती र.अ.की है। ख़्वाजा साहब अपनी मजलिसों में किस प्रकार के उपदेश देते थे। इसका तजज़िया "दलीलुल आरिफ़ीन " की निम्न लिखित मजलिसों को पढ़कर लगाया जा सकता है। यहां हम जसीम बुक डिपो देहली द्वारा प्रकाशित पुस्तक "हश्त बहिश्त" में से कुछ मजलिसें पेश कर रहे हैं जो इस तरह हैं –

اَلْحَمْدُ لِلّٰہِ عَلٰی ذٰلِکَ

مجلس (۲)

جمعرات کے روز قدمبوسی کی دولت نصیب ہوئی۔ اس وقت جنابت کے بارے میں گفتگو ہو رہی تھی۔ مولانا بہاؤالدین بخاری اور مولانا شہاب الدین محمد بغدادی حاضر خدمت تھے۔ زبان مبارک سے فرمایا کہ انسان کے ہر بال تلے جنابت ہے۔ پس لازم ہے کہ جس جس بال کے تلے جنابت ہے۔ وہاں پانی پہنچایئے۔ اور اپنے بالوں کو تر کرنا چاہیئے۔ اگر ایک بال بھی خشک رہ جائے گا۔ تو قیامت کے دن وہی بال اس سے جھگڑے گا۔

پھر فرمایا کہ فتاویٰ ظہیریہ میں میں نے لکھا دیکھا ہے کہ آدمی کا منہ پاک رہتا ہے۔ جب تک جنب کی حالت میں رہے۔ جو کچھ پانی وغیرہ پیئے۔ وہ ناپاک نہیں ہوتا۔ اگر وہ بے طہارت ہے۔ یا جنبی ہے۔ یا حائض۔ مومن ہو۔ خواہ کافر۔ اس کا منہ پاک ہے۔

بعد ازاں اسی بارے میں فرمایا۔ ایک مرتبہ رسول اللہ صلی اللہ علیہ وآلہٖ وسلم بیٹھے تھے کہ ایک اصحابی نے اٹھ کر پوچھا۔ یارسول اللہ صلی اللہ علیہ وآلہٖ وسلم! اگر کوئی جنبی ہو۔ اور گرم ہوا چلتی ہو۔ اور پسینے سے کپڑے تر ہو جائیں۔ تو وہ کپڑے ناپاک ہو جائیں گے۔ یا نہیں؟ فرمایا۔ آب دہن پاک ہے۔ اگر کپڑے کو لگ جائے۔ تو ناپاک نہیں ہوتا۔

بعد ازاں اس موقعہ کے مناسب فرمایا کہ میں نے خواجہ عثمان ہارونی رحمۃ اللہ علیہ کی زبانی سنا ہے۔ کہ جب آدم علیہ السلام بہشت سے باہر دنیا میں آ گئے۔ اور حوا کے ساتھ صحبت کا اتفاق ہوا تو جبرائیل علیہ السلام نے آ کر کہا۔ اٹھ کر غسل کر۔ تو بہت خوش ہوئے۔ اور کہا۔ اے بھائی جبرائیل! اس غسل کا کچھ اجر؟ جواب ملا۔ آپ کے بدن کے ہر بال کے بدلے ایک سال کی عبادت کا ثواب۔ اور پانی کا ہر ایک قطرہ۔ جو آپ کے بدن سے چھوا ہے۔ اس سے اللہ تعالیٰ نے ایک ایک فرشتہ پیدا کیا ہے۔ جو روز قیامت تک عبادت کرتا رہے گا۔ اور اس عبادت کا ثواب آپ کو ملے گا۔ پوچھا۔ اے بھائی جبرائیل! یہ ثواب میرے ہی لئے ہے۔ یا میرے فرزندوں کے لئے بھی؟ جواب ملا۔ جو تیرا فرزند مومن ہوگا۔ اور حلال غسل کرے گا۔ اس کے بالوں کی تعداد کے موافق اتنے ہی سالوں کی عبادت اس کے نامۂ اعمال میں لکھی جائے گی۔ اور جو قطرے اس کے بدن سے گریں گے

ہر قطرے کے عوض ایک فرشتہ اللہ تعالیٰ پیدا کر دے گا۔ جو قیامت تک تسبیح و تہلیل میں مشغول رہیں گے۔ اور اس کا ثواب اس مومن کو ملے گا۔ جب خواجہ صاحب نے یہ بات ختم کی۔ تو رو دیے۔ اور فرمایا۔ کہ یہ فائدے اس شخص کے بارے میں ہیں۔ جو حلال غسل کرتا ہے۔ اور جو حرام غسل کرتا ہے۔ تو اس کے ہر بال کے بدلے ایک سال کے گناہ اس کے نامۂ اعمال میں لکھے جاتے ہیں۔ اور ہر ایک قطرے سے غسل کے وقت جو اس کے بدن سے گرتا ہے۔ ایک شیطان پیدا ہوتا ہے۔ قیامت تک جو بدی اس شیطان سے ہوتی ہے۔ وہ اس شخص کے ذمہ لکھی جاتی ہے۔

پھر فرمایا کہ راہ شریعت پر چلنے والوں کا شروع یہ ہے۔ کہ جب لوگ شریعت میں ثابت قدم ہو جاتے ہیں۔ اور شریعت کے تمام فرمان بجا لاتے ہیں۔ اور ان کے بجا لانے میں ذرہ بھر تجاوز نہیں کرتے۔ تو اکثر وہ دوسرے مرتبے پر پہنچتے ہیں۔ جسے طریقت کہتے ہیں۔ اس کے بعد جب بہ شرائطہا طریقت میں ثابت قدم ہوتے ہیں۔ اور تمام احکام شریعت کے کم و کاست بجا لاتے ہیں۔ تو معرفت کے درجے کو پہنچ جاتے ہیں۔ جب معرفت کو پہنچتے ہیں۔ تو شناخت و شناسائی کا مقام آ جاتا ہے۔ جب اس مقام پر بھی ثابت قدم ہو جاتے ہیں۔ تو درجہ حقیقت کو پہنچتے ہیں۔ اس مرتبے پر پہنچ کر جو کچھ طلب کرتے ہیں۔ پا لیتے ہیں۔

پھر فرمایا کہ میں نے ایک بزرگ سے عارف کی تعریف یوں سنی۔ کہ عارف وہ ہے۔ جو دونوں جہان سے قطع تعلق کرے۔ پھر مقام فردانیت پر پہنچے۔ کیونکہ یہ راہ وہی شخص اختیار کر سکتا ہے۔ جو سب سے بیگانہ بن جائے۔

اسی موقع پر پھر فرمایا۔ کہ نماز ایک امانت ہے۔ جو اللہ تعالیٰ نے بندوں کے سپرد کی ہے۔ پس بندوں پر واجب ہے۔ کہ امانت میں کسی قسم کی خیانت نہ کریں۔

پھر فرمایا کہ انسان نماز ادا کرے تو رکوع و سجود کما حقہٗ بجا لائے۔ اور ارکان نماز اچھی طرح ملحوظ رکھے۔

پھر فرمایا کہ میں نے صلوٰۃ مسعودی میں لکھا دیکھا ہے۔ کہ جب لوگ نماز اچھی طرح ادا کرتے ہیں۔ اور اس کے تمام حقوق بجا لاتے ہیں۔ اور رکوع اور سجود اور قرأت و تسبیح کو ملحوظ رکھتے ہیں۔ تو فرشتے اس نماز کو آسمان پر لے جاتے ہیں۔ پھر اس نماز سے نور شائع ہوتا ہے۔ اور آسمان کے دروازے کھل جاتے ہیں۔ جب وہ نماز عرش سے نیچے لائی جاتی ہے

اردو ترجمہ ۸ کتاب دلیل العارفین

تو حکم ہوتا ہے کہ سجدہ کر اور نماز ادا کرنے والے کے لئے بخشش مانگ۔ کیونکہ وہ تیرے حقوق اچھی طرح بجا لایا ہے۔ پھر خواجہ صاحب روئے۔ اور فرمایا کہ تو اچھی نماز ادا کرنے والوں کے حق میں ہے۔ لیکن جو ارکانِ نماز کو بخوبی ملحوظ نہیں رکھتے۔ جب ان کی نماز کو فرشتے آسمان پر لے جانا چاہتے ہیں۔ تو آسمان کے دروازے نہیں کھلتے۔ اور حکم ہوتا ہے کہ اس نماز کو لے جا کر اسی نمازی کے منہ پر دے مارو۔ پھر نماز زبان حال سے کہتی ہے کہ جس طرح تو نے مجھے ضائع کیا ہے۔ خدا تجھے ضائع کرے۔

پھر اسی موقع پر فرمایا کہ ایک مرتبہ میں بخارا میں دستار بندوں کے بیچ بیٹھا تھا۔ تو ان سے یہ حکایت سنی۔ کہ ایک مرتبہ پیغمبر خدا صلی اللہ علیہ وآلہ وسلم نے ایک شخص کو نماز ادا کرتے ہوئے دیکھا۔ جو رکوع و سجود میں نماز کا حق اچھی طرح ادا نہیں کرتا تھا۔ جب وہ نماز سے فارغ ہوا تو پوچھا کہ کتنے عرصہ سے اس طرح نماز ادا کر رہا ہے۔ عرض کی۔ یا رسول اللہ صلی اللہ علیہ وآلہ وسلم! چالیس سال سے ایسی ہی نماز ادا کر رہا ہوں۔ فرمایا۔ اس چالیس سال میں تو نے کوئی نماز ادا نہیں کی۔ اگر تو مر جائے گا۔ تو میری سنت پر نہیں مریگا۔

پھر فرمایا کہ میں نے خواجہ عثمان ہارونی رحمۃ اللہ علیہ کی زبانی سنا ہے۔ کہ قیامت کے دن سب سے پہلے نماز کا حساب انبیاء اولیاء اور ہر مسلمان سے پوچھیں گے۔ جو اس حساب سے عہدہ برآ نہیں ہو سکے گا۔ وہ عذاب دوزخ میں مبتلا ہو گا۔

پھر فرمایا کہ ایک مرتبہ کا ذکر ہے کہ میں شام کے قریب ایک شہر میں تھا۔ جس کا نام میری یاد سے اتر گیا ہے۔ اس کے باہر ایک غار تھی۔ جس میں ایک بزرگ شیخ اوحد محمد الواحد غزنوی رہتا تھا۔ اور جس کے وجود مبارک پر چمڑا ہی چمڑا تھا۔ سجادے پر بیٹھا ہوا تھا۔ اور دو شیر اس کے پاس کھڑے تھے۔ میں شیروں کے ڈر کے مارے پاس نہ جا سکتا تھا۔ جب اس کی نگاہ مجھ پر پڑی۔ تو فرمایا۔ آ جاؤ! ڈرو نہیں۔ جب میں پاس گیا۔ تو آداب بجا لا کر بیٹھ گیا۔

پہلی بات جو بزرگ نے مجھ سے کی۔ وہ یہ ہے۔ کہ اگر تو کسی کا ارادہ نہ کرے گا۔ تو وہ تیرا بھی ارادہ نہ کرے گا۔ یعنی شیر کی کیا ہستی ہے۔ کہ تو اس سے ڈرتا ہے۔ پھر فرمایا کہ جب تیرے دل میں خوف خدا ہو گا۔ تمام تجھ سے ڈریں گے۔ شیر کی کیا حقیقت ہے۔ وہ لوگوں سے بھی نہیں ڈرے گا۔ اس قسم کی بہت سی باتیں بیان فرمائیں۔ پھر پوچھا۔ کہاں سے آنا ہوا۔ عرض کی

بغداد سے۔ فرمایا۔ آنا مبارک ہو۔ لیکن لازم ہے کہ تو درویشوں کی خدمت کرے۔ تاکہ بزرگ بن جائے لیکن سنو! مجھے اس غار میں رہتے ہوئے کئی ایک سال گزر گئے۔ اور تمام خلقت گوشہ نشینی اور اور تنہائی اختیار کی ہے۔ لیکن تیس سال سے ایک چیز کے سبب رو رہا ہوں۔ اس ڈر سے دن رات روتا ہوں۔ میں نے پوچھا۔ وہ کیا؟ فرمایا۔ جب میں نماز ادا کرتا ہوں۔ تو اپنے آپ کو دیکھ کر روتا ہوں۔ کہ اگر ذرہ بھر شرط نماز ادا نہ ہوئی۔ تو سب کچھ ضائع جائیگا۔ اسی وقت یہ طاعت میرے منہ پر دے ماریں گے۔ پس اے درویش! اگر تو نماز کے حق سے عہدہ برآ ہو گئے تو واقعی تو نے بڑا کام کیا ہے۔ نہیں تو تو اپنی عمر ضائع کرے گا۔ پھر یہ حدیث بیان فرمائی کہ رسول خدا صلی اللہ علیہ وآلہ وسلم فرماتے ہیں۔ کہ اللہ تعالیٰ کے نزدیک کوئی گناہ دنیا میں اور کوئی دشمن قیامت میں اس سے بڑھ کر نہیں کہ نماز کو باشرائط ادا نہ کیا جائے۔

پھر فرمایا کہ میرے بدن پر جو ہڈیاں اور چمڑا دکھائی دیتا ہے۔ یہ اسی کے سبب سے ہے مجھے معلوم نہیں کہ آیا مجھ سے نماز کا حق ادا ہوا بھی ہے یا نہیں۔ یہ بات کہتے ہوئے ایک سیب اٹھایا۔ جو اس کے پاس ہی تھا۔ اس کی ساری گفتگو کا لب لباب یہ تھا کہ نماز کا عہدہ بڑا بزرگ عہدہ ہے۔ اگر سلامتی کے ساتھ اس سے عہدہ برآ ہو سکے۔ تو خلاصی پا جاتا ہے۔ نہیں تو شرمندہ رہتا ہے۔ اور یہ چہرہ کسی کو نہیں دکھلا سکتا۔

پھر خواجہ صاحب نے آبدیدہ ہو کر فرمایا کہ اے درویش! نماز دین کا رکن ہے۔ اور رکن ستون ہوتا ہے۔ پس جب ستون قائم ہوگا۔ تو گھر بھی قائم ہوگا جب ستون نکل جائے گا تو چھت فوراً گر پڑے گی۔ چونکہ اسلام اور دین کے لئے نماز بمنزلہ ستون ہے جب نماز کے اندر فرض سنت رکوع اور سجود میں خلل آئے گا۔ تو حقیقت اسلام اور دین وغیرہ خراب ہو جائیں گے۔

بعد ازاں فرمایا کہ صلوٰۃ مسعودی کی شرح میں امام زاہد رحمۃ اللہ علیہ واصمہ میں لکھتے ہیں کہ اللہ تعالیٰ نے کسی عبادت میں ایسی تاکید و تشدید نہیں کی۔ جیسی کہ نماز کے بارے میں۔

پھر اسی موقعہ پر فرمایا کہ امام جعفر صادق روایت فرماتے ہیں۔ کہ اللہ تعالیٰ نے قرآن مجید میں جا بجا نصیحت کی ہے۔ بعض ان میں سے بہ لفظ بصرح خطاب ہے۔ اور بعض بطور ترغیب اور بعض بطور ترہیب (خوف دلانا) سات سو مقام پر ایسی نصیحتیں کی ہیں۔ نماز قائم کرو۔ کیونکہ یہ دین کا ستون ہے۔ تفسیر میں یہ لکھا ہے کہ قیامت کے روز پچاس مختلف مقامات پر مختلف سوال ہر آدمی سے پوچھے جائیں گے۔ پہلے مقام پر اگر ایمان اور اس کی شرائط وصفات اور شناخت

باری تعالیٰ سے بال بھر بھی بیان نہیں کر سکے گا۔ تو وہیں سے سیدھا دوزخ بھیج دیا جائے گا
بعد ازاں دوسرے مقام پر نماز اور فریضہ کی بابت سوال کریں گے۔ اگر عہدہ برآ ہوگا۔ تو بہتر نہیں،
وہیں سے دوزخ بھیجدیا جائے گا۔ پھر تیسرے مقام پر سنت نبوی کی بابت سوال ہوں گے۔ اگر ان سے
عہدہ برآ ہوگا۔ تو رہا کیا جائیگا۔ ورنہ موکلوں کے ہاتھ پیغمبر خدا صلی اللہ علیہ وآلہ وسلم کی خدمت میں
بھیجا جائے گا۔ کہ یہ شخص آپ کی اُمت سے ہے جس نے سنت کے ادا کرنے میں کوتاہی کی ہے
جب ان فوائد کو ختم کر چکے۔ تو زار زار رو دیئے۔ اور یہ الفاظ زبان مبارک سے فرمائے کہ افسوس
ہے اس شخص پر۔ جو قیامت کے دن پیغمبر خدا صلی اللہ علیہ وآلہ وسلم سے شرمندہ ہوگا۔ تو کس کے
پاس جائیگا۔ جب خواجہ صاحب یہ فوائد ختم کر چکے۔ تو ہر شخص اپنے مقام کو واپس کیا۔ اَلْحَمْدُ لِلّٰہِ عَلٰی ذٰلِکَ

مجلس ۵

سوموار کے روز قدم بوسی کی دولت نصیب ہوئی۔ شیخ جلال الدین، شیخ محمد اوحد چشتی اور دوسرے بزرگ حاضر خدمت تھے۔ اور بات اس بارے میں ہو رہی تھی کہ پانچ چیزوں کو دیکھنا عبادت میں داخل ہے۔ بعد ازاں زبان مبارک سے فرمایا۔ کہ ان پانچوں میں سے پہلی یہ ہے کہ اپنے والدین کے چہرے کو دیکھا جائے۔ اس واسطے کہ حدیث میں ہے، کہ جو فرزند دوستی خدا سے اپنے والدین کا چہرہ دیکھتا ہے۔ اس کے نامۂ اعمال میں حج کا ثواب لکھا جاتا ہے۔ بعد ازاں فرمایا۔ کہ ایک فاسق اور بدکار جوان فوت ہوا۔ تو اسے خواب میں دیکھا کہ حاجیوں کے ساتھ بہشت میں ٹہل رہا ہے۔ لوگوں کو تعجب ہوا سبب دریافت کیا۔ کہا۔ میری بڑھیا ماں تھی۔ جب میں گھر سے نکلتا۔ اس کے قدموں پر سر رکھ دیتا۔ ماں دعا دیتی کہ اللہ تعالیٰ تجھے بخشے۔ اور حج کا ثواب تیرے نصیب کرے۔ اللہ تعالیٰ نے اس کی دعا قبول کر لی۔ اور مجھے بخش دیا۔ اب میں حاجیوں کے ساتھ بہشت میں ٹہل رہا ہوں۔ بعد ازاں ایک اور حکایت بیان فرمائی کہ ایک دفعہ خواجہ بایزید بسطامی علیہ الرحمۃ سے پوچھا کہ یہ مرتبہ آپ کو کس طرح حاصل ہوا؟ تو فرمایا کہ میں ابھی سات سال کا تھا کہ میں مسجد میں استاد سے قرآن شریف پڑھنے جایا کرتا تھا جب اس آیت پر پہنچا بالوالدین احسانا۔ تو استاد سے اس کا مطلب پوچھا۔ فرمایا۔ حکم الٰہی ہے کہ جس طرح میری خدمت بجا لاتے ہو۔ والدین کی بھی خدمت بجا لاؤ۔ استاد سے یہ سنتے ہی بستر باندھ گھر آیا اور ماں کے قدموں پر سر رکھ دیا کہ اے ماں! میں نے سنا ہے کہ اللہ تعالیٰ نے یوں فرمایا ہے۔ اللہ تعالیٰ سے میرے لئے کچھ مانگ۔ میں کما حقہٗ تیری خدمت بجا لاؤں گا۔ جب والدہ سے یہ درخواست کی۔ تو انہوں نے رحم کھا کر دوگانہ ادا کرنے کے بعد میرا ہاتھ پکڑ کر قبلہ رخ ہو کر خدا تعالیٰ کو سونپا۔ یہ دولت مجھے ماں سے نصیب ہوئی۔ جس کا سبب والدہ کی دعا تھی۔ دوسرے یہ کہ ایک مرتبہ موسم سرما میں رات کے وقت میری ماں نے پانی مانگا۔ میں کوزہ بھر کر ہاتھ پر رکھ کر حاضر ہوا لیکن والدہ سو گئیں۔ میں نے نہ جگایا چنانچہ رات کے آخری حصہ میں بیدار ہوئیں۔ تو مجھے کوزہ لئے کھڑا دیکھا جب مجھ سے کوزہ لیا تو سردی کے مارے میرا ہاتھ کوزے سے چپکا ہوا تھا۔ کوزے کے ساتھ ہی میرے ہاتھ کا چمڑا اکھڑ گیا۔ ماں نے ترس کھا کر میرا سر بغل میں لیا۔ اور چھاتی سے لگا کر بوسہ لیا۔ اور کہا۔ اے جانِ مادر! تو نے بڑی تکلیف اٹھائی یہ کہہ کر میرے

میں دعا کی کہ اللہ تعالیٰ تجھے بخشے۔ میری ماں کی دعا قبول ہوئی۔ اور یہ سب دولت اسی دعا کی برکت سے نصیب ہوئی۔ بعد ازاں فرمایا کہ قرآن شریف کو دیکھنا ہے۔ اس واسطے کہ شرح اولیاء میں لکھا ہے کہ جو شخص کلام اللہ شریف کی طرف دیکھتا ہے۔ یا پڑھتا ہے اور اللہ تعالیٰ فرماتا ہے کہ اسے ثواب دو۔ ایک قرآن شریف پڑھنے کا۔ دوسرا قرآن شریف دیکھنے کا۔ اور ہر حرف کے بدلے دس نیکیاں عطا ہوتی ہیں اور دس بدیاں مٹائی جاتی ہیں۔ بعد ازاں دعا گو نے التماس کی کہ مصحف مجید لشکر اور سفر میں ہمراہ لے جا سکتے ہیں۔ یا نہیں؟ فرمایا۔ اسلام کے شروع میں چونکہ کفار کا غلبہ تھا۔ اس لئے آنحضرت صلی اللہ علیہ وآلہ وسلم قرآن شریف ہمراہ نہیں لے جایا کرتے تھے کہ مبادا کفار کے ہاتھ آ جائے۔ لیکن جب اسلام نے زور پکڑا۔ تو پھر ہمراہ لے جایا کرتے تھے۔

بعد ازاں اسی موقعہ پر فرمایا کہ سلطان محمود غزنوی انار اللہ برہانہ کو وفات کے بعد خواب میں دیکھ کر پوچھا کہ اللہ تعالیٰ نے آپ سے کیا سلوک کیا؟ فرمایا۔ ایک رات میں ایک شخص کے ہاں مہمان تھا۔ لیکن طاق میں قرآن شریف پڑا تھا۔ میں نے دل میں کہا کہ قرآن شریف یہاں ہے۔ میں کس طرح سوؤں گا۔ پھر کہا کہ قرآن شریف کسی اور مکان میں رکھ دیا جائے۔ پھر خیال آیا کہ اپنے آرام کی خاطر میں کیوں اسے باہر بھیجوں۔ پس موت کے وقت اسی کے عوض بخش دیا گیا۔

بعد ازاں زبان مبارک سے فرمایا کہ جو شخص قرآن شریف کو دیکھتا ہے۔ اللہ تعالیٰ کے فضل و کرم سے اس کی بینائی زیادہ ہو جاتی ہے۔ اور اس کی آنکھ کبھی نہیں دکھتی۔ اور نہ خشک ہوتی ہے۔

پھر اسی موقعہ کے مناسب فرمایا کہ ایک مرتبہ ایک بزرگ سجادہ پر بیٹھا ہوا تھا۔ اور سامنے قرآن شریف رکھا تھا۔ ایک نابینے نے آ کر التماس کی کہ میں نے بہت علاج کئے۔ مگر آرام نہیں ہوا۔ اب آپ کے پاس آیا ہوں۔ تا کہ میری آنکھیں ٹھیک ہو جائیں۔ میں آپ سے فاتحہ کے لئے ملتجی ہوں۔ اس بزرگ نے قبلہ رخ ہو کر فاتحہ پڑھی۔ اور قرآن شریف اٹھا کر اس کی دونوں آنکھوں پر ملا۔ جس سے اس کی دونوں آنکھیں چراغ کی طرح روشن ہو گئیں۔

بعد ازاں فرمایا کہ میں نے جامع الحکایات میں لکھا دیکھا ہے۔ کہ پہلے زمانہ میں ایک فاسق جوان تھا۔ جس کی بدکاری سے مسلمانوں کو نفرت آتی تھی۔ بہتیرا اسے منع کرتے۔ لیکن ایک نہ سنتا۔ الغرض جب وہ مر گیا۔ لوگوں نے خواب میں دیکھا کہ سر پر تاج رکھے۔ خرقہ پہنے فرشتوں کے ہمراہ بہشت میں جا رہا ہے۔ اس سے پوچھا کہ تو تو بدکار تھا۔ یہ دولت کہاں سے نصیب ہوئی؟ جواب دیا کہ دنیا میں مجھ سے ایک نیکی ہوئی۔ وہ یہ کہ جہاں کہیں قرآن شریف دیکھ لیتا۔ کھڑے ہو کر بڑی عزت کی نگاہوں سے اسے دیکھتا۔ اللہ تعالیٰ نے مجھے اس کی

بدولت مجھے بخش دیا۔ اور یہ درجہ عنایت فرمایا۔

بعد ازاں زبان مبارک سے فرمایا کہ تیسرا مرتبہ یہ ہے کہ اگر کوئی شخص علماء کی طرف دیکھے۔ تو اللہ تعالیٰ ایک فرشتہ پیدا کرتا ہے۔ جو قیامت تک اس کے لئے بخشش مانگتا رہتا ہے۔

بعد ازاں فرمایا کہ جس دل میں علماء اور مشائخ کی محبت ہو۔ ہزار سال کی عبادت اس کے نامۂ اعمال میں لکھی جاتی ہے۔ اگر وہ اسی اثناء میں مر جائے۔ تو اسے علماء کا درجہ ملتا ہے۔ اور اس مقام کا نام علیین ہو جاتا ہے۔

پھر فتاویٰ ظہیریہ میں لکھا دیکھا ہے کہ پیغمبر خدا صلی اللہ علیہ وآلہٖ وسلم فرماتے ہیں کہ جو شخص علماء سے آمد و رفت رکھے۔ اور سات دن ان کی خدمت کرے۔ اللہ تعالیٰ اس کے سارے گناہ بخش دیتا ہے۔ اور سات ہزار سال کی نیکی اس کے نامۂ اعمال میں لکھتا ہے۔ ایسی نیکی کہ دن کو روزہ رکھے۔ اور رات کو کھڑے ہو کر گزار دے۔

پھر یہ حکایت بیان فرمائی۔ کہ پہلے زمانہ میں ایک آدمی تھا جو علماء اور مشائخ کو دیکھ کر از روئے حسد منہ پھیر لیتا۔ جب وہ مر گیا۔ تو لوگوں نے اس کا رُخ قبلہ کی طرف کرنا چاہا۔ لیکن نہ ہوا۔ غیب سے آواز آئی۔ اس کو کیوں تکلیف دیتے ہو؟ اس نے دنیا میں علماء اور مشائخ سے روگردانی کی ہے۔ اس لئے ہم اپنی رحمت سے اس کا منہ پھیر دیتے ہیں۔ اور قیامت کے دن ریچھ کی صورت میں اس کا حشر کریں گے۔

بعد ازاں فرمایا کہ چوتھا مرتبہ خانہ کعبہ کا دیکھنا ہے۔ رسول اللہ صلی اللہ علیہ وآلہٖ وسلم فرماتے ہیں۔ جو شخص خانہ کعبہ کی زیارت کرے گا۔ وہ عبادت میں داخل ہوگا۔ اس کی زیارت سے ہزار سال کی عبادت اور حج کا ثواب اس کے نامۂ اعمال میں لکھا جائے گا۔ اور اولیاء کا درجہ اسے نصیب ہوگا۔

بعد ازاں فرمایا کہ پانچواں درجہ اپنے پیر کو دیکھنا اور اس کی خدمت کرنا ہے۔ معرفۃ المریدین میں لکھا دیکھا ہے کہ شیخ عثمان ہارونی رحمۃ اللہ علیہ فرماتے ہیں کہ جو شخص اپنے پیر کی خدمت کما حقہٗ ایک روز بجا لائے۔ اللہ تعالیٰ بہشت میں مروارید کے ہزار محل اسے عنایت کرے گا۔ اور ہزار سال کی عبادت کا ثواب اس کے نامۂ اعمال میں لکھا جائے گا۔

بعد ازاں فرمایا کہ مرید کو لازم ہے۔ کہ جو کچھ پیر کی زبان سے سُنے۔ اس پر پوری کوشش سے عمل کرے۔ اور پیر کی خدمت بجا لائے۔ اور حاضر خدمت رہے۔ اگر متواتر خدمت بجا نہ لا سکے۔ تو کم از کم اس بات کی ضرور کوشش کرے۔

بعد ازاں اسی موقعہ کے مناسب حکایت بیان فرمائی۔ کہ ایک مرتبہ کسی زاہد نے سو سال خدا کی اس طرح عبادت کی کہ دن کو روزہ رکھتا۔ اور رات کو کھڑا رہتا۔ کوئی دم یاد الٰہی سے غافل نہ رہتا۔

جواس کے پاس آتا۔ اسے نصیحت کرتا۔ آنے جانے کو کہتا کہ قرآن شریف میں اللہ تعالیٰ جل شانہٗ فرماتا وَمَا خَلَقْتُ الْجِنَّ وَالْاِنْسَ اِلَّا لِیَعْبُدُوْنَ ۝ یعنی اے بندو! تمہیں عبادت کے لیے پیدا کیا ہے۔ نہ کہ کھانے اور پینے اور غافل رہنے کے لئے۔ پس، اے مسلمانو! تمہیں واجب ہے کہ کسی کام میں دست اندازی نہ کریں۔ مگر عبادت اور طاعت الٰہی میں۔ الغرض جب زاہد فوت ہوا۔ تو اسے خواب میں دیکھ کر پوچھا کہ اللہ تعالیٰ نے تم سے کیسا برتاؤ کیا۔ کہا۔ مجھے بخش دیا۔ پوچھا۔ کس عمل کے بدلے؟ جواب دیا۔ میں دن رات بیدار رہتا۔ اور کسی وقت آرام نہ لیتا۔ لیکن یہ عمل خدا نے پسند نہ فرمایا۔ بلکہ میری بخشش کا سبب یہ تھا۔ کہ میں اپنے پیر کی خدمت کیا کرتا تھا۔ اس لئے حکم ہوا کہ چونکہ تم نے اپنے پیر کی خدمت میں کوتاہی نہیں کی۔ اس لئے ہم نے تجھے بخش دیا۔

بعد ازاں خواجہ صاحب نے آب دیدہ ہو کر فرمایا۔ کہ قیامت کے دن صدیق۔ اولیاء اور مشائخ وغیرہ کو ایسی حالت میں مبعوث کریں گے کہ ان کے کندھوں پر گودڑیاں ہوں گی۔ اور ہر گودڑی میں لاکھوں دھاگے ہوں گے۔ ان کے مرید اور فرزند آکر ان دھاگوں میں لٹک جائیں گے۔ اور ایک ایک دھاگہ مضبوط پکڑیں گے۔ جب خلق خدا حشر قیامت سے فارغ ہو جائے گی۔ تو اللہ تعالیٰ انہیں قوت عنایت کرے گا اور وہ پل صراط کے قریب پہنچ جائیں گے۔ اس گودڑی کے وسیلے سے مرید و فرزند تیس (۳۰) ہزار سالہ راہ اور قیامت کے عذابوں سے بآسانی گزر کر بہشت میں جا پہنچیں گے۔ مجال نہیں کہ انہیں سختی لاحق ہو۔ جب خواجہ صاحب یہ فوائد بیان کر چکے۔ تو خلقت اور دعا گو واپس چلے آئے۔ اَلْحَمْدُ لِلّٰہِ عَلٰی ذٰلِکَ ؁

مجلس ۹

جب پائبوسی کی دولت نصیب ہوئی تو اس وقت شیخ اوحد کرمانی، شیخ واحد برہان غزنوی، خواجہ سلیمان عبدالرحمٰن اور چند اور درویش حاضر خدمت تھے۔ بات سلوک کے بارے میں شروع ہوئی۔ زبان مبارک سے فرمایا کہ مشائخ نے سلوک کے سو درجے مقرر کئے ہیں۔ ان میں سے سترھواں مرتبہ کشف و کرامات کا ہے۔ پس جو شخص اس سترھویں درجے میں اپنے تئیں ظاہر کر دے۔ وہ باقی کے تراسی کس طرح حاصل کرے گا۔ سالک کو چاہیئے کہ جب تک سوویں مرتبہ پر نہ پہنچ جائے۔ اپنے تئیں ظاہر نہ کرے۔

پھر فرمایا کہ خواجگان چشت کے خاندان میں بعض نے پندرہ درجے مقرر کئے ہیں جن میں پانچواں کشف و کرامات کا ہے۔ ہمارے خواجگان فرماتے ہیں۔ کہ جب تک پندرھویں درجے تک نہ پہنچ جائے اپنے تئیں ظاہر نہ کرے۔ پھر کامل ہوگا۔

نیز فرمایا کہ سلوک کی بابت لکھا ہے کہ ایک مرتبہ خواجہ جنید بغدادی علیہ الرحمۃ سے پوچھا گیا کہ آپ دیدار کیوں نہیں چاہتے؟ اگر چاہو تو ضرور مل جائے۔ فرمایا میں ایک چیز نہیں چاہتا۔ وہ یہ ہے کہ جو موسیٰ علیہ السلام نے مانگی۔ اور اسے نصیب نہ ہوئی۔ لیکن رسول خدا صلی اللہ علیہ و آلہٖ وسلم کو بے مانگے ملی۔ پس بندے کو خواہش سے کیا واسطہ۔ اگر وہ اس کے لائق ہوگا۔ تو خود ہی حجاب اُٹھا دیں گے۔ اور تجلی ہو جائے گی۔ پس کیا ضرورت ہے کہ ہم خواہش کریں۔

بعد ازاں عشق کے بارے میں گفتگو شروع ہوئی۔ تو فرمایا کہ عاشق کا دل محبت کا آتش کدہ ہوتا ہے۔ جو اس میں جائے۔ اسے جلا دیتا ہے۔ اور ناچیز کر دیتا ہے۔ کیونکہ عشق کی آگ سے بڑھ کر کوئی آگ تیز نہیں ہے۔

بعد ازاں فرمایا کہ ایک مرتبہ خواجہ بایزید بسطامی علیہ الرحمۃ مقام قرب میں پہنچے۔ تو غیب سے آواز آئی کہ اے بایزید! آج تیری درخواست اور ہماری بخشش کا وقت ہے۔ جو چاہتا ہے۔ مانگ۔ ہم دیں گے۔ خواجہ صاحب نے سربسجود ہو کر عرض کیا کہ بندے کو خواہش سے کیا واسطہ۔

جو کچھ بادشاہ سے عطا ہوگا۔ اسی پر راضی ہے۔ آواز آئی۔ اے بایزید! ہم نے تجھے آخرت دی
عرض کی۔ کہ وہ دوستانِ الٰہی کا قید خانہ ہے۔ پھر آواز آئی۔ اے بایزید! بہشت۔ دوزخ۔ عرش
کرسی اور جو ہماری ملکیت ہے۔ سب کچھ تجھے دیا۔ عرض کی۔ نہیں۔ آواز آئی کہ پھر تیرا کیا مطلب
ہے؟ عرض کی۔ پروردگار! تجھے خود معلوم ہے۔ آواز آئی۔ اے بایزید! کیا تو ہمیں طلب کرتا
ہے؟ اگر میں تیری طلب کروں۔ تو پھر کیا کرے؟ یہ آواز سنتے ہی عرض کی کہ مجھے تیری قسم!
اگر تو مجھے طلب کرے۔ تو قیامت کے دن جب میرا حشر ہو۔ تو دوزخ کے پاس کھڑے ہو کر
ایک ہی آہ سے دوزخ کی آگ کو نابود کر دوں۔ کیونکہ محبت کی آگ کے مقابلے میں دوزخ
کی آگ کی کچھ حقیقت نہیں۔ جب یہ قسم کھائی۔ تو آواز آئی۔ اے بایزید! جو کچھ تو چاہتا ہے
وہ تجھے مل گیا۔

پھر اسی موقعہ کے مناسب یہ حکایت بیان فرمائی کہ رابعہ بصری ایک رات عشق کے شوق و
اشتیاق کی وجہ سے "الحریق الحریق" پکارتی تھیں۔ اہلِ بصرہ یہ فریاد سن کر باہر نکلے تاکہ آگ
بجھائیں۔ ان میں ایک شخص واصل خدا تھا۔ اس نے کہا۔ کیسے بے وقوف ہیں۔ جو رابعہ
کی آگ بجھانے آئے ہیں۔ اس کے تو سینے میں عشق کی آگ بھڑکی ہوئی ہے۔ یہ وصالِ دوست
کے سوا نہیں بجھے گی۔

پھر فرمایا کہ منصور حلاج سے پوچھا گیا۔ کہ دوست کے عشق میں کمالیت کس بات کا نام
ہے؟ فرمایا۔ جب معشوق سیاست کرنا چاہے۔ اور عاشق کا سر کاٹنا چاہے۔ تو چون و چرا نہ کرے۔
اور رضائے معشوق میں کمربستہ رہے۔ اور اس کے مشاہدہ میں ایسا مستغرق رہے۔ کہ اسے بند چھنے
کھلنے کی ذرہ بھر خبر نہ ہو۔ پھر خواجہ معین الدین ادام اللہ تقویٰہ نے آب دیدہ ہو کر یہ شعر پڑھا۔

خوب رویاں چوں بندہ گیرند   عاشقاں پیش شاں چنیں میرند

بعد ازاں اسی موقعہ کے مناسب فرمایا۔ کہ بغداد میں ایک عاشق کو ہزار کوڑا لگایا گیا نہ
تو اس نے ہاتھ اٹھایا۔ اور نہ اس کے پاؤں نے لغزش کھائی۔ ایک واصل نے
اس سے پوچھا۔ کیا حالت ہے۔ کیا میرا معشوق میرے سامنے تھا۔ اس کے مشاہدہ
کی قوت سے مجھے ذرا تکلیف نہیں ہوئی۔ بلکہ خبر بھی نہیں ہوئی۔

امام محمد غزالی فرماتے ہیں کہ ایک مرتبہ بغداد میں کسی عیار کے ہاتھ پاؤں کاٹے گئے۔ تو وہ ہنستا تھا۔ ایک نے اس سے ہنسی کا سبب پوچھا۔ کہا میرا محبوب آنکھوں کے سامنے ہے۔ اس کی قوت مشاہدہ کے باعث مجھے اس کی درد کی خبر ہی نہیں ہے۔ ایسا مستغرق تھا کہ مجھے ہاتھ پاؤں کٹنے کی خبر ہی نہیں۔ خواجہ صاحب نے آبدیدہ ہو کر یہ شعر پڑھا۔

او بر سر قتل و من در دِ حیرانم   کاں راندان تیغش چہ نکو مے آید

بعد ازاں اہلِ سلوک اور عارفوں کے احوال کی بابت گفتگو شروع ہوئی۔ تو زبان مبارک سے فرمایا۔ کہ ایک مرتبہ خواجہ بایزید بسطامی رحمۃ اللہ علیہ نے مناجات کے وقت یہ الفاظ کہے۔ کیف السلوک الیک۔ آواز آئی۔ اے بایزید اطلق نفسك ثلث وقل ھو اللہ۔ یعنی پہلے اپنے تئیں تین طلاق دے اور پھر ہماری بات کر۔

بعد ازاں خواجہ صاحب نے فرمایا کہ جب تک آدمی راہ سلوک میں پہلے دنیا ومافیہا اور پھر اپنے تئیں نہ چھوڑے۔ وہ اہلِ سلوک میں داخل ہی نہیں ہو سکتا۔ اور نہ ان میں کا ہوتا ہے۔ پس اگر اس کی یہ حالت نہ ہو۔ تو سمجھو کہ جھوٹا ہے۔

بعد ازاں فرمایا کہ ایک بزرگ طریقت نے جو اہلِ عشق تھا۔ ایک مرتبہ مناجات میں کہا کہ تو تو مجھ سے ستر سال کا حساب پوچھے گا۔ لیکن میں تو ستر ہزار سال کا پوچھوں گا۔ کیونکہ ستر اسی ہزار سال کا عرصہ ہوا ہے تو نے الست بربکم کہہ کر سارے جہان میں شور برپا کر دیا۔ یہ شور جو زمین و آسمان میں برپا ہے سب الست کے شوق کی وجہ ہے۔ جونہی اس بزرگ نے یہ بات کہی۔ آواز آئی کہ جواب سن! تیری آرزو تجھے مل جائے گی یعنی میں تیرے وجود کو ذرہ ذرہ کر کے ہر ذرے کو دیدار دکھاؤں گا۔ اور کہوں گا۔ یہ ہیں ستر ہزار سال۔ اللہ باقی الگ رکھ دوں گا۔

پھر اسی موقعہ کے مناسب فرمایا کہ عارف ہر روز یہی بات کہا کرتا ہے کہ ہر ایک شخص کسی چیز کی طرف مائل ہوتا ہے۔ لیکن میں کسی چیز کی طرف مائل نہیں ہوتا۔ یہاں تک کہ [illegible] کبھی میں نے فنا کیا [illegible] برہم ہو جائیں۔ میں کبھی اپنے لئے نہ طلب کر دوں گا۔ پھر غلبات شوق میں کہا کہ اس نے مجھے دیکھنا چاہا۔ لیکن ہم نے اسے دیکھنا نہ چاہا۔ یعنی بندے کو مراد اور خواہش سے کیا کام؟

ایک مرتبہ ایک بزرگ نے بیان کیا کہ ہم نے سہل سے منہ پھیر لیا۔ اور جب بارگاہ میں گئے۔ تو انہیں اپنے

سے پہلے موجود پایا جو کچھ ہم چاہتے تھے۔ اللہ تعالیٰ نے عنایت کا لطف سے پہلے ہی ہمیں پہنچا دیا۔

پھر اسی موقعہ کے مناسب فرمایا کہ ایک بزرگ یہ فرماتا تھا کہ جب سانپ کی طرح کینچلی سے نکلا۔ اور نگاہ کی، تو عاشق معشوق دونوں کو ایک ہی پایا۔ یعنی عالم توحید میں ایک ہی ہے۔ اسی واسطے تو نے ایک ہی دیکھا۔

بعدازاں فرمایا کہ جب عارف کا حال کامل ہو جاتا ہے۔ تو لاکھوں مقام سے باہر نکلتا ہے۔ اور اپنا کام ترقی پر دیکھتا ہے۔ اگر اس مقام سے نہ نکلے تو اسی مقام میں حیران رہ جاتا ہے۔ یعنی ابھی کفار پر ہے۔ اسے راہ ہی معلوم نہیں۔ اس واسطے زیادہ تر ضائع ہی رہتا ہے۔

پھر فرمایا کہ خواجہ بایزید بسطامی علیہ الرحمۃ فرماتے ہیں کہ تیس سال سے حق میں تھا۔ اب میں نے اپنا آئینہ دے دیا۔ یعنی جو کچھ میں نے دیکھا تھا۔ وہ نہ رہا۔ اور شرکت وغیرہ اور کبر و خودی بالکل اٹھ گئی لیکن چونکہ میں نہیں رہا ہوں۔ اس لئے حق تعالیٰ ہی اپنا آئینہ ہے۔ اور جو کچھ میں کہتا ہوں وہ اپنا آئینہ ہے۔ یعنی حق تعالیٰ میری زبان سے کہتا ہے۔ اور میرا بیچ میں دخل نہیں۔

بعدازاں فرمایا کہ بایزید بسطامی علیہ الرحمۃ فرماتے ہیں۔ کہ میں اس درگاہ میں کئی سال مجاور رہا۔ آخر سوائے حسرت کے کچھ نصیب نہیں ہوا۔ جب میں بارگاہ میں آیا۔ تو کوئی تکلیف نہ تھی۔ اہل دنیا۔ دنیا میں اور اہل آخرت۔ آخرت میں مشغول تھے۔ مدعی۔ دعوٰی میں اور اہل تقویٰ، تقویٰ میں۔ بعض کھانے پینے میں بعض سماع و رقص میں مشغول تھے۔ اور بعض بادشاہ کے پاس تھے۔ جو دریائے عجز میں غرق تھے

بعدازاں یہ حکایت بیان فرمائی۔ مدت کا ذکر ہے کہ میں خانہ کعبہ کے گرد پھرتا تھا۔ اب خانہ کعبہ میرے گرد پھرتا ہے۔

• پھر فرمایا جب میں خدا رسیدہ ہوا۔ تو ایک رات عشق میں میں اپنے دل کو طلب کر رہا تھا۔ صبح کے وقت آواز آئی۔ اے بایزید! کیا تو ہمارے سوا اور کچھ طلب کرتا ہے۔ تجھے دل سے کیا سروکار ہے

بعدازاں اسی موقعہ پر فرمایا کہ عارف وہ شخص ہے۔ کہ خواہ کہیں ہو۔ اور خواہ کچھ طلب کرے اسی کے پاس آئے۔ جس سے بات کہے، جواب اسی سے سُنے۔ اس راہ میں وہ عارف نہیں۔ جو اللہ تعالیٰ کے سوا اور کسی چیز کے درپے ہو۔

بعد ازاں فرمایا کہ عارفوں کا درجہ اس قسم کا ہوتا ہے۔ کہ جب اس درجہ پر پہنچتے ہیں۔ تو دنیا و مافیہا اپنی انگلیوں میں دیکھتے ہیں۔ چنانچہ بایزید رحمۃ اللہ علیہ سے پوچھا گیا۔ کہ آپ نے طریقت میں کہاں تک ترقی کی ہے؟ فرمایا یہاں تک کہ جب میں اپنی دونوں انگلیوں کے درمیان نگاہ کرتا ہوں۔ تو اس میں تمام دنیا و مافیہا دکھائی دیتا ہے۔

پھر فرمایا کہ مرید کو طاعت میں مزہ آتا ہے۔ اسے طاعت میں مزہ اس وقت آتا ہے جب اسے طاعت میں خوشی و خورمی حاصل ہوتی ہے۔ اس خوشی سے اسے حجاب بھی قریب ہو جاتا ہے

بعد ازاں فرمایا کہ عارف کا سب سے کمتیل درجہ یہ ہے کہ صفات حق اس میں پائی جاتی ہیں۔

پھر فرمایا کہ ایک مرتبہ رابعہ بصری نے شوق کے غلبہ میں کہا۔ اے درویش! اگر خلقت کے بدلے مجھے آگ میں جلایا جائے۔ اور میں صبر کروں۔ تو چونکہ مجھے محبت کا دعویٰ ہے۔ اس لئے میں نے گویا کچھ نہیں کیا۔ اگر میرے گناہ ساری خلقت کے عوض بخش دے۔ تو چونکہ اس کی رحمت، مہربانی اور عنایت ہے۔ ابھی بہت کام نہیں کیا۔

پھر فرمایا۔ اہل سلوک کے مذہب میں کسی پر تعجب کرنا بھی ایک گناہ ہے۔ پھر فرمایا کہ گناہ سے بھی بدتر۔ کیونکہ گناہ سے ایک مرتبہ توبہ کی جاتی ہے۔ اور طاعت سے ہزار مرتبہ۔ یعنی خود پسندی بڑا سخت گناہ ہے۔

پھر فرمایا کہ محبت حق میں عارف کا کمال درجہ یہ ہے کہ پہلے خود دلی نور دکھائے۔ اور پھر اگر کوئی شخص اس کے پاس دعویٰ کر کے آئے۔ تو اسے بزور کرامت قائل کرے۔

پھر فرمایا کہ ایک مرتبہ شیخ اوحد کرمانی اور شیخ عثمان ہارونی کے ہمراہ میں مدینے کی طرف سفر کر رہا تھا جب ہم دمشق میں پہنچے۔ تو وہاں پر مسجد کے سامنے بارہ ہزار انبیاء کے روضے دیکھے۔ جہاں پر لوگوں کی حاجتیں پوری ہوتی ہیں۔ ہم نے انبیاء کی زیارت کی۔ اور وہاں کے بزرگ کو دریافت کیا۔ چنانچہ ایک روز میں شیخ اوحد کرمانی اور شیخ عثمان ہارونی کے ہمراہ ایک بزرگ واصل حق درویش محمد عارف نامی کو دمشق کی مسجد میں دیکھا۔ چند اور درویش اس کے پاس بیٹھے تھے۔ اور بات اس بارے میں ہو رہی تھی، کہ جو شخص کسی چیز کا دعویٰ کرے۔ جب تک وہ لوگوں میں اس کا اظہار نہ کرے وہ کب معلوم کر سکتے ہیں؟ الغرض ایک آدمی محمد عارف سے بحث کر رہا تھا۔ اور محمد عارف کہتا

تھا کہ قیامت کے دن درویشوں سے معافی مانگی جائے گی۔ اور دولت مند سے حساب کتاب لیا جائے گا۔ اس شخص کو یہ ناگوار گزرا۔ پوچھا کہ کس کتاب میں لکھا ہے؟ خواجہ محمد عارف کو کتاب کا نام یاد نہ تھا۔ کچھ دیر مراقبہ کر کے نام بتایا۔ اس شخص نے کہا جب تک مجھے نہ دکھلاؤ گے۔ میں نہیں مانوں گا۔ سر اٹھا کر کہا۔ جو بندگان خدا کو صحیفہ دکھایا ہے۔ اس مرد کے سامنے رکھ، تا کہ دیکھ لے۔ فرشتوں کو حکم ہوا کہ وہ کتاب جس میں یہ بات لکھی ہوئی تھی اسے دکھائیں۔ اس نے اٹھ کر اقرار کیا۔ اور قدموں میں گر پڑا۔ اور کہا۔ دیکھو۔ یہ ہیں۔ خدا کے مرد۔

بعد ازاں گفتگو اس بارے میں شروع ہوئی کہ جو شخص اس مجلس میں ہے۔ وہ اپنی کرامت دکھلائے۔ یہ سنتے ہی خواجہ عثمان ہارونی نے فوراً مصلے کے نیچے ہاتھ ڈالا اور مٹھی بھر اشرفیاں نکال لائے۔ ایک درویش موجود تھا۔ اسے دے کر فرمایا کہ درویشوں کے لئے حلوا لے آ۔ جب یہ کرامت دکھائی۔ تو شیخ اوحد نے پاس پڑی ہوئی لکڑی پر ہاتھ مارا حکم الٰہی سے وہ لکڑی سونے کی بن گئی پیچھے رہ گیا میں۔ میں اپنے پیر کی وجہ سے کوئی بات ظاہر نہیں کر سکتا تھا۔ شیخ عثمان ہارونی نے میری طرف مخاطب ہو کر فرمایا تم کیوں نہیں کچھ کہتے۔ وہاں پر ایک بھوکا درویش تھا۔ جو شرم کے مارے سوال نہیں کرتا تھا۔ میں نے گودڑی میں سے جو کی چار روٹیاں نکال کر اسے دے دیں۔ اس درویش اور خواجہ محمد عارف نے فرمایا کہ درویش میں جب تک اتنی قوت نہ ہو۔ اسے درویش نہیں کہتے۔

پھر فرمایا کہ ایک بزرگ کہا کرتا تھا کہ جب سے میں نے دنیا کو دشمن قرار دیا میں خلقت کے نزدیک نہیں گیا۔ خدا کو خلقت پر ترجیح دی۔ اور مجھ پر محبت نے اس قدر غلبہ کیا کہ میں اپنے وجود کو بھی دشمن سمجھنے لگا۔ اور زندگی اور موت کو درمیان سے اٹھا لیا۔ صرف حق تعالیٰ کی بقا اور انس کو چاہتا تھا۔

بعد ازاں فرمایا کہ سلوک کے بارے میں لکھا ہے کہ قیامت کے دن جب خاص قسم کے عاشقوں کو بہشت میں لے جانے کا حکم ہوگا۔ وہ کہیں گے۔ ہم بہشت کو کیا کریں؟ بہشت اسے دے جس نے بہشت کے لالچ میں تیری پرستش کی۔ پھر خواجہ صاحب نے فرمایا کہ جب اپنا دیدار کسی شخص کو دیا جائے۔ تو پھر وہ بہشت کو کیا کرے۔ پھر یہ اشارہ فرمایا کہ اگر تم سے ہو سکے۔ تو پہلے لقا

حاصل کرو۔ اگر نہیں کر سکتے۔ تو صلاحیت اور زہد تو ایک ہوا کی طرح ہے۔ جو تم پر چلتی ہے۔

پھر خواجہ صاحب نے آب دیدہ ہو کر فرمایا کہ بہت سے مردوں کو عاجز اور عاجز دل کو مرد بنا دیا ہے (اس راہ میں)۔

پھر اسی بارے میں فرمایا کہ گناہ تمہیں اتنا نقصان نہیں پہنچا سکتا۔ جتنا مسلمان بھائی کو خوار کرنا۔ اور اس کی بے عزتی کرنا۔

بعد ازاں فرمایا کہ ایک درویش از حد بزرگ اور واصل تھا۔ وہ کہا کرتا تھا کہ اہل دنیا دنیا کی راہ میں معذور ہیں۔ اور اہل آخرت حق کی دوستی کے سرور میں خوش ہیں۔ اور اہل معرفت نور علیٰ نور ہیں یہ ایک بھید ہے جسے اہل سلوک ہی جانتے ہیں۔ اہل معرفت کی عبادت پاسِ انفاس ہے۔

پھر فرمایا کہ جب عارف خاموش ہوتا ہے۔ تو اس سے یہ مطلب ہوتا ہے کہ وہ اللہ تعالیٰ سے باتیں کرتا ہے۔ اور جب آنکھیں بند کرتا ہے یعنی سوتا ہے۔ تو اس واسطے سر نہیں اٹھاتا کہ شاید اسرافیل کرنا نہ پھونک دے۔

بعد ازاں فرمایا کہ خواجہ ذوالنون مصری رحمۃ اللہ علیہ فرمایا کرتے تھے۔ کہ حق تعالیٰ کی شناخت کی علامت یہ ہے کہ خاموش رہے۔ اور خلقت سے دور بھاگے۔

پھر اسی موقعہ کے مناسب فرمایا کہ ایک مرتبہ شاہ شجاع کرمانی سے پوچھا گیا کہ کس سال سے شناخت حاصل ہوئی۔ فرمایا۔ جب سے شناخت حاصل ہوئی۔ خلقت سے بھاگنے لگا۔

بعد ازاں فرمایا۔ جس نے خدا کو پہچان لیا۔ اگر وہ خلق سے دور نہ بھاگے۔ تو سمجھ لو کہ اس میں کوئی نعمت نہیں۔ پھر اسی موقعہ کے مناسب فرمایا کہ عارف وہ شخص ہوتا ہے۔ جو کچھ اس کے اندر ہو۔ وہ دل سے نکال دے۔ تا کہ اپنے دوست کی طرح یگانہ ہو جائے۔ پھر اللہ تعالیٰ اس سے کوئی چیز جدا نہیں رکھے گا۔ نہ وہ دونوں جہان کی پرواہ کرے گا۔

پھر زبان مبارک سے فرمایا کہ عارف کا کمال اس میں ہے کہ اپنے تئیں راہ خدا میں جلا دے۔

بعد ازاں فرمایا۔ اگر قیامت کے دن کوئی چیز بہشت میں پہنچائے گی۔ تو زہد نہ کہ علم۔

پھر فرمایا کہ عارف خواہ معرفت کی بابت کتنا ہی بیان کرے۔ اور دوست کی گلی ہی میں پھرے جب تک معارف یاد نہ کرے۔ تب تک عارف ہو ہی نہیں سکتا۔

بعدازاں فرمایا کہ اہل محبت کی فریاد بوجہ شوق و اشتیاق اس وقت تک رہتی ہے جب تک کہ دوست سے مل نہ جائیں۔ اس واسطے کہ عاشق اسی وقت واویلا کرتا ہے۔ جب تک معشوق سے اس کا وصال نہ ہو جب معشوق کو دیکھ لیتا ہے۔ تو گفتگو بھی سے اٹھ جاتی ہے

پھر زبان مبارک سے فرمایا کہ ندیوں میں بہتا ہوا پانی شور کرتا ہے۔ لیکن جب سمندر میں جا گرتا ہے۔ تو پھر آواز بند ہو جاتی ہے۔ اسی طرح جب عاشق کو معشوق کا وصال ہو جاتا ہے۔ تو عاشق واویلا نہیں کرتا۔

بعدازاں فرمایا کہ میں نے شیخ عثمان ہارونی رحمتہ اللہ علیہ کی زبانی سنا ہے کہ اللہ تعالےٰ کے ایسے دوست بھی ہیں۔ کہ اگر دنیا میں وہ ان سے ایک دم حجاب میں رہے۔ تو نابود ہو جائیں۔ اور عبادت نہ کر سکیں۔

بعدازاں اسی موقعہ کے مناسب فرمایا کہ ایک مرتبہ خواجہ عبداللہ حنیف بھول کر دنیا کے کام میں مشغول ہوئے۔ یاد آیا۔ یہ تو دوست کے خلاف ہے۔ قسم کھائی کہ جب تک زندہ رہوں گا۔ دنیاوی کام میں مشغول نہیں ہوں گا۔ چنانچہ اس کے بعد پچاس سال تک زندہ رہے۔ لیکن آپ کو کسی دنیاوی کام میں مشغول نہ پایا۔ پھر بایزید بسطامی علیہ الرحمتہ کے ولولہ عشق کی بابت فرمایا کہ آپ ہر صبح نماز سے فارغ ہو کر ایک پاؤں پر کھڑے ہو کر فریاد کیا کرتے تھے۔ ایک روز یہ آواز سنی کہ یوم تبدل الارض یعنی اس وقت وصال ہو گا۔ جب یہ زمینیں لپیٹ لی جائیں گی۔ اور زمینیں پیدا کی جائیں گی۔

پھر اسی موقعہ کے مناسب فرمایا کہ ایک مرتبہ خواجہ بایزید بسطامی علیہ الرحمتہ بسطام کے جنگل میں نکلے۔ عالم شوق و اشتیاق میں پڑ کر یہ فریاد کرتے تھے کہ جتنا میں جنگل دیکھتا ہوں۔ اسی قدر مجھے دکھائی دیتا ہے۔ کہ یہاں عشق برسا ہوا ہے۔ یہاں سے پاؤں نکالنا چاہتا ہوں۔ لیکن نہیں نکال سکتا۔

پھر فرمایا کہ محبت کی راہ ایسی راہ ہے کہ جو شخص عشق کی راہ میں پڑتا ہے۔ اس کا نام و نشان نہیں ملتا۔

اسی موقعہ پر فرمایا کہ اہل عرفان یاد الہٰی کے سوا اور کوئی بات زبان سے نہیں نکلتے۔

پھر فرمایا کہ عارف سے ادنیٰ سے ادنیٰ بات یہ ظاہر ہوتی ہے۔ کہ وہ ملک و مال سے بیزار ہو جاتا ہے۔

پھر آب دیدہ ہو کر فرمایا کہ حق تو یہ ہے کہ وہ اس کی دوستی میں اگر دونوں جہان بھی خرچ کر دیں۔ تو بھی تھوڑا ہے۔

پھر فرمایا کہ اہلِ محبت اگرچہ محبت میں مجبور رہیں۔ لیکن کام ایسے لوگوں کا سا کرتے ہیں جو سوئے ہوئے ہیں۔ اگر جاگیں، تو مطلوب کے طالب ہیں۔ اور اپنے دوست کی طلب گاری سے فارغ ہیں۔ مشاہدہ معشوق میں مشغول ہیں۔ معشوق ایسا ہے۔ جو خود عاشق کو دیکھنے کے لئے بیٹھا ہے۔ محبت کی راہ میں مطیع کام سے نکلتے ہیں۔

پھر فرمایا کہ خواجہ ممنون محب رحمۃ اللہ علیہ فرماتے ہیں۔ کہ جب اولیاء کے دل خود اس بات میں مطیع ہیں۔ کہ اس کی معرفت اور محبت کا بوجھ نہیں اٹھا سکیں گے۔ اس لئے عبادت میں مشغول نہیں۔ پس خاص بوجھ نہیں اٹھا سکتے۔ کیونکہ مجاہدہ و ریاضت سے ملال ہوتا ہے۔

بعد ازاں فرمایا کہ عارف وہ شخص ہوتا ہے۔ جو اس بات کی کوشش کرے کہ دم ہاتھ میں لائے دم وہ ہے۔ جو اللہ تعالیٰ کا ذکر کرے۔ اور اپنی ساری عمر اس ایک دم کے بدلے میں خرچ کر دے اگر ایسے دم کو آسمانوں اور زمینوں میں سالہا سال بھی ڈھونڈے، تو بھی نہ پا سکے۔

بعد ازاں فرمایا کہ میں نے اپنے پیر شیخ عثمان ہارونی کی زبانی سنا ہے۔ کہ اگر کسی شخص میں تین خصلتیں پائی جائیں۔ تو سمجھ لو کہ اللہ تعالیٰ اسے دوست رکھتا ہے۔ سخاوت اور شفقت اور تواضع۔ سخاوت دریا کی سی۔ شفقت آفتاب کی سی۔ اور تواضع زمین کی سی۔

بعد ازاں فرمایا کہ حاجی لوگ تو قالب کو لے کر خانہ کعبہ کا طواف کرتے ہیں۔ اور پھر بھی انہیں مشاہدہ حاصل نہیں ہوتا۔ مگر اہلِ محبت اور عاشق لوگ دل سے حجاب عظمت کے عرش کا طواف کرتے ہیں۔ اگر اس کے سوا کسی اور چیز کو دیکھ پاتے ہیں۔ تو فریاد کرتے ہیں۔ وہ صرف اسی کے مشاہدہ کو پسند کرتے ہیں۔

پھر فرمایا کہ اہلِ سلوک میں محبت ایک ایسا عالم ہے۔ کہ لاکھوں علماء اس کے سمجھنے کی خواہش کرتے ہیں۔ لیکن ذرہ بھر بھی سمجھ میں نہیں آتا۔ اور زہد میں ایسی طاعت ہے۔ جس کی زاہدوں کو

خبر نہیں۔ اور اس سے غافل ہیں۔ وہ ایک بھید ہے۔ جو دونوں جہان سے باہر ہے۔ اور جسے اہل محبت اور اہل عشق کے سوا کوئی نہیں جانتا۔

پھر فرمایا کہ اسے وہی شخص جانتا ہے۔ جو ان دونوں جہان میں ثابت ہوتا ہے۔ جو اسے جانتا ہے۔ وہ ہرگز اسے نہیں دیکھتا۔ اس کے بعد دعویٰ کرنا چھوڑ دیتا ہے۔ تاکہ اسے رنج میں رکھے

بعد ازاں فرمایا کہ جو عشق و محبت میں گفتگو اور حرکت و مشغلہ ہے۔ یہ اس وقت ہے جب تک باہر ہیں۔ جب اندر آجاتے ہیں۔ تو پھر آرام خاموشی اور سکونت حاصل ہوتی ہے۔ گویا وہ فریاد اور شور نہیں ہوتا۔

پھر فرمایا کہ یہ دلیری اتنی نہیں کہ خواجہ دوست کی درگاہ سے عاری ہے۔ اور اپنے آپ پر عاشق ہے۔ جب حضوری حاصل ہوتی ہے۔ تو پھر فریاد و گفتگو نہیں رہتی۔ جب خواجہ صاحب یہ فوائد ختم کر چکے۔ تو دعا گو اور خلقت واپس چلے آئے۔ اَلْحَمْدُ لِلّٰہِ عَلٰی ذٰلِکَ ؛

مجلس (۱۱)

بدھ کے روز پابوسی کی دولت نصیب ہوئی۔ مولانا بہاؤالدین صاحب تفسیر شیخ احمد کرمانی اور چند اور درویش حاضر خدمت تھے۔ بات عارفوں کے توکل کے بارے میں شروع ہوئی۔ زبان مبارک سے فرمایا کہ عارفوں کا توکل یہ ہے۔ کہ ان کا توکل سوائے خدا کے کسی پر نہ ہو۔ اور نہ کسی چیز کی طرف توجہ کریں۔

پھر فرمایا کہ متوکل حقیقت میں وہ ہے۔ جو خلقت کی مدد اور تکلیف کی حکایت و شکایت نہ کرے۔

پھر فرمایا کہ مہتر جبرائیل علیہ السلام نے مہتر ابراہیم خلیل اللہ سے کہا کہ کیا تجھے کچھ ضرورت ہے؟ فرمایا۔ تجھ سے نہیں۔ اس واسطے کہ آپ اپنے نفس سے غائب تھے۔ لیکن اللہ تعالیٰ سے باطنی حضور حاصل تھا۔

بعد ازاں فرمایا کہ اہل توکل پر تجلیات شوق میں ایک ایسا وقت آتا ہے۔ کہ اگر اس وقت انہیں ذرہ ذرہ کر دیا جائے۔ یا تلوار سے زخمی کیا جائے۔ یا کسی اور طرح رنج والم پہنچایا جائے تو انہیں مطلق خبر نہیں ہوتی۔

بعد ازاں فرمایا کہ عارف کا توکل حق پر اس قسم کا ہوتا ہے کہ وہ عالم تفکر میں متحیر رہتا ہے

بعد ازاں فرمایا کہ خواجہ جنید رحمۃ اللہ علیہ سے پوچھا گیا کہ عارف کون ہے؟ فرمایا۔ جو تین چیزیں۔ علم عمل اور مخلوق سے قطع تعلق رکھے۔ کہ جب خلعتی آدم کی آواز آئی۔ تو سونے چاندی کے سوا باقی سب چیزیں آدم علیہ السلام کی حالت پر روئیں۔ اللہ تعالیٰ نے پوچھا کہ تم کیوں نہیں روئے۔ عرض کی۔ جو تیرا نافرمانبردار ہے۔ اس کی حالت پر ہم نہیں روئیں گے۔ اللہ تعالیٰ نے فرمایا۔ کہ مجھے عزت وجلال کی قسم! کہ تمہاری قیمت اور جو کچھ تم میں ہے۔ ان پر ظاہر کروں گا۔ اور اس کے فرزندوں کو تمہارا خادم بناؤں گا۔

بعد ازاں فرمایا کہ جب محب مملکت کا دعویٰ کرے۔ تو محبت کے درجے سے گر جاتا ہے

پھر اسی موقعہ کے مناسب فرمایا کہ محبت وفا کا دعویٰ ہے۔ مع وصال اور حرمت باطل یعنی فقر کا مشاہدہ ایسا محب ہے۔ جو فریضہ نمازوں میں اپنے نفس، کان اور سر کا خیال رکھے۔

بعد ازاں فرمایا کہ ایک مرتبہ خواجہ جنید بغدادی رحمۃ اللہ علیہ سے پوچھا گیا کہ محبت کی رضا کیا ہے؟ فرمایا۔ اگر ساتوں دوزخ مع عظمت و ہیبت ان کے دائیں ہاتھ پر رکھ دیئے جائیں۔ تو یہ نہ کہے کہ بائیں ہاتھ پر رکھ دو۔

بعد ازاں اسی موقعہ کے مناسب فرمایا کہ سب سے پہلے چیز جو انسانوں پر فرض ہوئی وہ معرفت تھی۔ وَمَا خَلَقْتُ الْجِنَّ وَالْاِنْسَ اِلَّا لِیَعْبُدُوْنَ۔ جنوں اور انسانوں کو عبادت کے لئے پیدا کیا ہے۔

پھر فرمایا کہ اللہ تعالیٰ نے اپنی حکمت سے بعض چیزوں کو بعض چیزوں میں پوشیدہ کیا ہے۔

بعد ازاں فرمایا کہ اسرار اولیاء کی محبت میں لکھا ہے۔ کہ حق تعالیٰ جب محبوں کو اپنے انوار زندہ کرے گا۔ تو انہیں وہ رویت نصیب ہوگی۔ جو حضرت رسالت پناہ صلی اللہ علیہ وآلہ وسلم کو ہوئی۔ چونکہ حق تعالیٰ بے زبان و بے جان و بے مکان و بے جہت ہے۔ اس واسطے آنحضرت صلی اللہ علیہ وآلہ وسلم حق تعالیٰ کے اوصاف سے متصف ہوئے۔

پھر فرمایا کہ قیامت کے دن اٰمَنَّا وَصَدَّقْنَا عاشقوں کو صادق محب بنا دے گا۔ اگر یہ سوال کیا جائے۔ کہ ان عاشقوں میں سے کوئی عاشق محبت کا دعویٰ تو کرے۔ لیکن صادق و ثابت نہ ہو۔ تو وہ شرمندہ ہوگا۔ اور اپنا منہ محبوں میں نہیں دکھا سکے گا۔ پھر آواز آئے گی۔ کہ یہ عاشق صادق نہ تھا۔ اسے عاشقوں سے نکال دو۔

بعد ازاں زبان مبارک سے فرمایا کہ اہل محبت وہ لوگ ہیں۔ جو صرف دوست کی بات سنتے ہیں۔ "الحدیث عن قلبی ربی" یعنی عاشقوں کا دل صرف حق تعالیٰ کی بات سنتا ہے

بعد ازاں فرمایا کہ جب صاحب محبت مر جاتا ہے تو اُسے جلدی بخش دیا جاتا ہے۔

پھر فرمایا کہ ایک درویش کو جنگل میں دیکھا۔ کہ مر گیا ہے۔ اور ہنس رہا ہے۔ کہا تو تو مر گیا ہے۔ کیوں ہنستا ہے؟ کہا محبت خدا کی مرضی ہی ایسی تھی۔

بعدازاں اسی موقعہ کے مناسب فرمایا، دل وہ ہے۔ جو اپنے حال سے فانی ہو اور مشاہدہ دوست میں باقی ہو۔ اللہ تعالیٰ اس کے اعمال پر غالب ہو۔ اور اس کو اپنے آپ پر کچھ اعتبار نہ ہو۔ اور عرش تک اسے قرار نہ ہو۔

فرمایا۔ ایک روز مالک دینار رحمۃ اللہ علیہ سے پوچھا گیا کہ اللہ تعالیٰ کے دوستوں کی ملازمت کرنا کیسا ہے؟ فرمایا۔ جو شخص اللہ تعالیٰ کے دوستوں کی ملازمت کرتا ہے۔ وہ ضرور واصل بن جاتا ہے۔

بعدازاں فرمایا کہ رابعہ بصری رضی اللہ عنہا سے سوال کیا گیا کہ سب سے اعلیٰ عمل کون سا ہے؟ فرمایا۔ اپنے اوقات کو یاد الٰہی میں بسر کرنا۔ جو شخص بزرگی کا دعویٰ کرے۔ اور اس میں مراد پائی جاوے۔ تو سمجھو۔ کہ وہ جھوٹا ہے۔ دعویٰ محبت میں مرد وہ شخص ہے۔ جو اپنی مراد سے درگزر کرے۔ اور مراد حق اختیار کرے۔ اس وقت وہ اللہ تعالیٰ کا دوست کہلانے کا مستحق ہوتا ہے۔ اگر اس وقت اللہ تعالیٰ اسے دوست کہے۔ تو بندگی کا جواب کہے۔ اس واسطے کہ اہل محبت کا نہ نام ہوتا ہے نہ جواب نہ رسم۔

پھر فرمایا کہ میں نے شیخ الاسلام خواجہ عثمان ہارونی رحمۃ اللہ علیہ کی زبانی سنا کہ اہل عشق دوست کے سوا غیر کی طرف توجہ بھی نہیں کرتے۔ اس واسطے کہ جو بغیر دوست کے خوش ہوتا ہے۔ تو اسے ہر قسم کا اندوہ لاحق ہوتا ہے۔ دوست کی خدمت سے انس نہیں اسی سبب سے وحشت آتی ہے۔ جو دوست دل نہیں لگاتا۔ وہ ہیچ در ہیچ ہے۔

بعدازاں فرمایا کہ عارف وہ شخص ہوتا ہے۔ جو صبح اٹھے۔ تو رات کی بابت اسے کچھ نہ یاد ہو۔

بعدازاں خواجہ صاحب دام اللہ تقواہٗ نے آب دیدہ ہو کر فرمایا اے غافل اس سفر کے لئے توشہ تیار کر جو تجھے درپیش ہے۔ یعنی موت۔ بعدازاں فرمایا کہ اہل محبت کا وہ گروہ ہے۔ کہ ان کے اور اللہ تعالیٰ کے درمیان کوئی حجاب نہیں۔ بعدازاں فرمایا کہ محبت میں عارف وہ شخص ہے۔ جسے کوئی شے عجیب معلوم نہ ہو۔ کیونکہ تسلیم دعویٰ صرف ایک چیز میں نہیں ہوتا جب کہ ہاتھ سے دیا جا چکے۔

پھر فرمایا کہ سب سے عمدہ وقت وہ ہے۔ جب کہ دل میں کوئی وسوسہ اور خیال نہ ہو۔ اور لوگوں سے رہائی حاصل ہو۔ پھر فرمایا۔ جسے محبت دی گئی ہے۔ اسے فقر و وحشت دی گئی ہے تاکہ دنیا پر فریفتہ نہ ہو جائے۔

پھر فرمایا۔ عارف کہتے ہیں کہ یقین بمنزلہ نور ہے۔ جس سے انسان منور ہو جاتا ہے۔ پھر وہ محبوں اور متقیوں کے درجہ کو پہنچ جاتا ہے

بعد ازاں فرمایا کہ آدمی کی اصل پانی اور خاک سے ہے۔ جس پر پانی غالب ہے۔ اگر وہ لطیف و ریاضت سے جمال کے دیکھنے میں خودپسندی سے کام لے۔ تو وہ مقصود حاصل نہیں کر سکتا۔ اور جس پر خاک غالب ہو۔ تو سختی کے وقت وہ نیک پایا جاتا ہے تاکہ کسی کام کے لائق ہو جائے۔

پھر فرمایا کہ جب اللہ تعالیٰ نے بادل پیدا کرنا چاہا۔ کہ ہر قسم کا رنگ ہو اور ہر قسم کا مزا جب رنگوں کو ملایا۔ تو اس سے پانی کا رنگ بنا۔ اور جب سب مزوں کو ملایا۔ تو پانی کا ساذائقہ ہو گیا۔ اس کے پینے سے زندگی تو پاتے ہیں۔ لیکن اس کی لذت کی خبر نہیں۔ پر ایک چیز پانی کے سبب زندہ ہے۔

بعد ازاں ایک درویش نے جو حاضر خدمت تھا۔ پوچھا کہ مجنون کون تھا؟ فرمایا وہ جو آغاز عشق میں ناچیز ہو جائے۔ اور دوسرے اور تیسرے درجہ میں گم ہو جائے۔ پوچھا فنا و بقا کیا ہے؟ فرمایا بقا بقائے حق ہے اور فنا فنائے نفس۔ پوچھا تجرید کیا ہے؟ فرمایا صفاتِ محبوب کا ذہن نشین کرنا۔ جو مجھ سے محبت کرتا ہے میں اس کے لئے کان اور آنکھ بن جاتا ہوں۔

پھر فرمایا میں نے ملتان میں ایک بزرگ سے سنا کہ اہل محبت کی توبہ تین قسم کی ہوتی ہے۔ اول ندامت۔ دوم گناہوں کا چھوڑ دینا۔ سوم اپنے تئیں ظلم و جھگڑے سے پاک رکھنا۔

بعد ازاں فرمایا کہ علم ایک ایسی چیز ہے۔ جو محیط ہے۔ معرفت اس کی ایک جزو ہے۔ پس خدا کہاں ہے اور بندہ کہاں۔ علم خدا ہی کو ہے۔ معرفت دونوں کی +

پھر فرمایا جب تک عارف کے بر خالص نہیں ہوتے۔ اس کا کوئی فعل صاف نہیں ہوتا۔

پھر فرمایا جس کو تو دوست رکھے گا۔ اس کے سر پر بلا برسائے گا۔

پھر فرمایا۔ توبۃ النصوح میں تین باتیں ہیں۔ اول کم کھانا روزے کے لئے۔

دوسرے کم سونا طاعت کے لئے۔

تیسرے کم بولنا۔ دعا کے لئے۔

پہلے سے خوف۔ دوسرے اور تیسرے سے محبت پیدا ہوتی ہے۔ پس خوف کے ضمن میں گناہ کی ترک ہے۔ تاکہ آگ سے نجات حاصل ہو۔ اور رجا کے ضمن میں طاعت کرتا ہے۔ تاکہ بہشت میں مقام حاصل کر سکے۔ اور ابدی زندگی حاصل کر سکے۔ اور محبت کے ضمن میں فکروں کا اجساد کرنا ہے۔ تاکہ رضائے حق حاصل ہو۔ فرمایا۔ محبت میں عارف وہ ہے۔ جو ذکر کے سوا کسی کو دوست نہ رکھے۔

جب خواجہ صاحب یہ بیان کر چکے۔ تو آب دیدہ ہو کر فرمایا کہ اب میں وہاں کا سفر کرتا ہوں۔ جہاں میرا مدفن ہوگا یعنی اجمیر جاتا ہوں۔ ان دنوں اجمیر ہندوؤں سے بھرپور تھا۔ اور مسلمانی وہاں پر کچھ ایسی ترقی پر نہ تھی جب خواجہ صاحب کا مقام مبارک وہاں پہنچا۔ تو اس قدر اسلام ظاہر ہوا جس کی کوئی حد نہیں۔ اَلْحَمْدُ لِلّٰہِ عَلٰی ذٰلِکَ ؛

2. असरारूल वासिलीन – इस पुस्तक में ख़्वाजा मुईनुद्दीन चिश्ती ने अपने ख़लीफ़ा हज़रत बख़्तियार काकी की रूहानी तरबियत के लिए जो ख़ुतूत लिखे उसको संकलित किया गया है। इन ख़ुतूत से ख़्वाजा साहब का अपने मुरीदों से दौस्ताना रवैया और उनके अन्दाज़े तरबियत की जानकारी होती है। ख़्वाजा साहब के ख़ुतूत तसव्वुफ़ के असरार व रमूज़ जानने के लिऐ तथा नैतिकता की शिक्षा के लिए आदर्श नमूना हैं। ख़ुतूत में मौक़े बमौक़े शैरों और अदबी पंक्तियों के समावेश से उनका साहित्यिक महत्त्व भी है। चन्द ख़ुतूत नमूने के तौर पर पेश किए जा रहे हैं। जो दर अस्ल ख़्वाजा साहब के फ़ारसी ख़ुतूत के उर्दू अनुवाद पर आधारित हैं। यह ख़ुतूत डॉ. ज़हरूल हसन शारिब ने अपनी पुस्तक में "असरारूल वासिलीन " के हवाले से पेश किए हैं।

मकतूब (पत्र)

मेरे दिली महबूब, मेरे क़ल्बी दोस्त

ब्रादरम ख़्वाजा क़ुतुबुद्दीन देहलवी

अल्लाह तआला (ईश्वर) आपको दोनों जहान की सआदत अता फ़रमाए

बन्दा–ए–मिस्कीन की तरफ़ से सलाम मसनून के बाद वाज़ेह हो अज़ीज़े मन।

जिसने अल्लाह तआला को पहचान लिया वह कभी सवाल या ख़्वाहिश या आरज़ू नहीं करता। जिसने नहीं पहचाना है वह उनकी बात को नहीं समझ सकता , दूसरे हिर्सोहवा (लालच, लालसा) को तर्क करना (त्यागना) चाहिए। जिसने हिर्सोहवा को तर्क किया उसने मक़सूद (उद्देश्य) हासिल कर लिया। चुनांचे ऐसे शख़्स के लिए बारी तआला (ईश्वर) का इरशाद (कहना) है कि –

"वनहन्नफ़सा अनिल हवा। फ़इन्नल जन्नता हियल मावा" अर्थात् "जिसने अपनी ख़्वाहिशाते नफ़सानी (भौतिक लालसाओं) को रोका, उसका ठिकाना बहिश्त(स्वर्ग) है।"

जिस दिल को अल्लाह तआला (ईश्वर) ने अपनी तरफ़ से फेर दिया उसे कसरते शहवात (इच्छाओं की अधिकता) के कफ़न में लपेट कर ज़मीने नदामत (शर्मिन्दगी की ज़मीन) में दफ़न कर देना चाहिए।

एक रोज़ ख़्वाजा बायज़ीद बुस्तामी र.अ. (एक बहुत बड़े वली) ने फ़रमाया – "एक रोज़ मैं ख़्वाब में दीदारे इलाही से मुशर्रफ़ हुआ, पूछा, बायज़ीद क्या चाहते हो? अर्ज़ किया जो तू चाहता है। ख़िताब हुआ "जिस तरह तू मेरा है उसी तरह मैं तेरा हूँ।"

हर के गरदन नहद रज़ा ऊरा – मरमरा हक़ निगाह बाँ बाशद

जो तसव्वुफ़ की माहियत से वाक़िफ़ होना चाहे वह अपने ऊपर आसाइश का दरवाज़ा बन्द कर ले, फिर ज़ानूए मुहब्बत के बल पर बैठ जाए। अगर यह काम कर लिया तो समझो कि एहले तसव्वुफ़ हो गया। तालिबाने हक़ को यह अम्र दिलो जान से बजा लाना चाहिए। इन्शाअल्लाह तआला वसवसा ए शैतानी से निजात पाएगा और दोनों जहान की मुरादें हासिल करेगा।

एक रोज़ मेरे शेख़ अलैहिर्रहमा (ख़्वाजा उस्मान हारूनी) ने फ़रमाया – "मुईनुद्दीन! क्या तुझे मालूम है कि साहिबे हुज़ूर किसे कहते हैं? साहिबे हुज़ूर वह है कि हर वक़्त मक़ामे उबूदियत में हो और हर एक वाक़ेए को अल्लाह की तरफ़ से ख़याल करे और जाने और उस पर राज़ी रहे। वह जहान का बादशाह उसका मोहताज है।"

बअज़ दरवेश कहते हैं कि जब तालिब (ईश्वर प्राप्ति की इच्छा रखने वाला) कमाल हासिल कर लेता है तो घबराहट नहीं रहती। यह ग़लत है। दूसरे जो यह कहते हैं कि इबादत करना भी उसके लिए ज़रूरी नहीं होता। यह भी ग़लत है क्योंकि सरवरे कायनात सल्लल्लाहु अलैहिवसल्लम (हज़रत मुहम्मद) हमेशा इबादत, बन्दगी और उबूदियत में सरबसुजूद रहे और इसके बावजूद इज्ज़ का यह आलम कि हुज़ूर यह फ़रमाते थे – "मा अबदना का हक़्क़ा इबादतेका" अर्थात हमने तेरी ऐसी इबादत नहीं की जैसा कि हक़ था"

यक़ीन जानो कि जब आरिफ़ कमालियत का दर्जा हासिल करता है तो उस वक़्त कमाल दर्जे की रियाज़त जिससे मुराद नमाज़ है, निहायत सिद्क़ (सच्चे) दिल से अदा करता है। जब कोई शख़्स यह मालूम करके सिद्क़ से काम लेता है तो उसे इतनी प्यास महसूस होती है गोया उसने आग के कई प्याले पी रखे हैं। ज्यों–ज्यों ऐसे प्याले पीता है प्यास ग़लबा करती है इस वास्ते कि जमाले लामुतनाही (ईश्वरीय सौन्दर्य) की इन्तिहा

नहीं। उस वक़्त उसका सुकून बेसुकून और आराम बेआराम हो जाता है ता वक़्ते कि बक़ाए इलाही से मुशर्रफ़ न हो जाए।

वस्सलाम

फ़क़ीर

मुईनुद्दीन चिश्ती सन्जरी

(असरारूल वासिलीन, पृष्ठ सं. 85, 86, 87 बहवाला मुईनुल हिन्द पृष्ठ 157, 158, 159)

मकतूब (पत्र)

दर्दमन्द, तालिबे शौक़, दीदारे इलाही के आरज़ू मन्द, दुरवेश जफ़ाकेश

मेरे अज़ीज़ भाई ख़्वाजा क़ुतुबुद्दीन

अल्लाह तआला दोनों जहान में आपको सआदत नसीब करे।

सलाम मसनून।

के बाद मक़सूद यह है कि एक रोज़ हज़रत ख़्वाजा उसमान हारूनी क़द्दसासिर्रहुल अज़ीज़ की ख़िदमत में यह ख़ाकसार, ख़्वाजा नज्मुद्दीन सुग़रा और ख़्वाजा मुहम्मद तारिक़ हाज़िर थे कि इतने में एक शख़्स ने हाज़िरे ख़िदमत होकर ख़्वाजा साहब से पूछा – "यह क्यों कर मालूम हो कि किसी शख़्स को कुर्बे इलाही हासिल हो गया है।"

ख़्वाजा साहब ने फ़रमाया – "नेक अमलों की तौफ़ीक़ बड़ी अच्छी शिनाख़्त है। यक़ीन जानो जिस शख़्स को नेक कामों की तौफ़ीक़ दी गई है उसके कुर्ब का दरवाज़ा खुल गया है।" फिर आबदीदा होकर फ़रमाया कि – "एक शख़्स के यहाँ एक साहिबे वक़्त लौंडी थी जो आधी रात के वक़्त उठ कर वुज़ू करके दो रकअत नमाज़ पढ़ती और शुक्रे हक़ बजा लाती और हाथ उठाकर दुआ करती कि – "परवरदिगार! मैं तेरा कुर्ब हासिल कर चुकी हूँ, मुझे अपने से दूर न रखना" उस लौंडी के आक़ा (मालिक) ने यह माजरा सुनकर उससे पूछा कि तुम्हें क्योंकर मालूम हुआ कि तुम्हें कुर्बे इलाही हासिल है।" उसने कहा – "मुझे यूँ मालूम है कि उसने मुझे आधी रात के वक़्त जाग कर दो रकअत पढ़ने की तौफ़ीक़ दे

रखी है। इस वास्ते मैं जानती हूँ कि मुझे कुर्बे इलाही हासिल है।" आक़ा ने कहा – "लौंडी जा, मैंने लिल्लाह आज़ाद किया" पस इन्सान को दिन रात इबादते इलाही (ईश्वर की उपासना) में मसरूफ़ रहना चाहिए ताकि उसका नाम नेक लोगों के दफ़्तर में दर्ज हो जाए और नफ़स व शैतान की क़ैद से बच जाए।

वस्सलाम।

फ़क़ीर

मुईनुद्दीन चिश्ती सन्जर

(असरारूल वासिलीन पृ. सं. 87 एवं 88
बहवाला मुईनुल हिन्द, पृ. सं. 159, 160)

मकतूब (पत्र)

आरिफ़े मआरिफ़, हक़ आगाह, आशिकुल्लाह

भाई कुतुबुद्दीन ओशी

अल्लाह तआला आपके फ़क्र को ज़्यादा करे।

दुआ गो की तरफ़ से उन्स आमेज़ सलाम के बाद मकशूफ़ राय मारेफ़त पेरा हो।

अज़ीज़े मन! अपने मुरीदों को ज़रूर बता देना कि फ़क़ीर मुरशिदे कामिल से क्या मुराद है और इसकी अलामत क्या है? और यह क्योंकर पहचाना जाता है?

मशाइख़े तरीक़त क़द्दसुल्लाहु असरारहुम ने फ़रमाया है – "अल फ़क़ीरो माला यहताजो इला कुल्ले शैइन" अर्थात फ़क़ीर उस शख़्स को कहते हैं जो तमाम ज़रूरियात से फ़ारिग़ हो और उसके बाक़ी रहने वाले जमाल के सिवा किसी चीज़ का तालिब न हो क्योंकि तमाम मौजूदात के बाक़ी रहने वाले, जमाल का आईना और मज़हर हैं। इस वास्ते वह उन सबमें अपना मक़सूद देखता है।"

बअज़ बुज़ुर्गों ने इसकी तशरीह यूं फ़रमाई है कि – "कामिल फ़क़ीर उसे कहते हैं कि जिसके दिल से सिवाय हक़ तआला के सब कुछ दूर हो और सिवाय अल्लाह तआला के और कोई उसका मक़सूद मतलूब न

हो।" जब मासिवाए अल्लाह दिल से दूर हो जाता है मक़सद हासिल हो जाता है।"

पस तालिब को हमेशा मतलूबो मक़सूद के दर पै रहना चाहिए। अब यह मालूम कर लेना चाहिए कि मतलूबो मक़सूद क्या है? पस मालूम होना चाहिए कि मक़सूद यही दर्दो सोज़ है, ख़्वाह हक़ीक़ी हो यां मजाज़ी। यहां सोज़े मजाज़ी से मुराद इब्तिदाए अहकामे शरीअत है।

वस्सलाम

फ़क़ीर

मुईनुद्दीन चिश्ती सन्जरी

(असरारूल वासिलीन पृ.सं. 95 बहवाला

मुईनुल हिन्द पृ.सं. 163–164)

ख़्वाजा मुईनुद्दीन चिश्ती र.अ. से मनसूब रिसालों, पुस्तकों, उपदेशों के संकलन, पत्र आदि के गद्य तथा कलामे इरफ़ाँ तराज़ से अवतरित पद्य के अध्ययन से उनके पवित्र सूफ़ियाना ख़यालात, नैतिकता एवं आचरण सम्बन्धी शिक्षाओं की जानकारी होती है। उनकी भाषा, शैली एवं अभिव्यक्ति प्रभावित करने वाली और दिलों में उतरने वाली है। इसलिए ख़्वाजा मुईनुद्दीन चिश्ती र.अ. को एक कामयाब साहित्यकार भी मानना न्यायोचित होगा। उनके व्यक्तित्व के विभिन्न पहलुओं की तरह यह पहलू भी अपनी विषयवस्तु, भाषा, शैली एवं प्रभाव के लिहाज़ से हमारे साहित्य का बहुमूल्य ज़ख़ीरा है।

❖❖❖

अध्याय-8

ख़्वाजा मुईनुद्दीन चिश्ती र.अ. की शिक्षाएँ

ख़्वाजा मुईनुद्दीन चिश्ती की शिक्षाएँ मानव जीवनदर्शन का ऐसा निचोड़ है कि अगर उनको अपना लिया जाए तो इन्सान की ज़िन्दगी सफल हो जाए, समाज में सुख शान्ति क़ायम हो और कायनात में इन्सानी भाईचारा पैदा हो जाए।

उनकी शिक्षाओं में नैतिक, धार्मिक, आध्यात्मिक, सामाजिक, सांस्कृतिक एवं आर्थिक मूल्यों को बड़े तनासुब में पेश किया गया है। ख़्वाजा साहब की कृतियाँ एवं रचनाएँ उनकी शिक्षाओं से भरी हुई हैं। ख़्वाजा साहब के समग्र साहित्य का अध्ययन इन्सान, कायनात और ईश्वर के हक़ीक़ी मआमलात को समझने के लिए निहायत ज़रूरी है।

ख़्वाजा मुईनुद्दीन चिश्ती ने धर्म की फ़लसफ़ियाना व्याख्या करने के बजाय उसके अमली (व्यावहारिक) पहलू को पेश करके दीन दुखियों की मदद की। ग़रीब और लाचार व्यक्तियों का साथ दिया, भटके हुओं को सीधा मार्ग बताया और दुश्मनों के साथ भी अच्छा सुलूक किया। छुआछूत और ऊँच नीच के सताए हुए लोगों के साथ बराबरी का सुलूक (व्यावहार) किया। अपने विचारों को ज़बरदस्ती किसी पर नहीं थोपा बल्कि जीवन के शाश्वत सत्यों को उजागर किया।

ख़्वाजा मुईनुद्दीन चिश्ती से पूर्व हिन्दुस्तान में छुआछूत, ऊँच–नीच, अन्धविश्वास, जादू टोने आदि बुराई की इन्तिहा को पहुँचे हुए थे। कुरीतियों ने इन्सानियत को ज़ख़्मी कर रखा था। भारतीय समाज में नैतिक पतन के साथ–साथ सामाजिक एवं राजनीतिक एकता भी खण्डित होने लगी थी। पूर्व मध्यकालीन इतिहासकार अलबीरूनी ने कई उदाहरण देकर उस समय के समाज की झलक पेश की है। वह लिखता है :

"मुझे बार–बार यह बताया गया कि जब हिन्दू दास (मुस्लिम प्रदेशों से) भाग कर अपने देश और धर्म में वापस चले आते हैं तो उन्हें हिन्दू यह आदेश देते हैं कि वे प्रायश्चित करने के लिए व्रत रखें। तत्पश्चात् वे उसे गोबर, बासी पानी और गाय के दूध के मिश्रण में कुछ दिनों के लिए रखते हैं यहाँ तक कि वह (मिश्रण) सड़ने लगता है। फिर वे उसे गंदगी से खींचकर निकालते हैं और फिर वही गन्दा पदार्थ और इसी प्रकार की वस्तुएँ खिलाते हैं। मैंने ब्राह्मणों से पूछा कि क्या यह सत्य है किन्तु वे उसे अस्वीकार करते हैं और कहते हैं कि ऐसे व्यक्ति के लिए कोई प्रायश्चित संभव नहीं है और यह कि वह कभी जीवन की उस परिस्थिति में नहीं लौट पाता जिससे वह बन्दी बनाकर ले जाया गया था। और यह संभव भी कैसे हो सकता है? यदि कोई ब्राह्मण किसी शूद्र के घर पर किसी प्रकार भोजन कर लेता है तो उसका जाति से बहिष्कार हो जाता है और फिर वह उसे (जाति) कभी प्राप्त नहीं कर पाता।"

(किताबुल हिन्द, बहवाला दिल्ली सल्तनत, पृ. 119–120)

उक्त अवतरण में युद्ध में परास्त सैनिकों के साथ होने वाले रवैये पर रोशनी डाली गई है। जोकि दुश्मनों से उनकी रक्षा करते थे। निम्न जातियों की ज़िन्दगी तो जानवरों से भी बदतर थी। जीवन की मूलभूत सुविधाओं के लिए भी उनके साथ ज़ालिमाना रवैया इख़्तियार किया जाता था। उस दौर के हिन्दुस्तानी समाज में छुआछूत, ऊँच–नीच और अन्धविश्वास के बारे में अध्ययन करें तो आँसू निकल आते हैं। ख़्वाजा मुईनुद्दीन चिश्ती र. अ. ने समाज के बहिष्कृत, प्रताड़ित और अन्धविश्वासों में जकड़े हुए मनुष्यों के साथ हमदर्दाना सुलूक किया, अपने पास बैठाकर उन्हें हमप्याला, हमनिवाला बनाया, दीन दुखियों के लिए ईश्वर से दुआएँ मांगी, अपना सब कुछ ग़रीबों के लिए वक़्फ़ (समर्पित) कर दिया इसीलिए ग़रीब नवाज़ कहलाए। उनकी ख़ानक़ाह अमीर ग़रीब , छोटे – बड़े, काले – गोरे, हिन्दू – मुस्लिम आदि सभी के लिए महमानख़ाना थी जो आज भी है। उनके लंगर में सभी जरूरतमंद शरीक होते थे, आज भी होते हैं। उनके सुलूक, रवैये एवं व्यवहार से सभी को सुकून मिलता था, आज भी मिलता है। उनकी शिक्षाएँ सभी के लिए कामयाबी की राहें खोलती थीं, मुझे आज भी इन्सानी निजात का रास्ता उनमें दिखाई देता है।

अब हम यहाँ उनकी रचनाओं एवं उपदेशों में से कुछ शिक्षाएँ संकलित कर पेश कर रहे हैं, जो जीवन के सकारात्मक पहलुओं पर रोशनी डालती हैं। इन शिक्षाओं को ख़्वाजा साहब के समकालीन व्यक्तियों ने अपनाया और रोज़ बरोज़ उनके मानने वालों की तादाद में वृद्धि हो रही है। वो शिक्षाएँ निम्नलिखित हैं–

- बुलन्द आवाज़ में क़हक़हा लगाना अच्छी बात नहीं।
- क़ब्रिस्तान में हँसी मज़ाक नहीं बल्कि इबरत (हासिल करने) के लिए जाओ।
- झूठों के घरों से बरकतें उठा ली जाती हैं।
- एहलुल्लाह (अल्लाह वालों) का मक़ाम बहुत बुलन्द है, यह तो फ़रिश्तों को भी हासिल नहीं हो सकता।
- मेहनत और ख़िदमत से ही बुलन्द दर्जा हासिल किया जा सकता है।
- तौबा (क्षमा) की उम्मीद पर गुनाह करने वाला बदतरीन है।
- लोगों से अपनी परेशानियाँ बयान करते फिरना तवक्कुल (ईश्वर पर निर्भरता) नहीं।
- नफ़्स (सांसरिक इच्छा) की ज़ीनत भूखे को खाना खिलाना, हाजतमन्द की हाजत रवाई (ज़रूरत पूरी करना) करना और मुख़ालिफ़ों (विरोधियों) से हुस्ने सुलूक (सद्व्यवहार) करने में है।
- मसाइब (परेशानियों) और सख़्तियों का आना सेहत और ईमान की निशानियां हैं।
- मौत, फ़ाक़ा (भूखा होने के बावजूद किसी से कुछ न मांगना) और दरवेशी को दोस्त रखने वाला मोमिन (ईमान वाला, मुस्लिम) कहला सकता है।
- अल्लाह की दोस्ती उसके अहकामात (आज्ञाओं) पर अमल पेरा (कर्मशील) होकर ही मिल सकती है।
- हसद (ईर्ष्या) को अपने क़रीब भी मत आने दो।
- सख़ावत (दानशीलता, उदारता) करने से ही नैमत (ईश्वर प्रदत्त उपहार) मिलती है।

- मोमिन (ईश्वर पर आस्था रखने वाले) की निशानी यह है कि मुसीबत को हँसकर कुबूल(स्वीकार) करता है।
- ख़ुदपसन्दी (स्वआकर्षण) और तकब्बुर (घमण्ड) बड़े गुनाह (पाप) हैं।
- अपनी ग़लत बात पर क़ायम रहना ही कमज़र्फ़ी (हीनता) है।

(अक़्वाल का ख़जाना : सै. इर्तिज़ा अली किरमानी, पृ.सं. 118 से 120)

- तमाम मक़ामों से बढ़ कर यही नमाज़ है, अल्लाह तआला से मिलना पहले नमाज़ ही से शुरू होता है।
- जिसने कुछ पाया ख़िदमत (सेवा भाव) से पाया पस मुरीद (शिष्य, श्रद्धालु) को लाज़िम है कि पीर के फ़रमान से ज़र्रा भर भी तजावुज़ न करे और जो कुछ उसे नमाज़, तस्बीह और औराद वग़ैरह की बाबत फ़रमाएें गोशे होश से सुने और उसे बजा लाये। ताकि किसी मक़ाम पर पहुँच सके क्योंकि पीर मुरीद का संवारने वाला है, पीर जो कुछ फ़रमाएगा वह मुरीद के कमाल के लिये ही फ़रमाएगा।
- जब आदमी रात को बातहारत (स्वच्छ) सोता है तो हुक्म होता है कि फ़रिश्ते उसके हमराह रहें। वो सुबह तक अल्लाह तआला से यही इल्तिजा (प्रार्थना, विनती) करते रहते हैं कि अल्लाह इस बन्दे को बख़्श क्योंकि यह बातहारत सोया है।
- आरिफ़ (ईश्वर को पहचानने वाला) उस शख़्स को कहते हैं कि तमाम जहान (संसार) को जानता हो और अक़्ल से लाखों मआनी पैदा कर सकता हो और बयान कर सकता हो और मुहब्बत के तमाम दक़ाइक़ (गहराईयों) का जवाब दे सकता हो और हर वक़्त बहर में तैरता रहे ताकि असरारे इलाही (ईश्वर के रहस्यों) व अनवारे इलाही (ईश्वरीय आभाओं) के मोती निकालता रहे और दीदावर जौहरियों को पेश करता रहे। जब वो उसे देखें, पसन्द करें, ऐसा शख़्स (व्यक्ति) बेशक (निःसन्देह) आरिफ़ है।
- इरफ़ान (ईश्वर का ज्ञान) में एक हालत होती है जब वह हालत उस पर तारी होती है तो एक ही क़दम में अर्श (आसमान) से हिजाबे अज़मत (ईश्वरीय बुलन्दी) तक का फ़ासला तय कर लेते हैं। और

वहां से हिजाबे किबरिया (ख़ुदाई पर्दे) तक पहुँच जाते हैं। फिर दूसरे क़दम पर अपने मक़ाम (स्थान) पर आ पहुंचते हैं।

(दलीलुलआरिफ़ीन, मजलिस नं. 1)

- राहे शरीअत पर चलने वालों का शुरू यह है कि जब लोग शरीअत में साबित क़दम हो जाते हैं और शरीअत के तमाम फ़रमान बजा लाते हैं और उसके बजा लाने में ज़र्रा भर तजावुज़ नहीं करते तो अक्सर वो दूसरे मरतबे पर पहुँचते हैं जिसे तरीक़त कहते हैं उसके बाद जब बमए शराइत तरीक़त में साबित क़दम होते हैं और तमाम अहकाम शरीअत के कमोकास्त बजा लाते हैं तो मअरेफ़त के दर्जे को पहुँच जाते हैं। जब मअरेफ़त को पहुँचते है तो शिनाख़्तो सनाई का मक़ाम आ जाता है जब इस मक़ाम पर भी साबित क़दम हो जाते हैं तो दर्जा–ए–हक़ीक़त को पहुँचते हैं इस मतरबे पर पहुँच कर जो कुछ तलब करते हैं पा लेते हैं।
- नमाज़ दीन का रूक्न है और रूक्न सुतून (स्तम्भ) होता है पस जब सुतून क़ायम होगा तो घर भी क़ायम होगा जब सुतून निकल जायेगा तो छत फ़ौरन गिर पड़ेगी चूँकि इस्लाम और दीन के लिये नमाज़ बमन्ज़िला सुतून है। जब नमाज़ के अन्दर फ़र्ज़, सुन्नत, रूकूअ और सुजूद में ख़लल आयेगा तो हक़ीक़ते इस्लाम और दीन वग़ैरह ख़राब हो जायेगें।

(दलीलुलआरिफ़ीन, मजलिस नं. 2)

- जो भूखे को खाना खिलाता है अल्लाह तआला क़यामत के रोज़ उसके और दोज़ख़ के माबैन (मध्य) सात पर्दे हाईल (रूकावट) कर देगा जिनमें से हर एक पर्दा पांच सौ साला राह के बराबर बड़ा होगा फिर कुछ देर झूठ कहने के बारे में गुफ़्तुगु हुई तो फ़रमाया जिस ने झूठी क़सम खाई गोया उसने अपने ख़ानदान को वीरान किया उस घर से बरकत उठाली जाती है।
- एक मरतबा अल्लाह तआला मूसा अलैहिस्सलाम से दोज़ख़ (नरक) के बारे में गुफ़्तुगु कर रहा था। फ़रमाया कि ऐ मूसा मैं ने दोज़ख़ में एक वादी हाविया पैदा की है जो सातवां दोज़ख़ है और सब से ख़ौफ़नाक और स्याह है और उसकी आग भी स्याह और निहायत

तेज़ है। इस मे सांप बिच्छू बकसरत हैं। वह गन्धक के पत्थरों से हर रोज़ तपाया जाता है, अगर उस गन्धक का एक क़तरा दुनिया में आ पड़े तो तमाम पानी ख़ुश्क हो जाये। और तमाम पहाड़ गल जायें और उसकी गर्मी से ज़मीन फट जाये। ऐ मूसा! ऐसा अज़ाब (सज़ा,टार्चर) दो शख़्सों के लिये बनाया है। एक वह जो नमाज़ अदा नहीं करता दूसरे वह जो मेरे नाम की झूठी क़सम खाता है।

(दलीलुलआरिफ़ीन, मजलिस नं. 3)

- ख़न्दह (हँसी) व क़हक़हा (ज़ोर से हँसना) जाइज़ तो है लेकिन क़ब्रिस्तान में नहीं करना चाहिये। क्योंकि वह इबरत का मक़ाम है न कि खेलकूद का। हदीस मे आया है कि जब कोई शख़्स क़ब्रिस्तान से गुज़रता है तो मुर्दे कहते है कि ऐ ग़ाफ़िल! अगर तुझे मालूम हो जाये कि तुझे ये कुछ पेश आना है तो तेरे जिस्म (शरीर) का गोश्तो पोस्त (माँस और चमड़ी) गिर पड़े।
- क़ब्रिस्तान में उम्दा खाना खाना या पानी पीना कबीरा (बड़ा) गुनाह है जो उम्दा खाये वो मलऊन और मुनाफ़िक़ है क्योंकि गोरिस्तान इबरत का मक़ाम है न कि हिर्स व हवा का।
- इससे बढ़ कर कोई कबीरा (बड़ा) गुनाह नहीं कि मुसलमान भाई को बग़ैर सबब (कारण) तकलीफ़ (कष्ट) दी जाये।
- यह भी कबीरा गुनाह है कि जब अल्लाह तआला का नाम सुने या कलामुल्लाह (कुरआन) सुने तो उसका दिल नर्म न हो। और हैबते इलाही (ईश्वर का डर) से उसका ऐतेक़ाद ईमान में ज्यादा न हो। पस अगर अयाज़न बिल्लाह ज़िक्रे इलाही, कुरआन मजीद सुनते वक़्त सुनने वालों का दिल नर्म न हो या उनका ऐतेक़ाद ईमान में ज़्यादा न हो बल्कि हँसी और खेलकूद में मशग़ूल हो तो गुनाहे कबीरा (महापाप) है।
- हक़ीक़त में मोमिन वो लोग हैं कि जब अल्लाह तआला का नाम सुनते हैं तो उनका ऐतेक़ाद ईमान में ज़्यादा हो जाता है। जिस वक़्त ज़िक्रे इलाही सुनते हैं या कलामे इलाही उस वक़्त जो हँसते हैं वो ज़रूर बिल ज़रूर मुनाफ़िक़ हैं।

- एक मरतबा रसूलुल्लाह सल्लल्लाहु अलैहि वसल्लम ने कुछ आदमियों को देखा ज़िक्रे ख़ुदा करते हैं मगर हँसी और खेलकूद में मसरूफ़ हैं और ज़िक्र से उनके दिल नर्म नहीं होते। आँहज़रत सल्लल्लाहु अलैहि वसल्लम ने खड़े होकर फ़रमाया ये मुनाफ़िक़ों का तीसरा गिरोह है जिसका दिल कलामे इलाही सुनते वक़्त नर्म नहीं होता।

(दलीलुलआरिफ़ीन, मजलिस नं. 4)

- पांच चीज़ों को देखना इबादत में दाख़िल है बाद अज़आं ज़बाने मुबारक से फ़रमाया कि उन पांचों में से पहली यह है कि अपने वालदेन(माता–पिता) के चेहरे को देखा जाये इस वास्ते कि हदीस में है कि जो फ़रज़न्द दोस्ती–ए–ख़ुदा से अपने वालदेन का चेहरा देखता है उसके नामा–ए–आमाल में हज का सवाब (पुण्य) लिखा जाता है।
- जो शख़्स कलामुल्लाह शरीफ (कुरआन) की तरफ़ देखता है या पढ़ता है तो अल्लाह तआला फ़रमाता है कि उसे दो सवाब दो। एक कुरआन शरीफ़ पढ़ने का दूसरा कुरआन शरीफ़ देखने का और हर हर्फ़ (अक्षर) के बदले दस नेकियां अता होती हैं और दस बदियां मिटाई जाती हैं।
- जो शख़्स कुरआन शरीफ़ को देखता है अल्लाह तआला के फज़लो करम से उसकी बीनाई (आँख की रोशनी) ज़्यादा हो जाती है और उसकी आँख कभी नहीं दुखती और न ख़ुश्क होती है।
- तीसरा मरतबा यह है कि अगर कोई शख़्स उलमा (ज्ञानियों) की तरफ़ देखे तो अल्लाह तआला एक फ़रिश्ता पैदा करता है जो क़यामत तक उसके लिये बख़्शिश माँगता रहता है।
- बादअज़आं (इसके बाद) फ़रमाया कि जिस दिल में उलमा (ज्ञानियों) और मशाइख़ (नेकी का पाठ पढ़ाने वालों) की मोहब्बत हो हज़ार साल की इबादत उसके नामा–ए–आमाल में लिखी जाती है अगर वो इसी असना (अवधि) में मर जाये तो उसे उलमा का दर्जा मिलता है और उस मक़ाम का नाम इल्लिय्यीन (एक स्थान जहाँ अच्छी रूहों को रखा जाता है) होता है।
- जो शख़्स उलमा से आमद–व–रफ़्त (आना जाना, मिलना जुलना) रखे और सात दिन उनकी ख़िदमत करे अल्लाह तआला उसके सारे

गुनाह बख़्श देता है और सात हज़ार साल की नेकी उसके नामा–ए–आमाल में लिखता है ऐसी नेकी कि दिन को रोज़ा रखे और रात को खड़े होकर गुज़ार दे।

- पहले ज़माने में एक आदमी था जो उलमा और मशाइख़ को देखकर अज़ रूऐ हसद (ईर्ष्या से) मुंह फेर लेता जब वह मर गया तो लोगों ने उस का रूख़ (चेहरा) क़िब्ले की तरफ़ करना चाहा लेकिन न हुआ। ग़ैब से आवाज़ आई इस को क्यों तकलीफ़ देते हो? इसने दुनिया में उलमा और मशाइख़ से रूगर्दानी (मुँह फैरना) की है इसलिये हम अपनी रहमत से इसका मुंह फेर देते हैं और क़यामत के दिन रीछ की सूरत में उसका हश्र (अन्जाम) करेंगे।
- चौथा मरतबा ख़ाना–ए–काबा का देखना है, जो शख़्स ख़ाना–ए–काबा की ज़ियारत करेगा वह इबादत में दाख़िल होगा उसकी ज़ियारत (दर्शन) से हज़ार साल की इबादत और हज का सवाब उसके नामा–ए–आमाल में लिखा जायेगा और औलिया का दर्जा उसे नसीब होगा।
- पांचवा दर्जा अपने पीर (गुरू) को देखना और उसकी ख़िदमत (सेवा) करना है।
- मुरीद (शिष्य) को लाज़िम है कि जो कुछ पीर की ज़बान से सुने उस पर बड़ी कोशिश से अमल करे और पीर की ख़िदमत बजा लाए और हाज़िरे ख़िदमत रहे अगर मुतवातिर (लगातार) ख़िदमत बजा न ला सके तो कम अज़ कम इस बात की ज़रूर कोशिश करे।

(दलीलुलआरिफ़ीन, मजलिस नं. 5)

- दरवेश में ऐसी कुव्वते बातिनी (आन्तरिक शक्ति) होनी चाहिये कि अगर सुनने वाला हिकायत–ए–औलिया (वलियों के क़िस्सों) में शक करे तो उसे वो दिखावें और करामात की कुव्वत से उसे क़ायल करें।
- आजिज़ों की फ़रयादरसी और हाजत मंदों की हाजत रवाई और भूखों को खाना खिलाना इन से बढ़ कर कोई नेक काम नहीं है।

(दलीलुलआरिफ़ीन, मजलिस नं. 6)

- सूरह–ए–फ़ातिहा तमाम दर्दों और बीमारियों के लिये शिफ़ा (**उपचार**) है।

(दलीलुलआरिफ़ीन, मजलिस नं. 7)

- एहले सुलूक (ईश्वर में तल्लीन) के मज़हब (फ़र्ज़) में किसी पर तअज्जुब (आश्चर्य) करना भी एक गुनाह (पाप) है फिर फ़रमाया कि गुनाह से भी बदतर क्योंकि गुनाह से एक मरतबा तौबा की जाती है और ताअत से हज़ार मरतबा यानी खुदपसन्दी बड़ा सख़्त गुनाह है।
- मुहब्बत–ए–हक़ (ईश्वर प्रेम) में आरिफ़ का कमाल दर्जा यह है कि पहले ख़ुद दिली नूर दिखाए और फिर अगर कोई शख़्स उसके पास दावा करके आये तो उसे बज़ोरे करामत क़ायल करे।
- अगर तुम से हो सके तो पहले बक़ा हासिल करो अगर नहीं कर सकते तो सलाहिय्यत और ज़ुहद तो एक हवा की तरह है जो तुम पर चलती है।
- फिर इसी बारे में फ़रमाया कि गुनाह तुम्हें इतना नुक़सान नहीं पहुँचा सकता जितना मुसलमान भाई को खुवार (अपमानित) करना और उसकी बेइज़्ज़ती करना।
- मैंने अपने पीर शेख़ उस्मान हारूनी की ज़बानी सुना है कि अगर किसी शख़्स में तीन ख़सलतें पाई जायें तो समझ लो कि अल्लाह तआला उसे दोस्त रखता है सख़ावत (दानशीलता) और शफ़क़त (प्रेम, स्नेह) और तवाज़ो (ख़ातिरदारी)। सख़ावत दरिया की सी, शफ़क़त आफ़ताब की सी और तवाज़ो ज़मीन की सी।

(दलीलुलआरिफ़ीन, मजलिस नं. 9)

- सोहबत का असर ज़रूर होता है अगर कोई बुरा शख़्स नेकों की सोहबत इख़्तियार करे तो उम्मीद है कि वह नेक हो जायेगा और अगर नेक शख़्स बदों की सोहबत मे बैठे तो बद हो जायेगा क्योंकि जिस किसी ने कुछ हासिल किया सोहबत से हासिल किया और जो नैअमत हासिल हुई वह नेकियों से हासिल हुईं।
- जिस आरिफ़ में तक़वा है वह गदागरी (भीख माँगना) करके महज़ हराम खाता है।
- जहान में सबसे अज़ीज़ तीन चीज़ें हैं अव्वल आलिम जो इल्म से बात कहे दूसरा ग़ैर तमअ शख़्स, तीसरा वह आरिफ़ जो हमेशा दोस्त की सिफ़त करे।

- तसव्वुफ़ रसूम है न कि उलूम और यह एहले मुहब्बत के अनफ़ास (साँसों) में होती है।
- जब अल्लाह तआला किसी बन्दे को अपना दोस्त बनाना चाहता है तो अपनी मुहब्बत उस पर ग़ालिब करता है।
- दरवेशी इस बात का नाम है कि जो आये उसे महरूम (वंचित) न किया जाये अगर भूखा है तो खाना खिलाया जाये अगर नंगा है तो नफ़ीस कपड़ा पहनाया जाये बहरहाल उसे ख़ाली नहीं जाने देना चाहिये। उसका हाल पूछ कर दिल जूई (दिली तमन्ना पूरी करना) ज़रूर करनी चाहिये।
- आरिफ़ों की ख़सलत (स्वभाव) मुहब्बत में इख़्लास (शुद्धता, पवित्रता) करना है।
- अल्लाह तआला की दोस्ती इस बात से पैदा होती है कि जिन चीज़ों को अल्लाह तआला दुश्मन जानता है उनसे दुश्मनी की जाये।

(दलीलुलआरिफ़ीन, मजलिस नं. 10)

- सबसे पहली चीज़ जो इन्सानों पर फ़र्ज़ (अनिवार्य) हुई वह मअरेफ़त थी, जिनों और इन्सानों को इबादत के लिये पैदा किया है।
- आशिक़ों का दिल सिर्फ़ हक़ तआला की बात सुनता है।
- जब साहिबे मुहब्बत मर जाता है तो उसे जल्दी बख़्श दिया जाता है।
- जो शख़्स अल्लाह तआला के दोस्तों की मुलाज़ेमत करता है वह ज़रूर वासिल बन जाता है।
- एहले मुहब्बत का न नाम होता है न जवाब न रस्म।
- सबसे उम्दा वक़्त वह है जब कि दिल में कोई वसवसा और ख़याल न हो।
- आदमी की अस्ल पानी और ख़ाक से है। जिस पर पानी ग़ालिब है। अगर वह लुत्फ़ व रियाज़त से जमाल के देखने में ख़ुदपसन्दी से काम ले तो वो मक़सूद हासिल नहीं कर सकता। और जिस पर ख़ाक ग़ालिब हो तो सख़्ती के वक़्त नेक पाया जाता है ताकि किसी काम के लायक़ हो जाये।

- जब अल्लाह तआला ने बादल पैदा करना चाहा कि हर क़िस्म का रंग हो और हर क़िस्म का मज़ा जब रंगो को मिलाया तो उससे पानी का रंग बना और जब सब मज़ों को मिलाया तो पानी का सा ज़ायक़ा हो गया। इसके पीने से ज़िन्दगी तो पाते हैं लेकिन उसकी लज़्ज़त की ख़बर नहीं हर एक चीज़ पानी के सबब ज़िन्दा है।
- एक दरवेश ने जो हाज़िरे ख़िदमत था पूछा कि मजनूँ कौन था? फ़रमाया वह जो आग़ाज़े इश्क़ में नाचीज़ हो जाये और दूसरे और तीसरे दर्जे मे गुम हो जाये, बक़ा बक़ाए हक़ है और फ़ना, फ़नाए नफ़्स।
- पूछा तजरीद क्या है? फ़रमाया सिफ़ाते मेहबूब का ज़हन नशीं करना जो मुझ से मुहब्बत करता है मैं उसके लिये कान और आँख बन जाता हूं।
- एहले मुहब्बत की तौबा तीन क़िस्म की होती है अव्वल नदामत, दोवम गुनाहों का छोड़ देना, सोवम अपने तईं ज़ुल्म व झगड़े से पाक रखना।
- तौबातुन्नसूह में तीन बातें हैं – अव्वल कम खाना रोज़े के लिये, दूसरे कम सोना ताअत के लिये, तीसरे कम बोलना दुआ के लिये। पहले से ख़ौफ़, दूसरे और तीसरे से मुहब्बत पैदा होती है पस ख़ौफ़ के ज़िम्न में गुनाह की तर्क है ताकि आग से निजात हासिल हो। और रज़ा के ज़िम्न में ताअत करना है ताकि बहिश्त में मक़ाम हासिल कर सके और अबदी ज़िन्दगी हासिल कर सके। और मुहब्बत के ज़िम्न में फ़िक्रों का इज्तेहाद करना है ताकि रज़ाए हक़ हासिल हो। फ़रमाया मुहब्बत में आरिफ़ वह है जो ज़िक्र के सिवा किसी को दोस्त न रखे।

(दलीलुलआरिफ़ीन, मजलिस नं. 11)

- मौत एक पुल है जो दोस्त की दोस्त से मुलाक़ात कराता है।
- आरिफ़ आफ़ताब की तरह होता है जो सारे जहान को रोशनी बख़्शता है जिसकी रोशनी से कोई चीज़ ख़ाली नहीं रहती।
- चार चीज़ें निहायत नफ़ीस गौहर हैं अव्वल वह दुरवेश जो अपने तईं दौलतमंद ज़ाहिर करे। दूसरे भूखा जो अपने तईं पेट भरा ज़ाहिर करे तीसरे ग़मनाक जो अपने तईं ख़ुशी ज़ाहिर करे चौथे जिससे दुश्मनी हो उसे दोस्त दिखाई दे।

(दलीलुलआरिफ़ीन, मजलिस नं. 12)

❖❖❖

अध्याय-9

अजमेर एवं दरगाह शरीफ़ के दर्शनीय स्थल

अनासागर, बारहदरी व दौलत बाग़–

अजमेर के प्राकृतिक सौन्दर्य को बढ़ाने वाली यह झील दो पहाड़ियों के बीच में स्थित है। यह झील 1135 ई. में बीसलदेव के छोटे भाई अनादेव ने बनवाई। शहंशाह जहांगीर ने इस झील की ख़ूबसूरती में इज़ाफ़ा करने के लिए एक शाही बाग़ लगवाया जिसे दौलत बाग़ के नाम से जाना जाता है। इसी तरह शाहजहाँ ने 1627 ई. में संगमरमर की पांच बारह दरियां तामीर कराईं तथा 1240 फ़ीट लम्बा कटहरा बनवाकर इसे निहायत आकर्षक बना दिया। यह झील पर्यटकों एवं श्रद्धालुओं के लिए आकर्षण का केन्द्र है।

पुष्कर का ब्रहमा मंदिर व झील –

दरगाह से लगभग पन्द्रह किलोमीटर की दूरी पर हिन्दुओं का धार्मिक श्रद्धा का केन्द्र पुष्कर है। हिन्दुओं के बड़े तीर्थस्थल के रूप में विश्वविख्यात ब्रह्मा का मंदिर यहीं पर है। कार्तिक की पूर्णिमा में यहाँ बहुत बड़ा मेला लगता है। यहाँ पर राजस्थान का सबसे बड़ा पशु मेला भी लगता है। अजमेर से पुष्कर तक का

रास्ता पहाड़ियों में से घूम कर जाता है जो बड़ा मनोरम है, लाखों की तादाद में यहाँ श्रद्धालु आते हैं और इस प्राकृतिक एवं धार्मिक आकर्षण केन्द्र के दर्शन करते हैं।

तारागढ़ –

दरगाह से लगभग तीन किलोमीटर की दूरी पर 2855 फ़ीट ऊँची पहाड़ी पर राजा अजयदेव ने तारागढ़ नामक किला बनवाया था। इस पहाड़ी से अजमेर शहर का मनोहारी दृश्य भलीभाँति देखा जा सकता है। इस क़िले में 9 दरवाज़े, पाँच कुण्ड और झालरा बना हुआ है। हिन्दुस्तान में मुस्लिम हुकूमत क़ायम होने से पूर्व और ख़्वाजा ग़रीब नवाज़ की अजमेर आमद से पूर्व अजमेर इसी के इर्द गिर्द आबाद था। पृथ्वीराज की पराजय के बाद उसके पुत्र गोविन्द राय को यहाँ का राजा बना दिया गया था किन्तु पृथ्वीराज के भाई ने उसे हटाकर पुनः अजमेर पर क़ब्ज़ा कर लिया वहाँ के मुस्लिम गवर्नर मीर सैयद हुसैन मुश्हदी (ख़िन्ग सवार) ने प्रतिरोध किया किन्तु लड़ते हुए शहीद हो गये। मीर

सैयद हुसैन (ख़िन्ग सवार) की दरगाह भी वहाँ बनी हुई है, लोग ज़ियारत को जाते हैं। तारागढ़ की कई इमारतों की मरम्मत शाहजहां के हुक्म से उसके सिपहसालार बिट्ठलदास राजपूत ने कराई थी।

चश्मा ए नूर –

तारागढ़ के पश्चिम में एक ख़ूबसूरत घाटी है जिसे जहाँगीर ने अपने नाम नूरूद्दीन की निस्बत से चश्मा ए नूर के नाम से विकसित किया। कहा जाता है कि यहां का पानी बहुत मीठा है।

अकबरी महल –

रेलवे स्टेशन अजमेर के पास अकबर के हुक्म से एक महल 1570 ई. में तामीर कराया गया। इस महल में अब अजमेर संग्रहालय क़ायम कर दिया गया है। अकबरी महल में पत्थरों की सुन्दर खुदाई के नमूने तथा मुग़लों एवं राजपूतों के हथियारों आदि के नमूने रखे हुए हैं।

अकबरी मस्जिद –

अकबर बादशाह ने शेख़ सलीम चिश्ती के निर्देश पर ख़्वाजा मुईनुद्दीन चिश्ती के मज़ार पर हाज़िरी दी और पुत्र रत्न प्राप्ति की मुराद मानी। जब जहाँगीर का जन्म हुआ तो उसके छः माह पश्चात् अकबर ने अजमेर आकर दरगाह में हाज़िरी दी तथा दरगाह के अहाते में एक मस्जिद तामीर करने का आदेश दिया। यह मस्जिद 140 स्क्वायर फ़ीट की है। यह सतह ज़मीन से 15 फ़ीट की ऊंचाई पर बनवाई गई। इस मस्जिद की मेहराब 56 फ़ीट ऊंची है। लाल पत्थर से बनी

हुई यह मस्जिद 1570 ई. में तामीर हुई। इसमें एक मदरसा भी क़ायम है जहाँ धार्मिक शिक्षा दी जाती है।

जामा मस्जिद शाहजहानी –

संगमरमर की बनी हुई निहायत ख़ूबसूरत एवं आकर्षक यह मस्जिद शाहजहां ने 1638 ई. में तामीर कराई थी। यह मस्जिद 14 साल में बनकर तैयार हुई। इसकी लम्बाई 97 गज़ एवं चौड़ाई 37 गज़ है। इसकी तामीर पर लगभग दो लाख चालीस हज़ार रूपये ख़र्च हुए थे। जुम्मे और ईद की नमाज़ें भी इस मस्जिद में अदा की जाती हैं। सफ़ेद संगमरमर पर बेलबूटों की ख़ूबसूरत कटाई के स्तम्भों पर खड़ी

यह इमारत शाहजहां की ओर से ग़रीब नवाज़ की बारगाह में नज़राना ए अक़ीदत की अनूठी मिसाल है।

मस्जिद सन्दल खाना –

यह मस्जिद ग़रीब नवाज़ की क़ब्र के सिरहाने पर स्थित है। इस मस्जिद की तामीर 1484 ई. में सुल्तान महमूद ख़िल्जी (मालवा का सुल्तान) ने कराई। एक रिवायत यह भी है कि इसकी तामीर सुल्तान इल्तुतमिश ने करवाई थी। जहाँगीर ने इसमें चार दरवाज़े बनवाए और औरंगज़ेब ने इसका जीर्णोद्धार कराया, इस तरह कई बादशाहों की अक़ीदतें इससे जुड़ी हुई हैं। ख़्वाजा साहब के मज़ार से उतरे हुए फूल इसमें रखे जाते हैं इसलिए इसे मस्जिद फूल ख़ाना भी कहा जाता है। चूंकि इस मस्जिद में ख़्वाजा साहब के मज़ार के लिए सन्दल (चन्दन) घिसा जाता है इसलिये इसे सन्दली मस्जिद और मस्जिद सन्दल ख़ाना भी कहा जाता है।

औलिया मस्जिद –

दरगाह के अहाते में यह मस्जिद क़लन्दरी (बग़ैर

छत की) थी। कहा जाता है कि ख़्वाजा साहब इस मक़ाम पर नमाज़ अदा करते थे। ख़्वाजा साहब के साथ साथ इस मक़ाम पर कई औलिया ने नमाज़ें पढ़ी हैं इसलिये इसे औलिया मस्जिद कहा जाता है।

नक़्क़ार ख़ाना शाहजहांनी –

शाहजहां ने 1637 –38 ई. में लाल पत्थर से बनवाया था। यहाँ नक़्क़ारे रखे हुए हैं। दिन में पाँच वक़्त और चाँद रात की शाम यहाँ नौबत बजाई जाती है। सिलसिला ए चिश्तिया में समाअ का प्रचलन रहा है। शायद इसी भावना के तहत रूहानी ग़िज़ा के तौर पर यह नक़्क़ार ख़ाना तामीर कराया गया होगा।

बुलन्द दरवाज़ा –

इस दरवाज़े का निर्माण सुल्तान अलाउद्दीन ख़िल्जी ने 700 हि. 1300 ई. में करवाया था। एक रिवायत यह है कि इसे सुल्तान महमूद ख़िल्जी ने बनवाया। इस दरवाजे की ऊँचाई 85 फ़ीट है। दरवाज़े की बुर्जियों पर ढाई फ़ीट ऊँचे सुनहरे ताज लगे हुए हैं। अन्दर के फ़र्श पर संगमरमर लगा हुआ है। चूंकि यह दरगाह की दीगर इमारतों से ऊँचा है इसलिये इसे बुलन्द दरवाज़ा कहा जाता है।

निज़ाम दरवाज़ा या उस्मानी दरवाज़ा –

यह दरवाज़ा हैदराबाद के निज़ाम सर उस्मान अली खां के हुक्म से 1912ई. में उनकी दरगाह हाज़िरी से शुरू होकर 1915 ई. में तकमील को पहुँचा। इसकी ऊँचाई लगभग 70 फ़ीट है और चौड़ाई 16 फ़ीट है। इस दरवाज़े पर पांच बार रोज़ाना नौबत बजाई जाती है।

कलमा दरवाज़ा –

यह दरवाज़ा 1047 हि/1637 ई. में शाहजहां के हुक्म से तामीर कराया गया। इस दरवाज़े की मेहराब पर कलमा (ला इलाहा इल्लल्लाहु मुहम्मदुर्रसूलुल्लाह) लिखा हुआ है। इस लिए इसे कलमा दरवाज़ा/शाहजहानी दरवाज़ा कहा जाता है।

महफ़िल ख़ाना –

दरगाह अहाते में 46 फ़ीट वर्गाकार इमारत है। यहाँ महफ़िले समाअ (क़व्वाली) आयोजित होती है। इसमें ख़ूबसूरत झाड़ फ़ानूस लगे हुए हैं। उर्स के अवसर पर यहाँ देश–विदेश के बड़े बड़े क़व्वाल अपने फ़न का प्रदर्शन करते हैं। यह इमारत हैदराबाद नवाब बशीरुद्दौला ने 80 वर्ष की अवस्था में पुत्र रत्न प्राप्ति की मन्नत पूरी होने की ख़ुशी (मुईनुद्दौला के जन्म) में तामीर कराई थी। 1306 हि./1888 ई. से 1309 हि./1891 ई. तक इसका निर्माण कार्य चला।

सहने चिराग़ –

यह बुलन्द दरवाज़े के सामने आँगन में बना हुआ है। इसे मुग़ल बादशाह अकबर ने अतिये (भेंट) में दिया था। उस समय दरगाह में इससे रोशनी का इन्तिज़ाम होता था। यह गोल छतरी की तरह बना है। यहाँ पर वुज़ू करने के लिए हौज़ है और पीने के लिए पानी के मटके हर वक़्त भरे रहते हैं।

बड़ी देग –

बुलन्द दरवाज़े के पश्चिमी हिस्से में एक बहुत बड़ी देग (बर्तन) रखी हुई है। इसमें एक सौ बीस मन चावल पकाए जा सकते हैं। जिसमें नारियल, किशमिश, छुहारे और घी आदि में चावल बनाए जाते हैं और पका हुआ तबर्रूक (प्रसाद) ग़रीबों एवं श्रद्धालुओं में वितरित किया जाता है।

अकबर बादशाह ने चित्तौड़ विजयोपरान्त (1567 ई.) पैदल यात्रा करके ख़्वाजा साहब की दरगाह पर हाज़िरी दी और यह देग बनवाई थी। इसकी परिधि 36 फ़ीट 10 इंच है और व्यास 12 फ़ीट 6 इंच है।

छोटी देग –

बुलन्द दरवाज़े के पूर्वी भाग में रखी हुई यह देग बादशाह जहाँगीर ने 1613 ई. में अतिये में दी थी। इसमें 80 मन चावल पकते हैं। इसकी परिधि 22 फ़ीट 6 इंच तथा व्यास 8 फ़ीट 2 इंच है।

लंगर ख़ाना –

दरगाह के उत्तरी भाग में एक दालान बना हुआ है जहाँ रोज़ाना खाना बनाकर बतौर लंगर वितरित किया जाता है। ख़्वाजा साहब के समय से ग़रीबों, मुसाफ़िरों एवं ज़रूरतमंदों को यहाँ से रोज़ाना खाना वितरित

होता है। कहा जाता है कि लंगर ख़ाने की इमारत अकबर ने बनवायी थी।

जन्नती दरवाजा –

आमतौर पर यह दरवाज़ा बन्द रहता है जो जामा मस्जिद के बिल्कुल सामने स्थित है। सिर्फ़ ख़्वाजा साहब के उर्स के अवसर पर रजब की एक से छः तारीख़ तक खोला जाता है और फिर मुहर्रम की दस तारीख़ को खोला जाता है। इसी तरह 6 शव्वाल को ख़्वाजा उस्मान हारूनी के उर्स पर तथा ईद एवं बक़रईद के अवसर पर खोला जाता है। जन्नती या बहिश्ती दरवाज़े के बारे में यह मान्यता आम है कि जो व्यक्ति इस दरवाज़े में से होकर सात मरतबा गुज़र जाएगा वह स्वर्ग में जाएगा।

ग़रीब नवाज़ की बीवियों के मज़ारात –

मस्जिद सन्दल ख़ाना के उत्तर में एक अहाता है जिसमें चमेली की बेलें लगी हुई हैं। कहा जाता है कि यहाँ ख़्वाजा साहब की दोनों बीवियों (बीबी अमतुल्लाह और बीबी इस्मतुल्लाह) की क़ब्रें हैं।

हुजरा बाबा फ़रीद –

मस्जिद सन्दल ख़ाना के नीचे बाबा फ़रीद का हुजरा है। हुजरे में तहख़ाने बने हुए हैं। यहीं से ख़्वाजा साहब के वास्तविक कच्चे मज़ार का रास्ता है। हुजरे

के दरवाज़े पर ताला रहता है जो मुहर्रम माह की पांच व छः तारीख़ को खोला जाता है।

इस स्थान पर बाबा फ़रीद गंज शक्कर (जिनका मज़ार पाक पट्टन में है) ने चालीस दिन की ध्यानमग्न मुद्रा में इबादत की थी।

दरगाह की तामीर –

1192 ई. में ख़्वाजा साहब यहाँ तशरीफ़ लाए। इससे पूर्व कुछ माह अनासागर के निकट पहाड़ी पर रहे जहाँ चिल्ला ग़रीब नवाज़ है।

ख़्वाजा साहब के देहान्त के उपरान्त उनके मज़ार की तामीर और देखभाल में उनके अक़ीदतमन्दों ने भूमिका निभाई जो इस ग़ैर आबाद जगह में जहाँ घना जंगल था और जंगली जानवरों का बसेरा बना हुआ था। उस समय भी लोगों ने देखा कि जंगली दरिन्दे ख़्वाजा साहब के मज़ार पर अक़ीदत मन्दाना अन्दाज़ से आते हैं। मालवा सुल्तान महमूद ख़िल्जी के दौरे हुकूमत में एक बुज़ुर्ग ख़्वाजा हुसैन नागौरी हुए हैं। जो इस मज़ार की ख़िदमत किया करते थे। 938 हि./1531 ई. में महमूद ख़िल्जी ख़्वाजा साहब के मज़ार पर हाज़िरी के लिए आया तो उसने ख़्वाजा हुसैन नागौरी की देखरेख में गुम्बद

के निर्माण का कार्य शुरू किया और एक साल तक निर्माण कार्य जारी रहा। गुम्बद पर नक़्क़ाशी सुल्तान मुहम्मद नासिरूद्दीन के ज़माने में हुई तथा ख़्वाजा साहब के मज़ार को पुख़्ता किया गया। मज़ार का दरवाज़ा राजा माण्डू ने बनवाया। ख़्वाजा हुसैन नागौरी ग़रीब नवाज़ के ख़लीफ़ा सूफ़ी हमीदुद्दीन फारूक़ी नागौरी (सुवाली) की औलाद में से थे। इसके बाद तो ख़्वाजा साहब की दरगाह पर बड़े–बड़े बादशाह, अमीर, राजा, महाराजा, नवाब, रईस आदि आते रहे और विभिन्न अवसरों पर नज़राना–ए– अक़ीदत के तौर पर इमारतें तामीर कराते गऐ।

दरगाह के अहाते में ऐसी कई इमारतें एवं वस्तुएँ हैं जो ऐतिहासिक, सांस्कृतिक एवं धार्मिक महत्त्व की हैं।

रोज़ा ए ख़्वाजा –

ख़्वाजा हुसैन नागौरी की देखरेख में ग़रीब नवाज़ के मज़ार पर गुम्बद बना और रोज़े (मज़ार) की इमारत बनकर तैयार हुई।

1025 हि. 1616 ई. में शहंशाह जहाँगीर निहायत अक़ीदत के साथ ग़रीब नवाज़ के दरबार में हाज़िरी के लिए आया। ख़्वाजा की क़ब्र के गिर्द एक जालीदार सोने का कटहरा बनवाकर पेश किया। तुज़ुके जहाँगीरी के अनुसार यह मुहज्जर (कटहरा) एक लाख दस हज़ार रूपये की लागत से तैयार हुआ। यह कटहरा अब मौजूद नहीं है। आजकल चांदी का दूसरा कटहरा लगा हुआ है जो शहज़ादी जहां आरा की ओर से भेंट किया गया था। इस अहाते से थोड़ी दूरी पर दूसरा अहाता है जिसे जयपुर महाराजा अजय सिंह ने तामीर कराया था।

ख़्वाजा साहब के गुम्बद वाली इमारत के दो दरवाज़े हैं। जिनमें से एक दरवाज़े में वो किवाड़ लगे हुए हैं जो शहंशाह अकबर चित्तौड़ से लाया था।

गुम्बद वाली इमारत से जुड़े हुए दो हुजरे हैं। दक्षिणी दीवार से जुड़े हुजरे में ख़्वाजा साहब की बेटी बीबी हाफ़िज जमाल की क़ब्र है और वहीं दो और छोटी–छोटी क़ब्रें हैं जो बीबी हाफ़िज़ जमाल के दो पुत्रों (ख़्वाजा साहब के नवासों) की हैं। जिनका कम उम्र में ही देहान्त हो गया था।

दूसरे हुजरे में मुग़ल बादशाह शाहजहां की बेटी मेहरून्निसा बैगम की क़ब्र है। शहज़ादी की वसीयत के मुताबिक़ ख़्वाजा साहब के अहाते में दफ़नाया गया।

ख़्वाजा साहब के मज़ार के गुम्बद का ताजनुमा कलश सोने का है जो रामपुर के नवाब कल्बे अली ख़ां ने तीन मन सोने से तैयार कराके भेंट किया था।

हौज़े शाही –

जामा मस्जिद शाहजहानी के पास ही हौज़ बना हुआ है जिसमें फ़व्वारा भी मौजूद है और यहाँ पत्थरों से निर्मित एक बारहदरी भी बनी हुई है।

यह बारह दरी अंग्रेज़ मलिका मेरी (Queen Emperess) ने अपने ख़र्च से 22 दिस. 1911 ई. में तामीर कराई थी।

ख़ानक़ाह –

ख़्वाजा मुईनुद्दीन चिश्ती के देहान्त के पश्चात जिस स्थान पर उन्हें गुस्ल दिया गया (नहलाया गया) उस जगह को 1569 ई. में ख़ानक़ाह का रूप दिया गया। वर्तमान में यहाँ एक अनाथाश्रम क़ायम कर दिया गया है।

बैगमी दालान –

ख़्वाजा साहब के मज़ार की गुम्बद वाली इमारत के पूर्वी दरवाज़े के आगे एक दालान है जिसके छत और खम्बे संगमरमर के हैं। इसका फ़र्श भी निहायत ख़ूबसूरत सुनहरी और सफ़ेद संगमरमर से निर्मित है। यह दालान 1643 ई. में शाहजहां की बेटीजहां आरा ने तामीर कराया था।

अर्काटी दालान –

ख़्वाजा साहब के मज़ार के बाईं तरफ पाँईती में एक दालान है जो अर्काटी दालान कहलाता है। यह दालान 1793 ई. में तैयार हुआ। यह अर्काट नवाब मुहम्मद अली ने श्रद्धालुओं के आराम के लिए बनवाया था।

झालरा दरवाजा –

दरगाह से झालरा (एक छोटा सा तालाब) की ओर खुलने वाला दरवाज़ा है। ग़रीब नवाज़ के सबसे छोटे साहबज़ादे ख़्वाजा ज़ियाउद्दीन अबू सईद

का मज़ार झालरा साया घाट पर है। ज़िल हिज 13 तारीख़ को उनका उर्स होता है।

दरवाज़ा चहार यार –

ख़्वाजा साहब की दरगाह में मौजूद शाहजहानी मस्जिद के पीछे एक पुराना क़ब्रिस्तान है। इसमें बड़े–बड़े बुजुर्गों के मज़ारात हैं। कहा जाता है इस क़ब्रिस्तान में ग़रीब नवाज़ के साथ आए चार बुजुगों के मज़ारात हैं इसलिये इसे चहार यार कहा जाने लगा। इस क़ब्रिस्तान में दरगाह से होकर जाने वाला दरवाज़ा 'दरवाज़ा चहार यार' कहलाता है।

सौलह खम्बा –

शाहजहाँ के दौरे हुकूमत में ख़्वाजा मुईनुद्दीन चिश्ती र.अ. की दरगाह की देखरेख करने वाले एक बुजुर्ग शेख़ अलाउद्दीन की क़ब्र पर बनी एक इमारत है जो सोलह खम्बों पर टिकी हुई है। इन बुजुर्ग को शाहजहाँ ने दरगाह का दीवान मुक़र्रर किया था। इस इमारत के चारों कोनों पर चार मीनार बने हुए हैं। यह इमारत औरंगज़ेब के शासनकाल में 1660ई. में बनकर तैयार हुई। ख़्वाजा साहब की दरगाह के बाहर दक्षिण की ओर बनी हुई संगमरमर की यह इमारत बड़ी ख़ूबसूरत और आकर्षक लगती है।

चिल्ला कुतुब साहब –

सदाबहार पहाड़ी के उत्तर पूर्वी भाग में ख़्वाजा साहब के ख़लीफ़ा कुतुबुद्दीन बख़्तियार काकी (जिनकी दरगाह मैहरोली दिल्ली में है) ने इस स्थान पर चालीस दिन की विशेष इबादत की थी।

ढाई दिन का झौंपड़ा (मस्जिद अल्तमश, जामिआ अल्तमश) –

कुतुबुद्दीन एबक ने इसे किसी पुरानी इमारत के अवशेषों पर तामीर कराया था। चूंकि हर वर्ष इस पर ढ़ाई दिन मेला लगता है इसलिए इसे ढ़ाई दिन का झौंपड़ा कहा जाता है। इस इमारत का बाहरी हिस्सा इल्तुतमिश ने तामीर कराया तथा दोनों कोनों पर मीनारें बनवाईं। दरवाज़ों पर मेहराब बने हुए हैं। लगभग 200 फ़ीट चौड़ी सात मेहराबें प्रारम्भिक मुस्लिम वास्तुकला का अनुपम उदाहरण हैं। ढाई दिन के झौंपड़े को जामिआ अल्तमश भी कहा जाता है लाल पत्थर की यह इमारत अजमेर के दर्शनीय स्थलों में से है।

मीठे नीम वाले बाबा की दरगाह –

तारागढ़ के रास्ते में एक दरगाह है जिसमें नीम का पेड़ है इसके पत्ते मीठे हैं। इसलिये इसे मीठे नीम वाले बाबा की दरगाह कहा जाता है।

चमत्कारी चट्टान –

तारागढ़ मार्ग पर एक बड़ी सफ़ेद चट्टान है जिस पर चाबुक और घोड़े के घुटनों के निशान हैं। कहा जाता है कि पृथ्वीराज चौहान के ज़माने में उसके हुक्म से जयपाल जादूगर ने ख़्वाजा साहब को नुक़सान पहुँचाने के लिए जादू से यह चट्टान उन पर फैंकी थी जिसे ख़्वाजा साहब ने अपनी रूहानी शक्ति से रोक दिया था।

चिल्ला ग़रीब नवाज़' –

अनासागर के नज़दीक एक छोटी सी पहाड़ी पर ख़्वाजा साहब और उनके साथी इस स्थान पर रुके थे और यहाँ पर ग़रीब नवाज़ ने चालीस दिन की ख़ास इबादत (चिल्ला) की थी।

दौलत बाग़ –

शहंशाह जहाँगीर ने अनासागर के नज़दीक एक ख़ूबसूरत बाग़ लगवाया जिसे दौलत बाग़ कहते हैं। आज कल इसे सुभाष उद्यान कहा जा रहा है।

चिल्ला बड़े पीर साहब –

अजमेर के एक पहाड़ की चोटी पर दरगाह के दक्षिणी ओर बड़े पीर साहब शेख़ अब्दुल क़ादिर जीलानी र.अ. (जिनका मज़ार बग़दाद इराक़ में है) का चिल्ला बनाया हुआ है जो हरे रंग की क़ब्र के रूप में नज़र आता है। इतिहास में कहीं भी शैख़ अब्दुल क़ादिर जीलानी (बड़े पीर साहब) के अजमेर में आने के प्रमाण नहीं मिलते। कहा जाता है कि बड़े पीर साहब के मज़ार की एक ईंट यहाँ दफ़न है।

एक दिन के शहंशाह का मज़ार –

जब हुमायूँ बादशाह शेरशाह सूरी से परास्त होकर जमना नदी में कूद गया था तब एक व्यक्ति ने अपनी मशक से उसकी जान बचाई थी। हुमायूँ जब दोबारा हिन्दुस्तान का बादशाह बना तो उसने उस व्यक्ति को उसकी इच्छानुसार एक दिन के लिए हिन्दुस्तान का बादशाह बनाया था। कहा जाता है कि उसने चमड़े के सिक्के चलाऐ थे। दरगाह के अहाते में इस एक दिन के शहंशाह निज़ाम सक़्क़ा का मज़ार भी दर्शनीय है।

❖❖❖

अध्याय–10

ख़्वाजा मुईनुद्दीन चिश्ती र.अ. की दरगाह का महत्त्व

ख़्वाजा मुईनुद्दीन चिश्ती की दरगाह के महत्त्व को हम विभिन्न पहलुओं से देख सकते हैं। यह दरगाह धार्मिक और आध्यात्मिक आकर्षण के केन्द्र के साथ साथ राजनीतिक, आर्थिक, सामाजिक, सांस्कृतिक एंव बौद्दिक महत्त्व भी रखती है। ख़्वाजा मुईनुद्दीन चिश्ती से मुहम्मद ग़ौरी , कुतुबुद्दीन एबक, इल्तुतमिश, रज़िया सुल्तान, तुग़लक़ सलातीन, सुल्तान महमूद ख़िल्जी (मालवा), अकबर, मानसिंह, जहाँगीर, शाहजहाँ, औरंगज़ेब, शहज़ादी जहाँआरा, दाराशिकोह, अमीर हबीबुल्लाह (अफ़गानिस्तान), नवाब हामिद अली ख़ाँ (रामपुर), मीर उस्मान अली ख़ाँ (हैदराबाद दक्कन), नवाब अमीर खाँ (टोंक), महाराज गोविन्द सिंह और बरतानवी हुक्काम की अक़ीदत मन्दी (श्रद्धा) ने इतिहास में तथा आज़ादी के बाद हिन्दुस्तान में गाँधी जी, राजगोपालाचार्य, डॉ. राजेन्द्र प्रसाद, पण्डित नेहरू, डॉ. एस. राधाकृष्णन , इन्दिरा गाँधी, राजीव गाँधी ,सोनिया गाँधी, राहुल गाँधी, अटल बिहारी वाजपेयी, लालकृष्ण आडवाणी, डॉ. अब्दुल कलाम, डॉ. ज़ाकिर हुसैन, डॉ.फ़ख़्रुद्दीन अली अहमद, डॉ. वी.वी. गिरि , नीलम संजीव रैड्डी, ज्ञानी ज़ेल सिंह, प्रतिभा पाटिल आदि शीर्ष नेताओं ने ख़्वाजा साहब के मज़ार पर हाज़िरी देकर ख़्वाजा से आशीर्वाद लिया। इसी प्रकार बांग्लादेश के ज़ियाउर्रहमान, शेख़ हसीना, पाकिस्तान के ज़ियाउलहक़, जनरल इरशाद, बेनज़ीर भुट्टो, आसिफ़ अली ज़रदारी, हिना रब्बानी खार आदि ने ख़्वाजा के दरबार में अक़ीदतमन्दाना सलाम पेश किया। देश के विभिन्न सूबों की राजनीतिक हस्तियाँ अपनी कामयाबी के लिए दरे ख़्वाजा पर हाज़िरी देती आई हैं।

इनमें से कुछ बादशाहों, सुल्तानों, राजा–महाराजाओं के फ़ोटो ग्राफ़्स यहाँ दिये जा रहे है –

सुल्तान मुहम्मद ग़ौरी

सुल्तान कुतुबुद्दीन ऐबक

सुल्तान इल्तुतमिश

रज़िया सुल्तान

सुल्तान अलाउद्दीन ख़िलजी

सुल्तान मुहम्मद बिन तुग़लक़

सुल्तान फ़ीरोज़ शाह तुग़लक़

शेरशाह सूरी

शहन्शाह अकबर

राजा मानसिंह

शहन्शाह जहाँगीर

शहन्शाह शाहजहाँ

शहन्शाह औरंगज़ेब

शहज़ादी जहाँआरा

शहज़ादा दारा शिकोह

शहज़ादा फ़रूर्ख़सियर

अमीर हबीबुल्लाह (अफ़ग़ानिस्तान)

नवाब हामिद अली खां (रामपुर)

मीर उस्मान अली ख़ाँ (हैदराबाद)

ख़्वाजा साहब से अक़ीदत रखने वाले टोंक रियासत के हुक्मरान

नवाब अमीर ख़ाँ, टोंक

नवाब वज़ीरुद्दौला

नवाब मुहम्मद अली ख़ाँ

नवाब इब्राहीम अली ख़ाँ

नवाब सआदत अली ख़ाँ

नवाब फ़ारूक़ अली ख़ाँ

नवाब इस्माईल अली ख़ाँ

महाराजा गोविन्द सिंह (देता)

राजा महाराव, बूँदी

महाराजा माधोसिंह,
जयपुर

ख़्वाजा साहब से अक़ीदत रखने वाली राजनीतिक हस्तियाँ

महात्मा गाँधी

सी. राजगोपालाचारी

डॉ. राजेन्द्र प्रसाद

पंडित जवाहर लाल नेहरू

डॉ. एस. राधाकृष्णन

इन्दिरा गाँधी

राजीव गाँधी

संजय गाँधी

सोनिया गाँधी

राहुल गांधी

अटल बिहारी वाजपेयी

लाल कृष्ण आडवाणी

डॉ. ज़ाकिर हुसैन

डॉ. फ़ख़रूद्दीन अली अहमद

वी.वी. गिरी

फील्ड मार्शल के.एम. करिप्पा

मौलाना अबुल कलाम आज़ाद

ख़ान अब्दुल गफ़्फ़ार ख़ाँ

नीलम संजीव रेड्डी

ज्ञानीज़ैल सिंह

डॉ. ऐ.पी.जे. अब्दुल कलाम

प्रतिभा पाटिल

वसुंधरा राजे सिंधिया

शेख़ मोहम्मद अब्दुल्लाह

डॉ0 फ़ारूक़ अब्दुल्लाह

उमर अब्दुल्लाह

अशोक गहलोत

शीला दीक्षित

कपिल सिब्बल

डॉ. चन्द्रभान,
सलमान ख़ुर्शीद

इल्मो अदब, तसव्वुफ़ और बौद्धिक क्षेत्र से ज़ुड़ी अज़ीम हस्तियों में बाबा फ़रीद, हज़रत शेख़ ज़ैनुद्दीन, हज़रत मख्दूम जहानियाँ जहाँगश्त, हज़रत सैयद अशरफ़ जहाँगीर समनानी, हज़रत क़ादिर वली शाह अलहमीद नागौरी, शेख़ हुसैन नागौरी, हज़रत मुजद्दिद अलिफ़सानी ,हज़रत अबुलउला, हज़रत शेख़ शरफुद्दीन बू अली शाह क़लन्दर, हज़रत शेख़ बदीउद्दीन उर्फ़ शाह मदार , हज़रत शेख़ सलीम चिश्ती , हज़रत हाजी वारिस अली शाह, हज़रत ख़्वाजा फ़ख़्रुद्दीन फ़ख़्रेजहां , शेख़ अब्दुल हक़ मुहद्दिस देहलवी , हज़रत शाह मूसा सुहाग के नाम तज़करों में मिलते है तथा मौजूदा दरगाहों के मुक़तदर सज्जादा नशीन हज़रात भी दरे ख़्वाजा पर अक़ीदत मन्दाना हाज़िर होते हैं। इन हज़रात ने ख़्वाजा साहब की वफ़ात पर ख़्वाजा के मज़ार की ज़ियारत की, खुसूसी इबादात, मुराक़ेबा और कश्फ़ व चिल्लाकशी आदि करके रूहानी फ़ैज हासिल किया। इन हस्तियों से जुड़े हुऐ लाखों मुरीदों , शागिर्दों और श्रद्धालुओं ने ख़्वाजा साहब के मज़ार और उनकी दरगाह को अपने लिए मुक़द्दस माना और लाखों की तादाद में ख़्वाजा साहब की ज़ियारत को आज तक हाज़िर होते हैं। औलिया अल्लाह की हस्तियों को छोड़कर अदब (साहित्य) की नामवर हस्तियाँ भी दर–ए–ख़्वाजा पर हाज़िरी देती रही हैं और अपने कलाम के ज़रीये उन्हें ख़िराजे अक़ीदत पेश करती रही हैं, उनमें से चन्द के फ़ोटोग्राफ़्स इस तरह हैं –

अमीर ख़ुसरो

संत कबीर दास

गुरु नानक देव

मीर तक़ी मीर

दाग़ देहलवी

अल्लामा इक़बाल

महाराजा सर किशन प्रसाद शाद

सरदार अब्दुर्रब नश्तर

हसरत मुहानी

मोहम्मद अली ''जौहर''

अख़्तर शीरानी

जोश मलीहाबादी

बिस्मिल सईदी

मख़मूर सईदी

विदेशी हस्तियाँ जिन्होंने दर–ए–ख़्वाजा पर हाज़िरी दी

प्रिंस अलेक्ज़ेण्डर प्रथम (रूस)

महाराजा विरेन्द्र विक्रम शाह (नेपाल)

ज़िया उर रहमान, बांग्लादेश

टिंकू अब्दुर्रहमान (बांग्लादेश)

शेख़ हसीना वाजिद, बांग्लादेश

जनरल ज़िया उल हक़ (पाक)

जनरल इरशाद, पाकिस्तान

बेनज़ीर भुट्टो, पाकिस्तान

जनरल परवेज़ मुशर्रफ़, पाकिस्तान

आसिफ़ अली ज़रदारी, पाकिस्तान

हिना रब्बानी खार, पाकिस्तान

बिलावल भुट्टो ज़रदारी (पाक)

दरगाह के सामाजिक महत्त्व को देखना हो तो किसी भी दिन अजमेर जाकर दरगाह में कुछ समय गुज़ारें। वहाँ समाज का हर तबक़ा, बग़ैर किसी छुआछूत, ऊंच–नीच, भेदभाव के, ख़्वाजा साहब के मज़ार की ज़ियारत को आता है। अपनी हैसियत और श्रद्धानुसार दरगाह में चढ़ावा, नज़राना पेश करता है। यह ख़्वाजा साहब के व्यक्तित्व का आकर्षण ही है कि उनकी दरगाह पर हिन्दू – मुस्लिम, सिक्ख, ईसाई एंव विभिन्न अन्य धर्मों व सम्प्रदायों के मानने वाले भी ज़ियारत के लिए आते हैं। ख़्वाजा साहब के अजमेर आगमन से उनकी वफ़ात (मृत्यु) तक तथा वफ़ात से आज तक यह दरगाह भारत में सांस्कृतिक समन्वय का सबसे बड़ा मरक़ज (केन्द्र) नज़र आएँगी। भाषाई आदान–प्रदान, संगीत की विभिन्न शैलियों एंव विधाओं के प्रचलन, सूफ़िज़्म का चिन्तन–मनन, नैतिकता का पाठ, साम्प्रदायिक सद्भाव आदि का व्यावहारिक पहलू इस दरगाह की हमारी संस्कृति को देन है।

इसी तरह आर्थिक दृष्टिकोण से देखें तो अजमेर की, राजस्थान की और भारत की अर्थव्यवस्था पर भी इसका प्रभाव है। अजमेर में रोज़ाना हज़ारों की तादात में तथा सालाना उर्स में लाखों की तादाद में पर्यटकों तथा ज़ायरीन के अजमेर तथा दरगाह में आने का सिलसिला जारी है। जिससे अजमेर और राजस्थान के साथ साथ देश की अर्थव्यस्था भी सुदृढ़ होती है।

देश विदेश के उद्योग पति, व्यापारी, खिलाड़ी, फ़िल्मी हस्तियाँ आदि ख़्वाजा के दरबार में आशीर्वाद् लेने आते हैं जिनकी खबरें समाचार पत्रों तथा टेलीविजन पर देखने को मिलती हैं। ऐसे फिल्म अदाकारों में अमिताभ बच्चन, शाहरूख़ ख़ान, संजय दत्त, गोविन्दा, अजय देवगन, नसीरूद्दीन शाह, करीना कपूर, प्रियंका चोपड़ा, दीपिका पादुकोण आदि, संगीतकारों में ए. आर.रहमान, हिमेश रेशमिया, सुखविन्दर सिंह आदि, हिन्दुस्तानी क्रिकेट खिलाड़ियों में अज़हरूद्दीन, युवराज सिंह, ज़हीर ख़ान, यूसुफ़ पठान, पाकिस्तानी क्रिकेट खिलाड़ियो में इमरान खान, वसीम अकरम, शुएब अख़्तर आदि के नाम लिए जा सकते हैं। अपने क्षेत्र की लोकप्रिय हस्तियों और उनके चाहने वालों का बड़ी संख्या में ख़्वाजा साहब की बारगाह में बार–बार आना, टहरना, मिन्नतों की पूर्ति पर चादर चढ़ाना और ख़्वाजा साहब से आशीर्वाद लेने का यह चलन क़यामत तक चलता रहेगा जिससे अजमेर का ही नहीं बल्कि राजस्थान और भारत का पर्यटन उद्योग फलता फूलता रहेगा। एक फ़कीर की क़ब्र सैकड़ों साल गुज़रने के बाद भी इस इलाक़े को अमीरी बख़्श रही है, यह ग़ौर –व–फ़िक्र का मक़ाम है। ख़्वाजा की क़ब्र पर फूल, चादर, शीरीनी, हल्वा आदि के चढ़ावे के सबब इन्हें उगाने, बनाने ओर बेचने का धन्धा हज़ारों को रोज़गार मुहैया कराता है। ज़ायरीन के अजमेर में ठहरने के कारण गेस्ट हाऊस, होटल, धर्मशालाएँ आदि भरी रहती हैं जिससे होटल उद्योग को बढ़ावा मिला। इस तरह हम देखते हैं कि प्रत्यक्ष और अप्रत्यक्ष रूप से अजमेर, राजस्थान और हिन्दुस्तान को इसका आर्थिक लाभ मिल रहा है।

ख़्वाजा के दरबार में फ़िल्मी हस्तियों व क्रिकेटरों की झलकियाँ

अमिताभ बच्चन

शाहरुख़ ख़ान

संजय दत्त

गोविन्दा

अजय देवगन

नसीरुद्दीन शाह

करीना कपूर

प्रियंका चौपड़ा

दीपिका पादुकोण

तब्बू

शिल्पा शेट्टी

अभिषेक बच्चन

सौहेल ख़ान

इमरान हाशमी

सलमान ख़ान

कैटरीना कैफ

तुषार कपूर

एकता कपूर

ए.आर. रहमान

हिमेश रेशमिया

सुखविन्दर सिंह

अज़हरुद्दीन

युवराज सिंह

ज़हीर ख़ान

यूसुफ़ पठान

इमरान ख़ान

वसीम अकरम

शुएब अख़्तर

शाहिद आफ़रीदी

इन्ज़िमामुल हक़

सच्चाई की ताक़त से एक दरवेश ने हजारों मील का सफ़र करके एक अजनबी देश में अपने व्यवहार, आचरण, सादगी, मेहमान नवाज़ी, ग़रीब परवरी, जुरअत मन्दी और हौसले से अपने ज़माने के बड़े–बड़े जादूगरों और तान्त्रिकों का मुक़ाबला किया। हिन्दुस्तान का सबसे ताक़तवर राजा पृथ्वी राज चौहान भी अपनी माँ की नसीहत के ख़िलाफ़ जब इस फ़कीर को सताने के लिए आगे बढ़ा तो उसका और उसकी हुकूमत का ख़ात्मा हुआ लेकिन अम्न के पयामबर ,मौहब्बत के देवता, दीन–दुखियों के हमदर्द इस फ़कीर, दरवेश ने बग़ैर किसी हथियार के दिलों को फ़तह किया और जिसकी हुकूमत का सिक्का बड़े बड़े राजनीतिज्ञों, कलाकारों, बुद्धिजीवियों, अर्थशास्त्रियों, आध्यात्मिक विभूतियों के दिलों पर आज भी चलता है।

ख़्वाजा की अज़मत को सलाम करते हुए **लार्ड कर्ज़न वायसराय** हिन्द कहा करते थे – "मैंने अपनी ज़िन्दगी में एक ऐसे बुज़ुर्ग देखे हैं जो दुनिया से रूख़सत होने के बाद भी दुनिया पर इसी तरह हुकूमत कर रहे हैं गोया वह बज़ाते खुद ज़िन्दा हैं और बर सरे हुकूमत हैं और उनके मज़ार की वह शानो शौकत और अज़मतो जलालत है जो एक शहंशाह की और वह बुज़ुर्ग हज़रत ख़्वाजा अजमेरी हैं।"

(बहवाला मुईनुलऔलिया, पृ. 179)

इसी तरह आज़ादी के बाद के बड़े–बड़े लीडरों, दार्शनिकों विचारकों एंव चिन्तकों ने अपने अपने अन्दाज़ में ख़्वाजा की अज़मत और दरगाह के महत्त्व पर प्रकाश डाला है।

सी. राजगोपालाचारी

चक्रवर्ती राजगोपालाचारी ने अपने भाषण में कहा –

"इन्सानी जौहर को ताबिन्दा व रख़शिन्दातर बनाने के लिए अज़ीम रूहानी शख़्सियतों ने जो तरीक़ा इख़्तियार किया उसमें मुहब्बत की निगाह और शफ़क़त की ज़ुबान और किरदार की रोशनी को हमेशा दख़्ल रहा है। हज़रत ख़्वाजा अजमेरी की ज़िन्दगी में ये तीनों बुनियादी ख़ुसूसियतें हम को मिलती हैं। उन्होंने सच्चाई की राह में अपने अज़ीम किरदार के साथ ही मुहब्बत की निगाह और शफ़क़त की ज़बान इस तरह इस्तेमाल की कि लोगों के दिल बदल दिए। हर शख़्स ख़्वाजा की ख़िदमत में हाज़िर होकर अपना सब कुछ न्योछावर करके ख़्वाजा साहब की तालीमात ही को कुबुल करता था। अगर हम ख़्वाजा साहब के किरदार और अमल को अपना राहनुमा बना लें तो इन्सानों की इस भरी दुनिया में तफ़रक़े की जो वबाऐं फैली रहती हैं उनसे सारा आलमे इन्सानियत हमेशा के लिए महफ़ूज़ हो जाए।"

(बहवाला मुईनुल औलिया, पृ. 180–181)

डॉ. राजेन्द्र प्रसाद ने अपनी अक़ीदत मन्दी का इज़हार इस तरह किया –

डॉ० राजेन्द्र प्रसाद

"सुल्तानुल हिन्द हज़रत ख़्वाजा साहब ने अपने किरदार को मिसाली बनाया और इसी आइडियल करेक्टर का यह असर हुआ कि उन्होंने उस दौर की गज़हबी और समाजी ज़िन्दगी में इन्क़िलाब बरपा कर दिया। एक ख़ामोश ज़िन्दगी का इन्तिहाई ख़ामोशी से ऐसा इन्क़िलाब बरपा कर देना तारीख़ के अज़ीम और अहम वाक़ेआत में से एक अज़ीम और अहम वाक़ेआ है। हज़रत ख़्वाजा ग़रीब नवाज़ र.अ. की ज़िन्दगी रोशनी का बुलन्द मीनार थी जिसने दूर तक उजाला फैला दिया। यह रोशनी

तारीक दिलों में उतर गई और पूरी ज़िन्दगी को इस तरह जगमगा दिया कि दुनिया हैरान रह गई। हमें चाहिये कि हम भी रोशनी के इस मीनार से शुआएँ माँग लें और अपनी ज़िन्दगी को रोशन और मुनव्वर बना लें।"

(बहवाला मुईनुल औलिया, पृ. 181)

डॉ0 एस. राधाकृष्णन

डॉ. एस. राधा कृष्णन ने ख़्वाजा को ख़िराजे अक़ीदत पेश करते हुए कहा –

"जिस तरह अल्लाह तआला ने आसमानों में करोड़ों आफ़ताब पैदा करके ख़लाओं और फ़िज़ा की तीरगियों को ख़त्म कर दिया है उसी तरह अज़ीम इन्सानी शख़्सियतों ने भी हमारी दुनिया के तारीक माहौल में रहनुमाई के अनगिनत चिराग़ जलाये हैं और पज़मुर्दा सिसकती हुई इन्सानियत में नई उमंगें पैदा करके नई रूहे ज़िन्दगी पैदा कर दी है। हज़रत ख़्वाजा साहब र.अ. में अपने तफ़क्कुर की गहराई से मुतास्सिर करने की पेनाह कुव्वत का ख़ज़ाना था और उन्होंने बज़ाहिर ग़ैर महसूस तरीक़े से माहौल का नक़्शा बदल कर यह साबित कर दिया कि एक शख़्स अपनी इन्फ़िरादी हैसियत में रह कर अंबोह दर अंबोह इन्सानों से वो सब कुछ मनवा सकता है जो उस शख़्स की ज़िन्दगी का मिशन होता है। उस अज़ीम हस्ती के नक़्शे पा हमारे लिये मशअले राह हो सकते हैं।"

(बहवाला मुईनुल औलिया, पृ. 183)

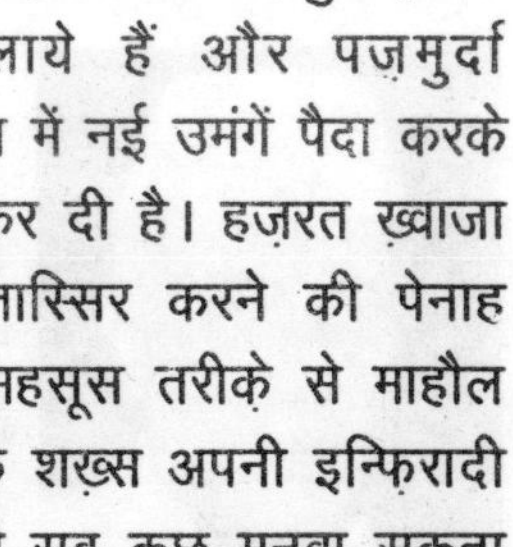

महात्मा गांधी ने 1922 ई., में ख़्वाजा साहब की दरगाह पर हाज़िरी दी और अपने ख़यालात इस तरह पेश किये :–

"लोग अगर सच्चे जज़्बे के साथ ख़्वाजा साहब के दरबार में जायें तो आज भी उनके बातिन की बहुत सी ख़राबियाँ हमेशा के लिये नापैद हो सकती हैं और आदमी अपने अन्दर ग़ैर मामूली कुव्वत का इदराक कर सकता है।

मुझे यह देख कर दुःख होता है कि आम तौर पर लोग सिर्फ़ दुनियावी मक़सद लेकर ख़्वाजा साहब के पास जाते हैं और ये नहीं सोचते कि उनकी पूरी ज़िन्दगी अन्दर की तालीम देते गुज़री। उन्होंने रूह की रोशनी को बाक़ी रखने के लिये जो पैग़ाम दिया उसे कोई नहीं सुनता, नही तो ये एक दूसरे से लड़ने झगड़ने की बात क्यों करते?

ख़्वाजा साहब ने सच्चाई(सत्य) के हथियार से लोगों का मन जीत लिया। उनकी ज़िन्दगी में अदम तशद्दुद (अहिंसा) का साफ़ मुज़ाहेरा था। अफ़सोस हम लोग उनकी ज़िन्दगी को अपने लिये आदर्श नहीं बनाते।"

(रिसाला नई राह "ख़्वाजा मुईनुद्दीन चिश्ती औलिया अल्लाह नम्बर रजबुल मुरज्जब 1374 हि., बम्बई पृ. 45 ज़ेरे इदारत ज़िल्ले अब्बास अब्बासी बहवाला तारीख़े ख़्वाजा–ए–ख़्वाजगान : सैयद, ज़ियाउद्दीन शम्सी तहरानी, पृ. 331–332)

पण्डित नेहरू ने अपनी तक़रीर में कहा –

"दुनिया के मुख़्तलिफ़ हिस्सों से ख़्वाजा साहब र.अ. की दरगाह की हिफ़ाज़त और एहतेराम से मुतअल्लिक़ हज़ारों तार और ख़ुतूत मुझे मौसूल हुये हैं। इससे क़तआ नज़र मैं पूरी ज़िम्मेदारी के साथ यह ऐलान करता हूँ कि मुक़द्दस दरगाह की हिफ़ाज़त हर क़ीमत पर की जायेगी और उसके तक़द्दुस और ऐहतराम पर आँच न आने दी जायेगी।

यह ख़ैरो बरकत का मरकज़ है, यह अम्न के पैयम्बर का आस्ताना है। यह आलमे इस्लाम ही के लिये नहीं बल्कि तमाम दुनिया के लिये चिराग़े हिदायत है।" **(उपरोक्त)**

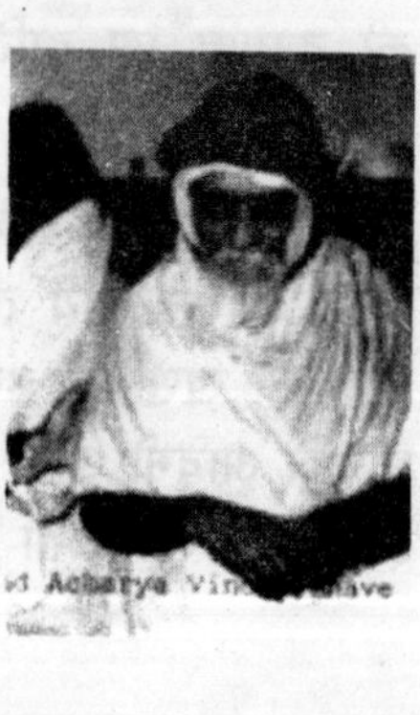

आचार्य विनोबा भावे ने ख़्वाजा साहब की रूहानी अहमियत को इस तरह पेश किया –

"यह सब से बड़ी मेहरूमी होगी कि हम इतनी बड़ी रूहानी शख़्सियत की क़ाबिले तक़लीद तालीमात से फ़ैज़याब न हो सकें। आज के हालात में जब कि देश के वासियों ने रूहानी फ़ैज़ान से मुँह मोड़ लिया है इस बात की सख़्त ज़रूरत है कि ख़्वाजा साहब

के ऐसे महापुरूषों के किरदार और अमल को वाज़ेह तौर पर सामने लाया जाये जो इस वक़्त भी इन्सानी ज़हन में ख़ुशगवार इन्क़िलाब ला सकता है और ज़िन्दगी को नशेबो फ़राज़ की तरफ़ ले जा सकता है।''

(उपरोक्त, पृ. 333)

उक्त राजनीतिज्ञों, बुद्धिजीवियों एंव दार्शनिकों के विचारों को पढ़कर यह अन्दाज़ा लगाना मुश्किल नहीं रह जाता कि ख़्वाजा मुईनुद्दीन चिश्ती का व्यक्तित्व और उनकी दरगाह का महत्त्व हमारे भूत , वर्तमान एंव भविष्य का अहाता किए हुए है।

ख़्वाजा साहब की सारी ज़िन्दगी दीन–दुखियों की मदद करने, भूखों को खाना खिलाने, बीमारों की देखभाल करने , पड़ोसियों का ख़ैयाल रखने में गुज़री। उनके व्यवहार और किरदार के खरेपन से हिन्दुओं के पसमान्दा, दीन–दुखी और छुआछूत व ऊँचनीच के मारे लोग ख़्वाजा से वाबस्ता होने लगे। अपनी तहज़ीबी और मज़हबी मान्यताओं से फिरने लगे। जाति–पाति, छुआ–छूत, ऊँच–नीच को अमानवीय समझने लगे। पुर्नजन्म, अन्धविश्वास, जादू–टोना, तन्त्र–मन्त्र एंव दीगर मान्यताओं से विमुख होने लगे तो हिन्दू धर्म में भी कर्मकाण्ड रहित विचार पनपे जो विकसित होकर भक्ति आन्दोलन के रूप में हमारे सामने आए। यह ख़्वाजा मुईनुद्दीन चिश्ती की गुफ़्तार (वचन) एंव किरदार (व्यवहार) का ही नतीजा था कि हिन्दुस्तान में एक सांस्कृतिक इन्क़िलाब रूनुमा हुआ और गंगा–जमनी तहज़ीब परवान चढ़ने लगी। भक्ति आन्दोलन से जुड़े कवियों, विचारकों एंव सन्तों की रचनाओं एंव कृतियों में ख़्वाजा मुईनुद्दीन चिश्ती और उनके सिलसिले के बुज़ुर्गों, ख़्वाजा बख़्तियार काकी, बाबा फ़रीद, निज़ामुद्दीन औलिया आदि की शिक्षाओं और विचारों का प्रभाव स्पष्ट रूप से देखा जा सकता है।

परिचय

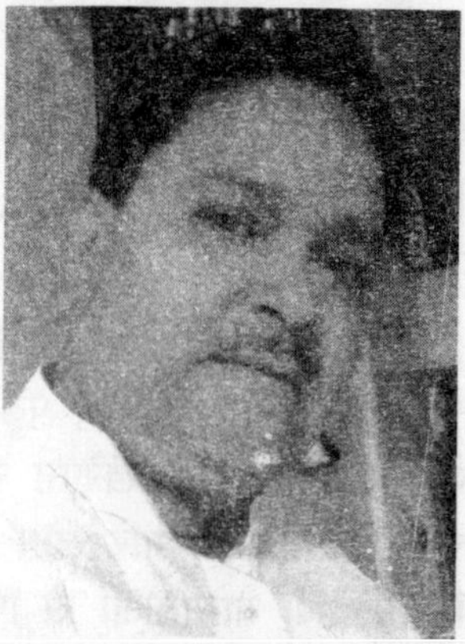

डॉ. सैयद सादिक़ अली

नाम	:	**डॉ. सैयद सादिक़ अली**
जन्मतिथि	:	01.06.1962
पिता का नाम	:	जनाब सैयद साबिर अली
शैक्षिक योग्यताएँ	:	1. एम.ए. उर्दू (गोल्ड मेडलिस्ट) 1986, यूनिवर्सिटी ऑफ राजस्थान
		2. परशियन सर्टिफिकेट कोर्स 1986, 83% विशेष योग्यता, यूनिवर्सिटी ऑफ राज.
		3. परशियन डिप्लोमा कोर्स 1987, 74%, यूनिवर्सिटी ऑफ राजस्थान
		4. पीएच.डी. दिनांक 14.10.1992, यूनिवर्सिटी ऑफ राजस्थान
		5. रिसर्च सुपरवाइज़र, एमडीएसयू, अजमेर 1996
अन्य कोर्स	:	1. ओरिएन्टेशन कोर्स (21.2.1997 से 21.3.1997) यूनिवर्सिटी ऑफ राज., जयपुर

रिफेशर कोर्स :–

1. क्लासिक फोर्मस ऑफ उर्दू पोईट्री (4.8.1997 से 3.9.1997) ए.एम.यू. अलीगढ़
2. ट्रेंड्स ऑफ मॉर्डन उर्दू पोईट्री (8.12.2003 से 27.12.2003)

   यूनिवर्सिटी ऑफ राजस्थान, जयपुर
3. ट्रेंड्स ऑफ मॉर्डन उर्दू लिट्रेचर (21 जुलाई से 10 अगस्त, 2005 तक)

   जामिआ मिल्लिया इस्लामिया, नई दिल्ली

व्यवसाय : शिक्षण (ऐसो. प्रोफेसर, राजकीय महाविद्यालय, टोंक)

अवार्ड/सम्मान हेतु चयन :

1. **"गोल्ड मेडल"**

   (एम.ए. उर्दू) , यूनिवर्सिटी ऑफ राजस्थान, जयपुर, 1986
2. **"स्टेण्डर्ड बुक अवार्ड 2002"** द्वारा राजस्थान उर्दू अकादमी, इकबाल के शेअरी असालीब : एक जायज़ा" नामक किताब के लिए
3. **"सुमद्रा कुमारी जन्म शताब्दी सम्मान 2004"** द्वारा जैमनी अकादमी, पानीपत, हरियाणा
4. **"विकास रत्न अवार्ड एवं सर्टिफिकेट ऑफ ऐक्सीलेंस 2006"** द्वारा इन्टरनेशनल इन्सटीट्यूट ऑफ सक्सेस एवेयरनैस, नई दिल्ली
5. **"भारत ज्योति अवार्ड 2006"** द्वारा इंडिया इन्टरनेशनल फेण्ड्रसशिप सोसायटी, नई दिल्ली।
6. **"भारत एक्सीलेंस अवार्ड एण्ड गोल्ड मेडल 2006"** द्वारा फेण्ड्रशिप फ़ोरम ऑफ इंडिया, नई दिल्ली

7. **"राजीव गांधी एक्सीलेंस अवार्ड 2006"** द्वारा आई.आई.एफ.एस. नई दिल्ली
8. **"इंदिरा गांधी शिरोमणि अवार्ड 2006"** द्वारा इंडिया इन्टरनेशनल फेण्ड्रशिप सोसायटी, नई दिल्ली।
9. **"बेस्ट सिटीजन ऑफ इंडिया अवार्ड 2007"** द्वारा बेस्ट सिटिजन पब्लिशिंग हाउस नई दिल्ली
10. **"ऑनर सर्टिफिकेट 2008"** द्वारा प्रिंसिपल, गर्वमेंट पी.जी. कॉलेज टोंक
11. **"फाख़िर एजाज़ी अवार्ड 2008"** द्वारा अंजुमन तामीर ए उर्दू टोंक
12. **"साइटेटेशन लेटर 2009"** द्वारा जिला मजिस्ट्रेट टोंक
13. **"राइजिग पर्सनैलिटीज़ ऑफ इंडिया अवार्ड 2009"** द्वारा इन्टरनेशनल पेन्गवुईन पब्लिशिंग हाउस, नई दिल्ली
14. **"क़ाज़ी अब्दुल वदूद अवार्ड 2011"** द्वारा बिहार उर्दू अकादमी, पटना
15. **"नवाब अमीर ख़ां अवार्ड 2011"** द्वारा आयोजन कमेटी खानदान ए अमीरिया टोंक
16. **"विश्व शांति सम्मान 2012"** द्वारा विश्व शांति परिषद जयपुर
17. **"स्टेण्डं बुक अवार्ड 2012"** द्वारा राजस्थान उर्दू अकादमी, "इकबाल के फन का तहकीकी व तन्क़ीदी मुतालेआ" नामक किताब के लिए
18. **"सर सैयद अहमद खान अवार्ड 2012"** द्वारा किरदार मुस्लिम चैरिटेबल ट्रस्ट, जयपुर
19. **"अबुल कलाम आजाद अवार्ड 2013"** द्वारा किरदार मुस्लिम चैरिटेबल ट्रस्ट, जयपुर

20. **"अल्लामा इक़बाल अवार्ड 2013"** द्वारा आलमी यौमे ए उर्दू आयोजन कमेटी, नई दिल्ली
21. **"टोंक आस्कर अवार्ड 2016"** द्वारा आस्कर समिति टोंक
22. **"एहतेरामुद्दीन शागिल अवार्ड 2016–17"** द्वारा राजस्थान उर्दू अकादमी, जयपुर
23. **"डॉ. ए.पी.जे. अबुल कलाम सद्भावना अवार्ड मय मेडल 2017"** द्वारा ग्लोबल सोसायटी फॉर हेल्थ एण्ड ऐजूकेशन ग्रोथ, दिल्ली
24. **"मदर टेरेसा सद्भावना अवार्ड मय मेडल 2018"** द्वारा अचिवर्स ऐसोसिएशन फॉर इकोनॉमिक रिसर्च एण्ड डेवलपमेंट, दिल्ली

नॉमिनेशन और प्रपोजल :

1. **नेशनल कम्युनल हॉर्मोनी अवार्ड 2009** द्वारा नेशनल फाउडेशन फॉर कम्युनल हॉर्मोनी, नई दिल्ली
2. **बायोग्राफी फैम इन्टरनेशनल 2009–2010** द्वारा साउथ एशिया (इन्टरनेशनल) पब्लिशिंग कम्पनी, नई दिल्ली

प्रकाशित पुस्तकें :

1. **इक़बाल की शेअरी ज़बान : एक मुतालेआ –1994** (भारतीय साहित्य में प्रख्यात दार्शनिक और शायर डॉ. इकबाल की शेअरी भाषा एवं शब्दकोष पर एक पुस्तक)
2. **दिल की आवाज़ (गुलदस्ता)– 1994** (अच्छी बातचीत के उद्देश्य के लिए विभिन्न विषयों के शेअरों का संग्रह)
3. **उर्दू ज़बान व अदब पर एक नज़र– 1997** (एक पुस्तक "उर्दू के विभिन्न आयाम" के विषय पर)
4. **इकबाल के शेअरी असालीब : एक जाएज़ा –1999** (इंकबाल के शेअरी असालीब पर एक पुस्तक जिसको राष्ट्रीय एवं अन्तर्राष्ट्रीय समीक्षक

एवं विशेषज्ञों द्वारा सराहा गया, इस किताब को राजस्थान उर्दू अकादमी द्वारा अवार्ड दिया गया)

5. **बहार–ए–अदब**– 1999 (एक मॉडल टेक्सट बुक, बी.ए. पार्ट प्रथम के लिये)
6. **गुलज़ार ए अदब**– 2000 (एक मॉडल टेक्सट बुक, बी.ए. पार्ट द्वितीय के लिये)
7. **इन्तेख़ाब ए मनजूमात (मय तशरीहुल लुग़ात)** –2003 (पद्य संग्रह एम.ए. उर्दू के लिये, विभिन्न विश्वविद्यालयों द्वारा चयनित)
8. **इक़बाल के उर्दू कलाम की मबसूत फरहंग भाग–1 (अलिफ ता हा)**– 2005 (इकबाल की उर्दू शाइरी का शब्दकोष)
9. **इकबाल के उर्दू कलाम की मबसूत फरहंग भाग–2 (ख़ा ता क़ाफ़)** – 2006 (इकबाल की उर्दू शाइरी का शब्दकोष)
10. **रज़िया सुल्तान की शहादत और उसके मज़ार की हक़ीक़त**– 2007 टोंक (राजस्थान) में रज़िया सुल्तान के वास्तविक मज़ार पर एक शोध
11. **शरह हमारी ज़बान उर्दू**– 2007
12. **गुलज़ार–ए–अदब**
13. **इकबाल के उर्दू कलाम की मबसूत फरहंग भाग–3 (काफ ता ये)** – 2009 (इकबाल की उर्दू शाइरी का शब्दकोष)
14. **इक़बाल के फ़न का तहक़ीक़ी व तन्कीदी मुतालेआ**– 2011 इक़बाल की भाषा, शैली और अलंकारों पर आधारित पुस्तक
15. **टोंक स्मारिका (नवाब अमीर ख़ां नम्बर)** –2012 रियासत टोंक के संस्थापक नवाब अमीर ख़ाँ के संस्मरण

16. **टोंक नवाब अमीर खान : कुछ तहक़ीक़ी हक़ाईक़** – **2014** अमीर ख़ाँ के दुरवेशाना और शाहाना क़िस्से

17. रज़िया सुल्तान : जीवन एवं कार्य – 2020, साहित्यागार, जयपुर

18. ख़्वाजा मुईनुद्दीन चिश्ती र.अ. : जीवन चरित्र एवं कार्य – 2020, साहित्यागार, जयपुर

अप्रकाशित पुस्तकें :

1. बिस्मिल सईदी : शख़्सियत और फ़न

(सुप्रसिद्ध ग़ज़ल गो शाइर बिस्मिल सईदी के जीवन एवं कार्यों पर एक किताब)

2. अख़्तर शीरानी : हयात और कारनामे

(उर्दू में रूमानियत के हस्ताक्षर शायर अख़्तर शीरानी की कला पर एक किताब)

3. अदबी जायज़े

4. तशरीहुननुजूम

5.. अदब की मअनवियत

6. मुस्लिम रियासत टोंक की यादगार झलकियां (यू.जी.सी. फ़ील्ड वर्क)

मार्गदर्शन में पीएच.डी. से सुशोभित शोद्यार्थी –

क्र. सं.	नाम शोद्यार्थी	विषय	दिनांक
1.	ज़िया उल क़ादरी	आजादी के बाद मारवाड़ में उर्दू अदब का इरतेक़ा	21.05.2015
2.	मैराज सईद	खानदान ए अमीरिया की इल्मी और अदबी खिदमात	01.07.2016
3.	सैयद जुबेर नक़वी	उर्दू अदब के फरोग में मजहबी उलमा का किरदार	09.03.2018
4.	सुनिता चावला	अजमेर मेवाड़ में उर्दू गजल के रूझानात	15.07.2018

मार्गदर्शन में निम्न शोधार्थी काम कर रहे हैं –

क्र. सं.	नाम शोधार्थी	विषय
1.	सोबिया क़मर	राजस्थान में मनक़बत निगारी
2.	सआदत रईस	फरहंगए–दीवान–ए–ग़ालिब मय मुकदमा
3.	मोहम्मद राशिद	उर्दू में सेहरा और सुहाग की रिवायत
4.	बिलाल जुबेर खान	नवाब मोहम्मद अली खान : हयात और कारनामे
5.	मोहम्मद सरफराज	उर्दू अदब के फरोग में ख़्वातीन की खिदमात
6.	रूखसाना	उर्दू शायरी में अख़लाकी क़द्रें
7.	मोहम्मद शाहिद पठान	उर्दू तनकीद हाली ता हाल

यू.जी.सी. प्रोजेक्ट और फ़ील्ड वर्क–

1. इक़बाल के फ़न का तहक़ीकी और तनक़ीदी मुतालेआ
2. मुस्लिम रियासत टोंक की यादगार झलकियाँ
3. ख़्वाजा मोईनुद्दीन चिश्ती : जीवन, चरित्र एवं कार्य
4. रज़िया सुलतान : जीवन एवं कार्य

स्थाई पता : डॉ. सैयद सादिक़ अली
शहजादे भाई की दुकान के पास, नाला चतरा खटीक
कालीपलटन, टोंक (राजस्थान)– 304001
मोबाइल नं. 9413381080

❖❖❖